# ライフサイクル
## LIFE CYCLE COSTING
# コスティング

その特質と展開

岡野憲治 [著]
*Okano Kenji*

同文舘出版

# まえがき

　2003年3月20日，アメリカは，国際社会の反対にもかかわらず，「イラクの自由」作戦に基づいて，イラクとの戦争を開始した。アメリカ国防総省がこの戦争を具体的に指揮している。本書で研究するライフサイクル・コスティング（Life Cycle Costing）は，この国防総省が，1960年代，あのベトナム戦争時代に開発した原価計算システムであるといわれている。われわれの年代には，ここに，わが国においてこれまで，ライフサイクル・コスティングが研究者の課題とならなかった理由の一端があるように感じられる。

　他方でライフサイクル・コスティングは，現在の環境会計あるいは環境管理会計の研究において，その貢献が期待されている。また，長いライフサイクルの製品を対象とするライフサイクル・コスティングへの期待は，ライフサイクルが短い製品にも寄せられている。このようにライフサイクル・コスティングは，戦争に関与するアメリカ国防総省が開発し，利用する原価計算システムでありながら，環境にやさしい製品を対象とする環境会計と製造企業にも期待されているのである。ライフサイクル・コスティングのこのような多面性は，われわれの想像を超えたところにあった。

　本書は，1960年代に始まるアメリカ・ライフサイクル・コスティングに研究の起点を求め，その理論を形成する特質に迫り，そこに含まれる多様な意味内容を，一般的に説明できる理論的な枠組みで展開している。この研究では，特にアメリカ行政機関のライフサイクル・コスティングと他の国々のライフサイクル・コスティングとの対比により，それらの特質を明らかにしている。筆者は，本書において，ライフサイクル・コスティングに寄せられている多様な期待を裏切らない理論的基礎を提示することができたと確信している。

## 謝辞

　およそ10年前，集中講義で松山大学に来られた小林哲夫（神戸大学名誉教授，桃山学院大学教授）先生の「ライフサイクル・コスティングを研究しませんか」というお誘いが，この研究の始まりである。この間，先生には，公私にわたりご指導していただきました。先生に心から感謝を申し上げるとともに，今後のご指導もお願いしなければなりません。

　溝口一雄（神戸大学名誉教授）先生には，神戸大学の博士課程から研究室の一員として受け入れていただき，公私にわたり，ご指導していただきました。宮川嘉治（広島大学名誉教授）先生には，学問だけでなく，人生の恩師として，ご指導していただきました。両先生はすでにお亡くなりになられましたが，ご霊前に，謹んで本書を捧げたいと思います。

　近畿大学教授　興津裕康先生は，広島商科大学でゼミナールの一員に加えていただいて以来，今日まで，会計学の基礎から本書の出版にいたるまでの道をご指導いただいた恩師です。本書を出発点として，さらに精進したいと考えています。

　神戸大学の谷　武幸教授のご指導と加登　豊教授のご協力に対し，心からの感謝を申し上げ，これからのご指導もよろしくお願い申し上げます。この先生方を中心とする神戸大学管理会計研究会のメンバーの諸先生方には，この機会に，日頃の親しいご指導に対し，厚くお礼申し上げます。この研究会において，何度も，私の拙い研究報告を我慢して聴いていただいた，今は若手の研究者としてご活躍している人たち，そしてこれからご活躍されるであろう院生の方達に，心から，お礼を申し上げます。

　松山大学経営学部で会計学をご専門の清水茂良，森本三義，村上宏之，溝上達也の諸先生方の日頃のご助言に対し，感謝を申し上げます。松尾博史先生のドイツ留学中に，日本では入手できない貴重なドイツ語文献などの収集でご協力いただきました。この場をかりて，お礼申し上げます。松山大学で一緒に仕事をしていただいた中川　優（同志社大学）先生にも，資料の収集などにおいてご協力していただきました。ありがとうございました。

　本書の出版をお引き受けいただいた同文舘出版とお世話いただいた秋谷克美氏に対し，心より厚くお礼申し上げます。

　　2003年　3月　　　　　　　　　　　　　　　　　　　岡野　憲治

# 目　　次

まえがき

謝辞

**序　章**　ライフサイクル・コスティング研究の課題－本書の課題と構成－ … 3
　　　　1　本書の課題 … 4
　　　　2　本書の構成 … 5

**第1章**　アメリカ会計検査院調達政策のライフサイクル・コスティング … 9
　第1節　会計検査院による調達紛争に関する判定 … 10
　第2節　会計検査院議会報告書の計算モデル … 15

**第2章**　アメリカ国防総省調達テスト・プログラムのライフサイクル・コスティング … 19
　第1節　装備調達のライフサイクル・コスティング … 20
　　　　1　1965年報告書 … 20
　　　　2　1967年補足報告書 … 23
　　　　3　産業界のライフサイクル・コスティング … 25
　第2節　システム調達のライフサイクル・コスティング … 27

**第3章**　アメリカ国防総省調達プログラムのライフサイクル・コスティング … 33
　第1節　ライフサイクル・コスティングの方法 … 34
　　　　1　ライフサイクル・コスティングの調達指針 … 34
　　　　2　装備調達のライフサイクル・コスティング事例集 … 37
　　　　3　システム調達のライフサイクル・コスティング … 40
　第2節　デザイン・ツー・ライフサイクル・コスト … 41

第 3 節　ライフサイクル・コスト・モデル … 50
　　　　　1　海軍の兵器システム・モデル … 50
　　　　　2　パラメトリック・コスト・モデル … 51
　　　第 4 節　国防総省と契約企業 … 53
　　　　　1　国防総省と契約企業の関係 … 53
　　　　　2　予算構造と原価計算基準 … 56
　　　　　3　ライフサイクル・コスト・マネジメント … 63
　　　　　4　兵器システム取得のためのコンカレント・エンジニアリングと CALS … 65

## 第 4 章　アメリカ行政機関プログラムのライフサイクル・コスティング … 73
　　　第 1 節　商務省実験的技術インセンティブズ・プログラムのライフサイクル・コスティング … 74
　　　第 2 節　エネルギー省エネルギー・マネジメント・プログラムのライフサイクル・コスティング … 75
　　　第 3 節　州政府のライフサイクル・コスティング … 78

## 第 5 章　廃棄物最小化プログラムのライフサイクル・コスティング … 83
　　　第 1 節　フルコスト会計 … 85
　　　　　1　環境保護庁汚染防止プロジェクトのフルコスト会計 … 85
　　　　　2　地方自治体のフルコスト会計 … 90
　　　　　3　カナダのフルコスト会計 … 94
　　　第 2 節　汚染防止プロジェクトのトータル・コスト・アセスメント … 98
　　　　　1　トータル・コスト・アセスメントの意義 … 98
　　　　　2　ニュージャージー州環境保護局のトータル・コスト・アセスメント … 99
　　　第 3 節　環境保全プロジェクトとライフサイクル・コスティング … 101
　　　　　1　ライフサイクル・コストとしての環境コストを含む製品原価計算 … 101
　　　　　2　汚染防止プロジェクトとライフサイクル・コスティング … 106

## 第6章 アメリカ・ライフサイクル・コスティングの展開－一般市場指向型企業への展開を模索して－ … *115*

- 第1節 ライフサイクル・コストの計算と意思決定 … *116*
- 第2節 ライフサイクル・マネジメント … *124*
- 第3節 ライフサイクル・マネジメント－CAM-Iモデル－ … *127*
- 第4節 製品ライフサイクル・マネジメント－サスマン・モデル－ … *130*
- 第5節 製品ライフサイクル・コスト・マネジメント－シールズ＝ヤング・モデル－ … *133*
- 第6節 ライフサイクル・マネジメント－投資管理の統合的アプローチ－ … *136*
- 第7節 製品ライフサイクル原価 … *140*
- 第8節 ライフサイクル・コスティング … *145*
- 第9節 ライフサイクル・コスティングの国際基準 … *148*

## 第7章 イギリス・ライフサイクル・コスティングの展開 … *155*

- 第1節 テロテクノロジーのライフサイクル・コスティング … *156*
    1. テロテクノロジーの意義 … *156*
    2. テロテクノロジーのライフサイクル・コスティング … *158*
    3. 化学処理プラントのライフサイクル・コスティング … *165*
    4. 資本性資産マネジメントのライフサイクル・コスティング … *168*
- 第2節 有形資産のライフサイクル・コスティング … *170*
    1. ライフサイクル・コスティングの内容 … *170*
    2. 有形資産取得のライフサイクル・コスティング … *176*
    3. イギリス・ライフサイクル・コスティングの発展 … *181*
    4. 建設業のライフサイクル・コスティング … *186*
- 第3節 国防省調達プロジェクトのライフサイクル・コスティング実践 … *188*
    1. ロールス・ロイス社のライフサイクル・コスティング実践 … *188*
    2. ブリティッシュ・エアロスペース社のライフサイクル・コスティング実践 … *192*

## 第8章 日本におけるライフサイクル・コスティングの展開 … 197
- 第1節 ライフサイクル・コスティングの意義 … 198
- 第2節 実態調査 … 201
- 第3節 単行本によるライフサイクル・コスティングの研究 … 204

## 第9章 ドイツ・ライフサイクル・コスティングの展開 … 211
- 第1節 ライフサイクル・コストの意義 … 212
- 第2節 製品ライフサイクル計算 … 214
  1. ライフサイクル製品管理 … 214
  2. 製品ライフサイクル・コスト・マネジメント … 214
  3. 製品ライフサイクルに依拠する計画計算と管理計算 … 217
  4. 製品ライフサイクル・マネジメント … 218
  5. ライフサイクル計算 … 218
  6. ライフサイクル原価計算 … 220
  7. ライフサイクル利益管理 … 221
- 第3節 製品ライフサイクル原価計算 … 223
  1. 製品ライフサイクル原価計算 … 223
  2. ライフサイクル目標原価計算 … 223
- 第4節 実態調査 … 226
  1. 西ドイツ建設業のライフサイクル・コスティング … 226
  2. ドイツにおけるライフサイクル・コスティングの普及状況 … 228
  3. 内部計算制度としての製品ライフサイクル計算 … 229

## 結章 ライフサイクル・コスティングの特質と展開 … 235
1. ライフサイクル・コスティングの特質 … 236
2. ライフサイクル・コスティングの展開 … 240
3. 将来の展望 … 243

索引 …………………………………………………… 253

# ライフサイクル・コスティング

-その特質と展開-

# 序章

## ライフサイクル・コスティング研究の課題
― 本書の課題と構成 ―

## 1 本書の課題

　ライフサイクルの概念は生物学と心理学で用いられ，ライフサイクル・コスト（Life-Cycle Cost）の用語も存在するが，Life Cycle Costing を著書名に最初に使用したのは，1965年のアメリカ・ロジスティクス・マネジメント協会報告書である。ロジスティクスは兵站を意味する軍事用語である。本書の最初の課題は，何故，兵器システム・コストではなく，Life Cycle Costing なのかを問うことから生まれてくるものである。

　現在のわれわれにとっての脅威は，戦争と自然環境破壊である。ライフサイクル・コスティングは，ロジスティクスにおける兵士という人的資源を守るために，石油に代表されるエネルギー資源を守るために，そして自然環境を守るために機能する原価計算システムである。この事実をその歴史に学ぶことによってわれわれは，現在直面する戦争と自然環境破壊の脅威を解決する手掛かりを得ることができる。本書で得られるライフサイクル・コスティングの特質に関する知見が，この問題を解決し，この時代を共に生きるわれわれに貢献してくれる。本書は，このような理想を掲げている。

　2番目の課題は，製品ライフサイクルにおける諸現象が，製品の生涯において発生する無数の現象から成り立っていること，そして製品ライフサイクルにおける原価発生要因が拡大していることから生まれてくる。ライフサイクル・コスティングは，それらの現象を原価計算の視点に立脚して認識し，分析し，評価し，製品戦略に必要な多様な情報を提供する。これまでのライフサイクル・コスティング研究の基礎にある諸概念を検討し，その相互依存関係を整理した上で，その情報内容の体系化を研究しなければならない。アメリカ，イギリスそしてドイツなどのライフサイクル・コスティングの研究が，この課題に取り組むための貴重な素材を与えてくれる。

3番目の課題は，わが国においてライフサイクル・コスティングに関するまとまった研究が存在しないこと，そしてその特質を表現できる適切な日本語の名称が存在しないことから生まれている。生涯原価計算の名称もあり，"Life Vest"が救命胴着と訳されているので，ライフサイクル・コスティングを「救命原価計算」と命名すれば，戦争に関与する国防総省の原価計算システムを説明することになるであろうか。つまり，「ライフサイクル・コスティングは，製品の一生涯のコストを計算する」という定義に代表される固定的な観念を払拭し，ライフサイクル・コスティングに関する新鮮な発想を啓蒙することも，本書の課題としたいのである。

## 2　本書の構成

　本書の設定する課題を解明するためには，ライフサイクル・コスティングの特質を武器として，その時代に起因する諸問題を切り開いてきた先駆者の業績に学ばなければならない。以下の構成によって，その歴史的生成と発展の軌跡を時系列的に説明することが，本書の課題を克服するための方法として最も適切である。

　第1章では，ライフサイクル・コスティングの起源が1929年以来のアメリカ連邦政府の調達紛争に関する会計検査院（General Accounting Office）の判定にあり，ライフサイクル・コストの基礎がトータル・コストにあることが導き出される。

　第2章では，60年代の国防総省調達テスト・プログラムを支援したロジスティクス・マネジメント協会のライフサイクル・コスティングが検討される。同協会によるライフサイクル・コストとしてのロジスティクス・コスト研究および産業界へのライフサイクル・コスティング啓蒙活動用の報告書の検討を通じて，契約裁定を得る入札方法としてのライフサイクル・コスティング

の特質が明らかにされる。

　第3章で考察する国防総省のライフサイクル・コスティングは，軍需物資の契約において，取得価格と所有原価を考慮する調達方法として開発された原価計算システムである。国防総省は1971年の通達5000.1によって，主要な国防システムをライフサイクル・コスティングを活用して調達することを要求し，ガイドブックなどを起点として，調達方法としてのライフサイクル・コスティングの基本形態を形成した。

　第4章は，ライフサイクル・コスティング発展の視点から，行政機関プログラムのライフサイクル・コスティング（Life-Cycle Costing）を考察する。行政機関がトータル原価としてのライフサイクル・コストの低減に成功した要因は，その予算編成においてプロジェクトへの支出の評価と経済性を判断し，そして順位をつけるという意味での意思決定方法としてのライフサイクル・コスティングを開発し，それを調達政策にも利用したからである。このライフサイクル・コスティングは，トータル・コスト・アセスメントの考えに連なるものである。

　第5章は，廃棄物最小化プログラムへのライフサイクル・コスティングの拡大という視点から，汚染防止プロジェクトのフルコスト会計とトータル・コスト・アセスメント，ライフサイクル・コスティングと活動基準原価計算の関係，そして廃棄意思決定へのライフサイクル・コスト情報の利用などを検討する。この章は，ライフサイクル・コストとしての環境コスト，廃棄コスト，廃棄後コストなどと廃棄意思決定問題も議論する。

　以上の章は，ライフサイクル・コスティングが調達方法であるとの解釈を提示し，それがいかにして形成されたのか，また，その時代の経済状況の中で，何故，ライフサイクル・コスティング政策が行政機関によって実践され

たのかを解明する章である。ライフサイクル・コスティングの基本的な特質は，調達方法としてのアメリカ・ライフサイクル・コスティングにあることが論証されている。ライフサイクル・コスティングは，最初から完成された形態があったのではなく，次第にその基本形態が形成されたことを提示している。

第6章以下の章においては，前章までの説明で明らかにされる，特殊領域から生成したライフサイクル・コスティングが，企業のマネジメントと他の国々においていかに展開できるのかを，ライフサイクル思想と国際性の視点から考察する。

第6章では，ライフサイクル・コスティングの一側面としてのライフサイクル思想が，企業のマネジメントへどのように適用できるのかを試みる多様なライフサイクル・モデルが検討される。

第7章はイギリスのライフサイクル・コスティングを取り上げる。70年代の産業省テロテクノロジー政策において製鉄所・製鋼所・化学プラントなどの経済性の向上は，保全原価の低減を通じて達成されるので，これらのライフサイクル・コストを対象とする原価計算がライフサイクル・コスティングである。そして建物などの有形資産の選択意思決定のライフサイクル・コスティング，さらに国防省と契約する企業のライフサイクル・コスティングが紹介される。

第8章は日本のライフサイクル・コスティングを検討する。日本へのライフサイクル・コスティングの導入は60年代であり，実務家とその業界団体が中心となって外国へ調査団を派遣したり，文献の翻訳などを通じてライフサイクル・コスティングを日本へ導入した。原価計算専門家による研究と実態調査などの検討を通して，日本のライフサイクル・コスティングの特質が明ら

かにされる。

　第9章では，ドイツ・ライフサイクル・コスティングの理論が検討され，一般市場向け製品のライフサイクルに依拠する原価計算の理論的特質が明らかにされる。原価だけでなく収益などの成果計算を含めるライフサイクル利益管理と実態調査も検討される。

　結章は，本書の結論を述べる章である。ライフサイクル・コスティングの特質と展開は，調達方法としてのアメリカ・ライフサイクル・コスティングと対比される他の国々のライフサイクル・コスティングにおける原価概念，ライフサイクル・コスト分析および計算方法などの特殊性によって解明される。ライフサイクル思想の普遍性は，国際性の視点から明らかにされ，アカウンタビリティの視点からも，ライフサイクル・コスティングの特質と展開が要約して提示される。

　本書の基本的な課題は，文献研究を基礎として，ライフサイクル・コスティングの特質を考察し，そこに含まれる多様な意味内容を説明できる理論を展開することにある。その特質とその思想は，時代を超える普遍性と国家を超える普遍性をもつのかを研究することを通じて，この課題が追究されている。ライフサイクル・コスティング研究は，さらにこの課題の研究を深めることによって将来の展望が開かれることを主張する。

# 第1章

# アメリカ会計検査院調達政策のライフサイクル・コスティング

会計検査院は 1929 年から 1973 年の間に，連邦政府の調達政策をめぐる 34 件の紛争に判定を下した。ライフサイクル・コスティングが政策的に実践される起点は，調達紛争の解決にある。調達の紛争をめぐる会計検査院の判定が，ライフサイクル・コスティングの起源である。

　ライフサイクル・コスティングの前史は，トータル・コストの思考を通じてかなり前から存在するが，本章では，トータル・コストからライフサイクル・コスティングへの方向がどのように定まったのかを取り上げる。

## 第 1 節　会計検査院による調達紛争に関する判定

トータル・コスト（Total Costs）概念をめぐる判定：1929 年から 1968 年まで

【1929 年 6 月 17 日の判定】燈台の補助艦船を修繕する際に，トータル・コストの適切な考慮に関する判定

　フロリダ州キーウエストにある燈台の管理者は，燈台の補助艦船をドックに入れ，修繕し，改造するための入札を要求した。最低の入札値を付けたのは Charleston Dry Dock and Machine 社である。しかし蒸気関連コスト，検査コスト，この船の臨時損失に起因するコストを含む低いトータル・コストを示したのは Gibbs Gas Engine 社であった。

　「判定」会計検査院は，取得コストではなく，政府に対する「トータル・コスト」に賛成し，Gibbs Gas Engine 社を支持した。

【1933 年 9 月 21 日の判定】

　トータル・コスト（取得コスト，保全コスト，オペレーション・コスト）の考慮が契約の裁定を評価する際に適当である。

【1934 年 10 月 1 日の判定】

　キャタピラー社製のトラクターが支持されるのは，クリーブランド社製

第 1 章　アメリカ会計検査院調達政策のライフサイクル・コスティング　11

のトラクターよりも，取得コストと運用コストである 8,000 時間の燃料コストのトータル・コストが低いからである。トータル・コスト（取得コスト，保全コスト，運用コスト）の考慮が契約の裁定を評価する際に適当である。

【1959 年 5 月 8 日の判定】

　取得コストとライフサイクル・コストから構成されるトータル・コストの考慮が支持された。

【1963 年 12 月 4 日の判定】

　点検コストはライフサイクル・コストの一部分である。

【1967 年 11 月 7 日の判定】

　このケースはライフサイクル・コスト（LCC）を明確に述べているわけではないけれども，LCC のケースであると理解される。

【1968 年 10 月 31 日の判定】

　海軍の潜水艦の冷房設備の入札に LCC が使われていない。

> 不確かなコスト（Speculative Costs）概念をめぐる判定：1953 年から 1973 年まで

【1953 年 9 月 3 日の判定】

　車の見積り減価償却費に基づく将来売却価値は新しい自動車の現在の購入のための入札の要素ではない。

【1956 年 11 月 9 日の判定】

　保全コストについて。

【1966 年 1 月 20 日の判定】

　このケースは，ライフサイクル・コスティングに関する結論を除いては，あまり関係がない。

【1967 年 1 月 11 日の判定】

　原価を確実に述べることができない場合には，それら原価は考慮されるべきではない。

【1971 年 3 月 10 日の判定】

空軍はマイクロフィルム読み取り機とプリンターを購入した。政府に対する原価節約額あるいは原価回避額が評価の一部分になるべきだとの主張に対し，使用方法が異なるので，そのような原価を製品の評価には利用しない。

【1971年12月6日の判定】
　海軍が海上で燃料を補給する機器類をテストするコストを評価要素とするかのケース。このコストを現実的に見積ることができる範囲内において，評価要素となる。

【1971年12月21日の判定】
　MDS社が示したLCC節約額は非常に「不確か（speculative）」であった。トータル・システムズ・コストは，入札において合理的かつ確実に定量化されなければならない。

【1973年7月9日の判定】
　海軍のバッテリー調達の契約における輸送コストの評価についてのケース。このケースはライフサイクル・コスティングにおける重要な2つの点を支持した。コストが不確かな場合，それらのコストは製品の評価において考慮されるべきではない点と，契約当局が製品評価のための基準を決定する点である。

### 価格とその他の要素に関する判定：1956年から1971年まで

【1956年12月28日の判定】
　トータル・ライフサイクル・コストの部分をなすコストの考慮が支持された。

【1958年2月27日の判定】
　このケースでは，ライフサイクル・コスティングは検討されなかった。

【1959年5月7日の判定】
　リースを評価する際に見積り保全コストが確かならば，この原価の利用

は認められる。

【1962年5月8日の判定】
　交渉による調達は，固定価格契約による調達とは異なる。

【1964年4月6日の判定】
　価格とその他の考慮事項は問題にならない。

【1967年8月25日の判定】
　裁定を得たIBM社の機械の価格は他の会社よりも40,000ドル高かった。しかしIBM社の機械は運用コストの節約額が優っているので，裁定は支持される。

【1968年12月12日の判定】
　このケースは低い価格とは異なる要素の概念をさらに定義している。ライフサイクル・コスティングに関する要素は，スパナの品質に関連があった。

### 要求事項に関する判定：1956年から1971年まで

【1956年2月21日の判定】
　ライフサイクル・コスティングが入札に適用されるべきである。

【1968年11月13日の判定】
　飛行機の研究開発に関する政府の要求事項が充分に説明されていなかったケースである。

【1969年5月27日の判定】
　このケースはLCCのケースではなかった。しかしLCCで起こりうる可能性のある提訴である。

【1971年8月18日の判定】
　これはLCCのケースではない。しかしLCCのケースにおける重要な事項に関して，いくつかの明確化を与えている。

> ライフサイクル・コストの具体化と明確化をめぐる判定：1963年から1973年まで

【1963年6月17日の判定】

　ライフサイクル・コストの多数の構成要素を示し，ライフサイクル・コスティングが調達の承認できる方法であることを示した。

【1970年1月21日の判定】

　G社のバッテリーは品質が良く，ライフサイクル・コストも高かった。サイクルあたりの価格がライフサイクル・コストの適切な測定値として採用され，保全節約額の概念が出ている。

【1970年2月12日の判定】

　海軍がコンピュータ・システムの入札を要求し，輸送関連コスト，据え付けコスト，売り主による支援コスト，電気代，運転員の人件費などのトータル・ライフサイクル・コスト基準によって裁定された。

【1972年4月20日の判定】

　海軍の調達に際してG社は，技術的優位性から価格へと評価基準を変更し，ライフサイクル・コスティングを評価基準として利用した。提示は政府に対する10年間のトータル・コストに基づいて評価される。

【1973年4月4日の判定】

　空軍のオシロスコープ入札のケース。D社のトータル評価コストの要素は取得コスト，最初のコスト，繰り返し発生するコストそして輸送コストなどであった。ライフサイクル・コスト調達方法は品目を調達する際に，単に購買価格ではなく，見積りライフコスト総額を考慮することが論理的だという前提に立っている[1]。

第1章　アメリカ会計検査院調達政策のライフサイクル・コスティング　15

## 第2節　会計検査院議会報告書の計算モデル

　会計検査院の1973年議会報告書によれば，1963年11月にロジスティクス・マネジメント協会に対して「主要な契約レベルでの競争的調達におけるライフサイクル・コスティングを評価するように要請した」時に，国防総省のライフサイクル・コスティングが始まった。そして1965年に国防総省は，ライフサイクル・コスティングのテスト・プログラムを開始している。

　この報告書において「ライフサイクル・コスティングは，製品の耐用年数中のトータル・コストを評価する調達方法である。仕様を満たす品目を最初の原価だけで評価する代わりにライフサイクル・コスティングは，最初の取得原価，保全コストと支援コスト，そして耐用年数ないしは他の効用の測定を考慮に入れるのである。」[2]と定義される。そしてその計算モデルは以下である[3]。

【モデル1】 （単位はドル）

|  | プロジェクトA | プロジェクトB |
|---|---|---|
| 最初の原価 | $ 30 | $ 40 |
| 保全と支援原価 | 0 | 0 |
| 予測マイル数 | 20,000 | 30,000 |
| 1,000マイルあたりの原価 | 1.50 | 1.33 |

【モデル2】 （単位はドル）

|  | 最低価格に基づく調達 | ライフサイクル・コスティングに基づく調達 |
|---|---|---|
| 単位あたりのタイヤ価格 | 95.09 | 96.15 |
| 単位あたりの船積み価格 | 4.57 | 4.57 |
| タイヤ交換のための単位あたり原価 | 10.42 | 10.42 |
| 単位あたりのトータル・コスト | 110.08 | 111.14 |
| タイヤの数量 | 4,109個<br>452,319<br>（＝110.08×4,109） | 3,247個(注)<br>360,872<br>（＝111.14×3,247） |
| 改良型タイヤを開発するためのエンジニアリング原価 | 0 | 1,050 |
| トータル・コスト | 452,319 | 361,922 |
| 正味節約額 |  | 90,397 |

（注）相対的に高い価格のタイヤは4.5回分多く着陸することができるので，必要なタイヤ数は少なくなる。

【モデル3】 （単位はドル）

|  | 最低価格に基づく調達 | ライフサイクル・コスティングに基づく調達 |
|---|---|---|
| 単位あたりのフィルター価格 | 19.96 | 12.90 |
| 単位あたりの船積み価格 | 0.34 | 0.34 |
| 単位あたりのクリーニング原価（3個,@7.05） | 21.15 | 0 |
| 単位あたりの取替原価 | 28.80 （4個@7.20） | 7.20 （1個@7.20） |
| 単位あたりのトータル・コスト | 70.25 | 20.44 |
| 単位あたりのサービス・ライフ時間 | 600 | 300 |
| 使用時間あたりの原価 | 0.11708 | 0.06813 |
| 必要フィルター総使用時間 | 720,000 （時間） | 720,000 （時間） |
| トータル・コスト | 84,300 | 49,056 |
| 正味節約額 |  | 35,244 |

注─────────

1) Logistics Management Institute, *A Review of General Accounting Office Decisions on Life Cycle Costing*, [National Technical Information Service : NTIS], p.c-1, p.c-2, p.c-3.

　ここのケースは，この本の付録Dを要約したものである。また，以下の文献を参照している。

　General Services Administration Federal Supply Service, *Life Cycle Costing Workbook A Guide for the Implementation of Life Cycle Costing in the Federal Supply Service General Services Administration*, 1977. pp.II-1 から II-15 を参照。中神芳夫翻訳・監修『VE資料30 LCC Work Book 米国連邦政府調達庁（GSA）編』日本VE協会，1977年。7-15頁を参照。

2) U.S.General Accounting Office, *Ways to Make Greater Use of The Life Cycle Costing Acquisition Technique in DOD*, By The Comptroller General of The United States, 1973.p.3.

3) U.S.General Accounting Office, op. cit., p.3, p.8, p.9.

# 第2章

## アメリカ国防総省調達テスト・プログラムのライフサイクル・コスティング

1947年の国防品調達法は「裁定が価格と他の事項」を考慮してなされると規定し，上院委員会が他の事項に「最大限のコスト」が含まれると確認したにもかかわらず，契約の裁定が「取得価格のみ」を基準として行われていた。1963年に国防総省は，価格のみに基づく裁定契約の政策を転換するために，価格競争がライフサイクル装備原価に及ぼす効果の研究を開始した。この研究はロジスティクス・マネジメント協会に委託され，協会の1965年報告書「装備調達のライフサイクル・コスティング」[1]が，ライフサイクル・コスティングの名称を付けた最初の著書となった。協会は，国防総省テスト・プログラムのライフサイクル・コスティングに関する4冊の報告書を完成した。本章では，これら報告書の内容を検討し，60年代のライフサイクル・コスティングを理解する。

## 第1節　装備調達のライフサイクル・コスティング

### 1　1965年報告書

　この報告書はロジスティクス・コストに焦点を置き，軍事用装備のライフサイクル・コストは，人的資源の使用を引き出す政府発生のアイディアについての検討に始まり，装備のあらゆる部分が軍事用のロジスティクス・システムから取り除かれるまでの間に，政府が発生するコスト総額である[2]。そして最小のライフサイクル・コストに基づいて契約の裁定をするために，ロジスティクス・コスト分析を遂行する。
　ライフサイクル・コストとしてのロジスティクス・コストは，競争に関する購買および入札者資格付与など調達先の選択関連コストと，装備の導入，運用，支援活動などが発生する支援関連コストに区分される。

第2章　アメリカ国防総省調達テスト・プログラムのライフサイクル・コスティング　21

　調達先の選択関連コストには，サプライヤーの資格付与と装備の資格付与に関連するコスト，特許権とデータ権の取得に関連するコスト，入札業務に関連するコストなどがある。支援に関連するコストには，事後的および予防的保全コスト，棚卸資産管理費用，訓練（保全と運用）コスト，検査・据え付けコスト，チェックアウト・コスト，輸送関連コスト，文書管理コスト，運用コストなどがある[3]。

**【例示】【調達意思決定のためのロジスティクス・コスト分析】**[4]

　ある品目の最小耐用年数は5年であり，最大耐用年数は10年である。購買価格，支援ロジスティクス・コストとしての保全コスト，棚卸資産管理費用の合計額がライフサイクル・コスト総額である。この金額を耐用年数で割り，年度あたりのライフサイクル・コストを計算する。この年度あたりの最小コストを示す入札者Aが契約の裁定を得る。

図表　2－1　入札者の提出するコスト情報

| 入札者 | 購買価格 | 予防的・事後的保全コスト | 棚卸資産管理費用 | 耐用年数 |
|---|---|---|---|---|
| A | 1,000ドル | 1,000ドル | 500ドル | 10年 |
| B | 900 | 800 | 100 | 6 |
| C | 800 | 1,200 | 400 | 8 |

入札者A＝（1,000＋1,000＋500）÷10年＝250ドル／年あたり
入札者B＝（900＋800＋100）÷6年＝300ドル／年あたり
入札者C＝（800＋1,200＋400）÷8年＝300ドル／年あたり

**【例示】【保全コストの感度分析】**[5]

　図表2－2に示されるように，時間で表現される平均保全間隔と保全コス

トの関係に関して，保全コストについて感度分析が行われ，保全コスト総額1,990ドルが計算される例が示されている。

図表 2－2 保全コストの感度分析

$T_m$＝保全コスト総額＝$\left(\dfrac{L}{M}-1\right) \times C$

$L$＝サービス・ライフ＝5,000時間

$M$＝平均保全間隔＝ライフサイクル期間中に行われる保全活動の平均間隔（時間数で表現される。）

$C$＝保全活動一回あたりの平均コスト（金額で表現される。）

〔計算例〕図のA点＝1,990ドルの計算

$L$＝5,000時間
$M$＝25時間
$C$＝10ドル

$T_m = \left(\dfrac{5,000}{25}-1\right) \times 10 = 1,990$　ドル

| $M$（時間） | 保全コスト総額（金額）（単位はドル） | | | | | |
|---|---|---|---|---|---|---|
| 500 | 90 | 180 | 360 | 540 | 720 | 900 |
| 400 | 115 | 230 | 460 | 690 | 920 | 1,150 |
| 300 | 156 | 312 | 624 | 936 | 1,248 | 1,560 |
| 200 | 240 | 480 | 960 | 1,440 | 1,920 | 2,400 |
| 100 | 490 | 980 | 1,960 | 2,940 | 3,920 | 4,900 |
| 50 | 990 | 1,980 | 3,960 | 5,940 | 7,920 | 9,900 |
| 25 | 1,990 | 3,980 | 7,960 | 11,940 | 15,920 | 19,900 |
| | $C$＝10 | $C$＝20 | $C$＝40 | $C$＝60 | $C$＝80 | $C$＝100 |

## 2　1967年補足報告書

　1965年報告書を補足するこの報告書によれば，ライフサイクル・コスティングの適用を妨げる問題は，ロジスティクス・コスト分析に役立つ原価計算システムが国防総省内にないこと，入札者からの設計情報を入手することの難しさ，ロジスティクス・コスト分析を行う費用などである[6]。そしてこの報告書は，国防総省テスト・プログラム実践に関する主要な質問に以下のように答えている。

質問：ライフサイクル・コスティングは，調達の新しい方法ですか？
解答：そうだ。ライフサイクル・コスティングによって価格競争だけでなく，ロジスティクス・コスト分析規準での競争が導入される。
質問：なぜ，ロジスティクス・コストを検討することが重要なのですか？
解答：国防総省予算では，ロジスティクス・コストが取得コストを上回るからだ。
質問：見積り未来支出額は，現在価値に割り引かれるべきですか？
解答：理論上，未来支出額は割り引かれなければならない。テスト・プログラムでは，ライフサイクル・コスティングを簡単にするために，また，未来コストを割り引くことは，国防総省の実務慣行ではなかったので，1965年報告書に割り引きは含まれていない。テスト・プログラムで現在価値に基づくライフサイクル・コスティングによる比較を決定した。1966年に会計検査院は投資決定の評価に現在価値の利用を承認した。現在価値に基づくコスト比較が優先される方法だ。
質問：ライフサイクル・コスティングを主要システムの取得に適用できるのですか？
解答：できる。1965年報告書では，ライフサイクル・コスティングは組立品，小組立品，部品，小サブシステムなどの調達に限定されていた。

システム調達への利用の前に装備レベルで経験を積むことが望ましいと考えられたからだ。

**質問**：ライフサイクル・コスティングは実務でどのように機能するのですか？

**解答**：実行可能性の評価は，国防総省テスト・プログラムの主要目的だ。50件以上の調達を実行した[7]。

そしてライフサイクル・コスティングの特質は，この報告書で示されている図表2-3, 2-4, 2-5で理解することができる[8]。

図表2-3　ライフサイクル・コスティングに基づく入札

|  | X会社 | Y会社 | Z会社 |
|---|---|---|---|
| 入札価格 | $42,000 | $60,000 | $47,000 |
| 5年間の保全コスト | 129,000 | 116,000 | 84,000 |
| 新品目導入によるコスト | 10,000 | 20,000 | 10,000 |
| 5年間の在庫マネジメント・コスト | 45,000 | 30,000 | 42,000 |
| 新文書関係のコスト | 12,000 | 18,000 | 12,000 |
| 運用訓練コスト | 8,000 | 8,000 | 8,000 |
|  | $246,000 | $252,000 | $203,000 |

X会社：低価格入札企業
Z会社：低ライフサイクル入札企業

図表2-4　割引ライフサイクル・コストの計算例

| 原価計算期間 | 非割引コスト | | | 割引コスト（割引率 10%） | | |
|---|---|---|---|---|---|---|
|  | X会社 | Y会社 | Z会社 | X会社 | Y会社 | Z会社 |
| 引渡前と引渡時 | $67,000 | $101,000 | $7,200 | $67,000 | $101,000 | $72,000 |
| 第1年度 | 35,800 | 30,200 | 26,200 | 32,546 | 27,455 | 23,818 |
| 第2年度 | 35,800 | 30,200 | 26,200 | 29,585 | 24,951 | 21,652 |
| 第3年度 | 35,800 | 30,200 | 26,200 | 26,897 | 22,689 | 19,684 |
| 第4年度 | 35,800 | 30,200 | 26,200 | 24,451 | 20,627 | 17,895 |
| 第5年度 | 35,800 | 30,200 | 26,200 | 22,228 | 18,751 | 16,268 |
| 合計 | $246,000 | $252,000 | $203,000 | $202,707 | $215,473 | $171,317 |

第2章　アメリカ国防総省調達テスト・プログラムのライフサイクル・コスティング　25

図表2－5　ライフサイクル・コスティングの意義

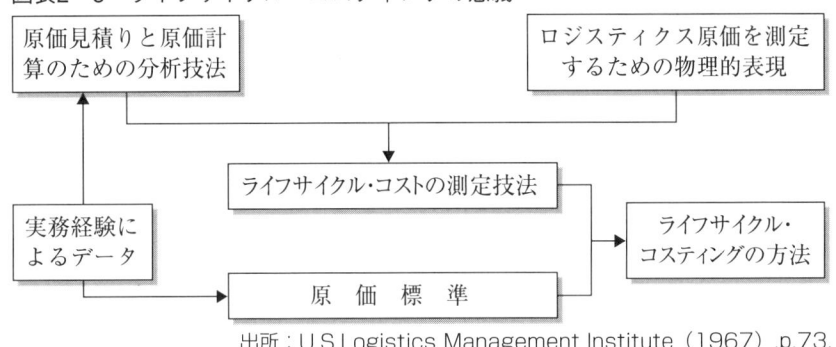

出所：U.S.Logistics Management Institute（1967），p.73.

### 例示　【掃海艇ディーゼル・エンジンの調達】[9]

A　評価規準　単位あたりの購入価格と10年間の修理部品費

燃料消費コストのペナルティ（燃料消費が0.380ポンド／ブレーキ馬力／時間あたり超過する量に対して、＄100,000を乗じて得られる金額）

B　裁　定

単位あたりのエンジンに基づく評価結果によって、入札者Wが契約を得た。

| 会社 | 購入価格 | 10年間の修理部品 | 燃料消費ペナルティ | 合　計 |
|---|---|---|---|---|
| W | $19,416 | $6,132.87 | $0 | $25,746.87 |
| X | 27,200 | 記載なし | 3,334.67 | ? |
| Y | 31,900 | 3,694.77 | 0 | 35,594.77 |
| Z | 63,374 | 18,318.41 | 2,633.33 | 84,325.74 |

## 3　産業界のライフサイクル・コスティング

　国防総省は調達テスト・プログラムから得た情報を補足するため、木製品、石油、化学、紙、車両製造、家庭用消費製品、計器、航空運輸などの企業の

ライフサイクル・コスティングの調査をロジスティクス・マネジメント協会に依頼した。以下の調査結果が報告されている[10]。

A　ライフサイクル・コスティング概念[11]

設備取得の分析プロセス，リースか購入かの意思決定，潜在的サプライヤーの入札価格の評価，自社製品の保証コストの決定などにライフサイクル・コスティングが利用されていた。

B　ライフサイクル・コスティングの方法

企業では，プロジェクトのアイディアが出された後，運用レベルでライフサイクル・コスティングが研究される。提案プロジェクトのための設備の選択は，生産技術者あるいは一部の運用スタッフによる非公式なライフサイクル・コスト（LCC）分析に基づき，以下の内容について行われる。

①コストの見積り

企業はLCC分析において関連するすべてのコストを見積る。

②耐用年数の見積り

企業によるライフサイクル・コストの見積りは，設備資産全体の耐用年数を通じて，各年度に計画される。

③価値の見積り

企業は価値を，収益として現れる設備資産の潜在的価値として捉えている。この収益計算は，プロジェクトの利益性に主要な効果をもたらす。

④保全コストと支援コストの見積り

保全コストと支援コストの見積りに関して，国防総省の持つ進んだ技術を企業は利用していない。

⑤分析方法

企業はコストの見積り方法と分析方法としての回収期間法，平均利益率，割引キャッシュフロー利益率，現在価値などに関心がある。

⑦ライフサイクル・コスティングの実践的方法

企業はライフサイクル・コスト概念の実行を促進する付加的技術とし

て，限定入札者リストおよび保証などを利用する。
⑧コスト見積りのコントロール
　企業は契約者を保有し，内部の見積り者が，コストと性能要件に責任を有している。

さらに次の点が指摘されている[12]。
- 企業にライフサイクル・コスティングの利用は広がっている。
- 企業で実施されているライフサイクル・コスティングは，政府の状況には適さない。ただし，分析にすべてのコスト要因を含めることと設備資産の耐用年数を通じてコストを見積る点は，政府の方針に適している。
- 企業は，コスト見積りの分析方法に重点を置き，投資方法の割引利益を開発している。政府のコスト最小化目的と企業の利益最大化目的とは異なることを知ることができた。

## 第2節　システム調達のライフサイクル・コスティング

　1969年のこの報告書の特徴は，ライフサイクル・コスティングをライフサイクル・コスト見積りプロセスの視点から理解する点にある。

**定義**

　軍事用ハードウェアのライフサイクル・コストは，政府の内外で人的資源の活用を引き出す時点から，そのハードウェアのすべてが軍のロジスティクス・システムから除外される間に，政府の負担するトータル・コストである。この定義は調査コスト，実行可能性の研究，開発，設計と製造に関するすべてのコスト，さらにそのハードウェアの取得によって発生するすべての運用コストと保全コストを含むものである[13]。

ライフサイクル・コスティングはライフサイクル・コストを見積るプロセスであり，近い将来の意思決定に影響を及ぼすコスト増加分を見積るプロセスを意味する。装備調達またはハードウェア・システムの取得においてライフサイクル・コスティングは，デザイン・コンセプトもしくは仕様の選択，可能な調達手続きの選択と競合する提案の選択に影響するすべてのコストを見積ることを意味している[13]。

そしてシステムとは，その開発と製造が国防総省プロジェクトとして実施され，研究・開発・検査・評価の資金が2,500万ドルを超えるかまたは製造コストが1億ドルを超える軍事用ハードウェア一式を意味するものである。

## ライフサイクル・コスティングの目的

システム取得におけるライフサイクル・コスティングの主たる目的は，①仕様，デザイン，運用および保守の規則を最適化するためにトレード・オフの関係にあるすべての重要なコストの考慮を保証すること，②長期的にみて政府にとって最もコスト効果的な製造契約裁定の意思決定をする際に役立たせることにある[14]。

## 見積り方法について[15]

● 暗黙的方法

どのシステムでも有効期間の中には，未来コスト全体の数値的表現が不可能であるか，または信頼できないため，見積りの努力に値しない期間が存在する。これは，信頼のおけない見積りに無駄な時間を使ってはならないということである。次に，ライフサイクル・コスティングの暗黙的方法の論理がある。すなわち，システム・コストの信頼できる量的な測定が不可能な場合には，主観的で非数量的な手順を体系的に用いる方が，意思決定規準からコストを削除するよりも望ましい。ここでは専門的判断が，同じコスト要素と詳細なコスト分析で扱われるコスト決定要因に対して体系的に適用できる。

## 第2章 アメリカ国防総省調達テスト・プログラムのライフサイクル・コスティング　29

● 原価見積関係方法[16]

　旧システムが存在し，その物理的データ，性能データ，コスト・データが利用可能であれば，新システムの統計的分析が，有用なコスト予測を提供する。サブ・システムのコストが物理的属性と性能属性に関連づけられ，確立される関係は原価見積関係と呼ばれ，パラメトリック・コスティングと呼ばれる。物理的測定と性能の測定は見積方程式におけるパラメータである。

　原価見積関係方法の仕様にはコスト要素，システムの仕様，運用のコンセプトなどの情報が必要である。システムの仕様には，システムとその補助装置に関する物理的データと性能データが含まれる。たとえば航空機では，原価要素に労務費割合，燃料コスト割合，材料費割合，物価指数などの項目を含める。

　性能データには速度，航続距離，積荷，上昇，絶対上昇限度，積載と非積載時間，周波数，精度，推力，運転温度，信頼性などの項目を含める。

　物理的データには重量，寸法（全長，翼スパン，体積など），金属の種類，トランジスタの数，ステージの数，アンテナの直径，耐久性，エンジン数などの項目を含める。

　運用方法には地理的な配置，稼働率，労働力の技能レベルとローテーション，保全計画，最低利用可能性，在庫の見積耐用年数などの項目を含めるのである。

　具体的な要素見積方法の手順は，まず，システムのトータル・コストが多数の要素に分解される。要素はコスト構造に関係し，その構造は諸要素によって構成され，その見積り金額，小計および合計が検討され，改訂される。

　比較可能性および信頼性の評価を可能にする完全性と一貫性を保証するためには，ライフサイクル・コスト要素構造の開発，コスト要因の提供と原価計算基準の確立が重要である。

> **例示** 【メイン・システムがチタンを含む航空機の機体の原価見積関係式】
>
> $C = A e^{B(\log V) - D} W \cdot R \cdot S \cdot T$
>
> C＝機体の開発およびデザイン・コスト（従属変数）
> e＝自然対数の底
> A＝BおよびDは係数（有理数）
> V＝高度55,000フィートで最大出力時の最大速度（単位ノット）
> W＝機体の重量（単位トン）
> R＝1時間あたりのエンジニアリングの労働力
> S＝機体が固定翼機か可変後退翼機かによって異なる価格
> T＝機体に占めるチタンの比率

● 原価計算について[17]

　原価計算には，原価計算期間が与えられ，定額方法とエスカレーション率が指定される変動方法とがある。未来コストの割り引きには，割引率が明示される。

　定額方法と変動および割引方法については，定額方法と10％の割引率が明示される。10％の割引率は，定額方法原価計算と首尾一貫し，原価計算期間の価格の増加を含まないので，この方法が推薦されている。

　リスクについては，固有のコスト・リスクは技術と政府方針の変化の結果，原価計算期間の終了以前にシステムが陳腐化する確率である。国防総省計画部は固有のコスト・リスクを考慮するために，国防総省の割引表を調節する特権が与えられ，調整方法の一つとして図表2－6を示している。

　この報告書の要約部分によると，システム調達計画において国防総省は，見積り方法としてのライフサイクル・コスティングを要求し，システム全体の投資コストの見積りには原価見積関係方法を採用し，全体の運用コストと支援コストの見積りには，暗黙的方法を原価計算方法にするというように，異なる段階には異なる見積り方法を想定している[19]。

第2章　アメリカ国防総省調達テスト・プログラムのライフサイクル・コスティング

図表2－6　コストリスクのために調整された割引要因

| 年 | 割引要因<br>（年率10％） | 1－CPO＊<br>（仮定のケース） | 調　整<br>割引要因 |
|---|---|---|---|
| 1 | .954 | 1.00 | .954 |
| 2 | .867 | 1.00 | .867 |
| 3 | .788 | 1.00 | .788 |
| 4 | .717 | 1.00 | .717 |
| 5 | .652 | .99 | .645 |
| 6 | .592 | .98 | .580 |
| 7 | .538 | .96 | .516 |
| 8 | .489 | .92 | .450 |
| 9 | .445 | .86 | .383 |
| 10 | .405 | .79 | .320 |
| ⋮ | ⋮ | ⋮ | ⋮ |
| 24 | .107 | .04 | .004 |
| 25 | .097 | .03 | .003 |

＊CPO＝老朽化の累積確率

注─

1) U.S.Logistics Management Institute, *Life Cycle Costing in Equipment Procurement*, April, 1965.

　Dhillon, B.S., *Life Cycle Costing : Techniques, Models and Applications*, Gordon and Breach Science Publishers, Inc., New York, 1989, p.1.

　Gupta,Y. and Wing Sing Chow, Twenty-Five Years of Life Cycle Costing-Theory and Applications : A Survey, *International Journal of Quality and Reliability Management*, Vol.2, 1985.

2) Logistics Management Institute, op.cit., p.2.

3) Logistics Management Institute, op.cit., pp.10-12.

　ロジスティクス・コストについては次の文献が参考になる。

　Blanchard, B.S., *Logistics Engineering and Management*, Prentice-Hall., Inc., Englewood Cliffs, N.J.1974.（石川島播磨重工業株式会社訳『ロジスティクス－ライフサイクル・コストの経済性追求－』日本能率協会，1979年。）

4) Logistics Management Institute, op.cit., p.52.

5) Logistics Management Institute, op.cit., Appendix, p.8.

6) Logistics Management Institute, *Life Cycle Costing in Equipment Procurement-Supplemental Report*, A Report to the Department of Defense. Washington, D.C., U.S.A.February, 1967, pp.4-5.

7) Logistics Management Institute, *Life Cycle Costing in Equipment Procurement-Supplemental Report*, A Report to the Department of Defense. Washington,D.C., U.S.A.February 1967, pp13-88.

8) U.S.Logistics Management Institute, *Life Cycle Costing In Equipment Supplementl Report*, 1967, p.31, p.67, p.73.

9) U.S.Logistics Management Institute, *Life Cycle Costing in Equipment Supplemental Report*, February, 1967, pp.89-90.

10) U.S.Logistics Management Institute, *Life Cycle Costing in Industry*, September,1967, p.3.

11) U.S.Logistics Management Institute, 1967, op.cit., pp.4-9.

12) U.S.Logistics Management Institute, 1967, op.cit., pp.11-12.

13) U.S.Logistics Management Institute, *Life Cycle Costing in System Acquistion*, November, 1969, pp.1-2.

14) U.S.Logistics Management Institute, 1969, op.cit., p.3.

15) U.S.Logistics Management Institute, 1969, op.cit., p.7.

16) U.S.Logistics Management Institute, 1969, op.cit., pp.11-12.

17) U.S.Logistics Management Institute, 1969, op.cit., p.33.

18) U.S.Logistics Management Institute, 1969, op.cit., p.36.

19) U.S.Logistics Management Institute, 1969, op.cit., pp.39-41.

# 第3章

アメリカ国防総省
調達プログラムの
ライフサイクル・コスティング

国防総省のライフサイクル・コスティングによる調達は1963年に始まり，1967年は50件の調達を行う予定であった。国防総省は1963年から1973年までの10年間に指針とガイド，信頼性と保全性，デザインと性能，原価対効果性分析，原価見積り関係式，システム効果性，システム・エンジニアリングなどを研究し，ライフサイクル・コスティングはガイドブックなどによってその基本形態が整えられている[1]。

## 第1節　ライフサイクル・コスティングの方法

### 1　ライフサイクル・コスティングの調達指針[2]

この報告書においてライフサイクル・コスティングは，ハードウェアおよび関連支援物に関する契約の裁定において取得価格だけでなく，所有によって発生する運用コスト，保全コストおよび他のコストなどを考慮に入れて取得する，あるいは調達する方法である[2]。

品目の調達においてライフサイクル・コスト（LCC）は，ハードウェア，データ，サービスなどライン品目の取得コスト（A）と，政府の発生するコストおよび一度限り発生するコストから構成される当初のロジスティクス・コスト（I），調達品目の運用，保全，マネジメントに関連して政府が定期的に発生するコスト（R）で構成され，次式によって計算される。

ライフサイクル・コスト＝取得コスト(A)＋当初のロジスティクス・コスト(I)＋定期的に発生するコスト(R)

第3章　アメリカ国防総省調達プログラムのライフサイクル・コスティング　35

**例示**　【ライフサイクル・コストの計算】

　ある品目について3社の入札申込みがあり，図表3－1から3－4に示されるように，申込者2のライフサイクル・コストが最小と計算されている[3]。

図表3－1　ライフサイクル・コスト(LCC)総額
LCC＝A＋I＋R

|  | 申込者1 | 申込者2 | 申込者3 |
|---|---|---|---|
| 取得コスト(A) | $466,100.00 | $482,950.00 | $536,200.00 |
| 当初のコスト(I) | 17,200.00 | 13,095.00 | 15,650.00 |
| 定期的に発生するコスト(R) | 180,092.01 | 153,449.58 | 134,149.38 |
| LCC総額 | $663,392.01 | $649,494.58 | $685,999.38 |
| 割引LCC総額 | $572,635.21 | $568,288.94 | $609,570.44 |

（注）上の数値は，各コスト・カテゴリー別に，LCC＝A＋I＋Rの計算例を示している。たとえば，図表3－2，図表3－3，図表3－4から次のように集計される。
　　　申込者1の割引LCC総額の計算
　　　572,635.21＝444,659.40＋16,408.80＋111,567.01
　　　　　　　　　　（図表3－2）（図表3－3）（図表3－4）

図表3－2　取得コスト(A)の詳細内容

A＝(UP)×(N)＋BTD
　　A＝取得コスト　　UP＝単位価格　　N＝調達数量
　　BTD＝基礎となるテクニカル・データのコスト

|  | 申込者1 | 申込者2 | 申込者3 | A | B | C | D |
|---|---|---|---|---|---|---|---|
| 1. 価額総額＝(UP)×(N) | $464,100.00 | $481,950.00 | $535,500.00 | X |  |  |  |
| 　単位価格(UP) | 1,300.00 | 1,350.00 | 1,500.00 |  | X |  |  |
| 　調達数量(N) | 357 | 357 | 357 | X |  |  |  |
| 2. 基礎的テクニカル・データのコスト | 2,000.00 | 1,000.00 | 700.00 |  | X |  |  |
| 3. 取得コスト総額(A) | $466,100.00 | $482,950.00 | $536,200.00 | X |  |  |  |
| 4. 割引率(DF) | 0.954 | 0.954 | 0.954 | X |  |  |  |
| 5. 取得コスト現在価値 | $444,659.40 | $460,734.30 | $511,534.80 | X |  |  |  |

（注1）上の数値は，各コスト・カテゴリー別に，取得コストA＝UP×N＋BTDの計算例を示している。
（注2）Aは政府の記入欄，Bは申込者の記入欄，Cは申込者のオプションによって政府が記入する欄，Dは引合書作成前に記入される。

図表3-3 当初のロジスティクス・コスト(I)の詳細内容

```
I＝TDMI＋IMCI＋TSTG
     I＝当初のロジスティクス・コスト
  TDMI＝当初のテクニカル・データ・マネジメント・コスト
  IMCI＝当初の品目マネジメント・コスト
  TSTG＝承認・信頼性検査のコスト
```

|  | 申込者1 | 申込者2 | 申込者3 | A | B | C | D |
|---|---|---|---|---|---|---|---|
| 1.(TDMI) |  |  |  |  |  |  |  |
| テクニカル・データ・コスト | $7,200.00 (*1) | $5,850.00 (*2) | $8,400.00 (*3) | X |  |  |  |
| ページ数 | 400 | 325 | 475 |  | X |  |  |
| コピー配布数 | 1,000 | 1,000 | 1,000 | X |  |  | X |
| ページあたりコピー代 | .004 | .004 | .004 | X |  |  | X |
| 第1年度のファイルメンテナンスコスト | $14.00 | $14.00 | $14.00 | X |  |  | X |
| 2.(IMCI) |  |  |  |  |  |  |  |
| 品目マネジメント・コスト | $8,000.00 | $6,500.00 | $5,000.00 | X |  |  |  |
| 新品目数量 | 80 | 65 | 50 |  |  |  |  |
| 新品目あたりの1回あたり記入コスト | $100.00 | $100.00 | $100.00 | X |  |  | X |
| 3.(TSTG) |  |  |  |  |  |  |  |
| 承認・信頼性検査のコスト | $2,000.00 | $745.00 | $2,250.00 | X |  |  |  |
| 4.(I) |  |  |  |  |  |  |  |
| 当初のロジスティクス・コスト総額 | $17,200.00 | $13,095.00 | $15,650.00 | X |  |  |  |
| 5. 割引率 (*4) | 0.954 | 0.954 | 0.954 | X |  |  |  |
| 6. 当初のロジスティクス・コスト現在価値 | $16,408.80 | $12,492.63 | $14,930.10 | X |  |  |  |

(*1) 400×1,000×0.004＋400×14＝7,200
(*2) 325×1,000×0.004＋325×14＝5,850
(*3) 475×1,000×0.004＋475×14＝8,550となる。原文が誤っている。
(*4) この割引率は与えられたものとして計算されている。
(注) 上の数値は,各コスト・カテゴリー別に,当初のロジスティクス・コスト I＝TDMI＋IMCI＋TSTGの計算例を示している。

第3章　アメリカ国防総省調達プログラムのライフサイクル・コスティング　37

図表3－4　定期的に発生するコスト(R)の詳細内容

R＝TDMR＋IMCR＋MC
　　R＝定期的に発生するコスト
　TDMR＝定期的に発生するテクニカル・データ・マネジメントのコスト
　IMCR＝定期的に発生する品目マネジメントコスト
　　MC＝メンテナンスコスト

| | 申込者1 | 申込者2 | 申込者3 | A | B | C | D |
|---|---|---|---|---|---|---|---|
| 1.(TDMR) 定期的に発生するテクニカルデータコスト | $22,800.00 | $18,525.00 | $27,075.00 | X | | | |
| ページ数 | 400 | 325 | 475 | | X | | |
| 第2年度以降のファイルメンテナンスのページあたりのコスト | 6.00 | 6.00 | 6.00 | X | | | X |
| 2.(IMCR) 定期的に発生する品目マネジメントコスト | $76,000.00 | $61,750.00 | $47,500.00 | X | | | |
| 新品目数 | 80 | 65 | 50 | X | | | |
| 定期的に発生する年間品目マネジメントコスト | 100.00 | 100.00 | 100.00 | X | | | X |
| 3.(MC) メンテナンスコスト | $81,292.01 | $73,174.58 | $59,574.38 | X | | | |
| 4.(R) 定期的に発生するコスト総額 | $180,092.01 | $153,449.58 | $134,149.38 | X | | | |
| 5. 割引率[*1] | 0.6195 | 0.6195 | 0.6195 | X | | | |
| 6. 定期的に発生するコストの現在価値 | $111,567.01 | $95,062.01 | $83,105.54 | X | | | |

(*1) この割引率は与えられたものとして計算されている。

(注) 上の数値は定期的に繰り返して発生するコストR＝TDMR＋IMCR＋MCを各コスト・カテゴリー別に計算例によって示している。

## 2　装備調達のライフサイクル・コスティング事例集[4]

　事例集のこのガイドブックは，ライフサイクル・コスティングを装備調達の方法として位置づけ，ハードウェアならびにそれを支援するものを発注す

図表3-5 ケース別の装備品・検証技法・ライフサイクル・コスト要素などの要約[6]

| 項目/事例 | 事例1 船のエンジン | 事例2 ハウス・サイディング | 事例3 オシロスコープ | 事例4 タコメーター | 事例5 タイヤ | 事例6 地下鉄 | 事例7 コンピューター |
|---|---|---|---|---|---|---|---|
| 装備品 | | | | | | | |
| 機械 | * | | | | | | |
| 電気/電子 | | | | ** | | * | ** |
| 素材・サービス、その他 | | ** | * | | * | | * |
| 修理可能 | * | | * | | | * | |
| 修理不可能 | | * | | ** | ** | | * |
| 検証技法 | | | | | | | |
| 裁定前試験 | ** | | ** | | | ** | |
| 裁定後試験 | | ** | | ** | | | |
| 罰則条項 | | | | | | | |
| 支払保証契約 | | | * | | | | |
| 契約企業によるメンテナンス | | | | | | | |
| ライフサイクル・コスト要素 | | | | | | | |
| 当初のコスト | * | ** | * | ** | ** | ** | ** |
| 購買価格 | | * | | * | * | * | |
| 配送 | | | | | | | |
| 試験 | ** | * | * | * | | | *** |
| 据え付け | * | ** | ** | | | * | ** |
| 在庫マネジメント | | | | | | | |
| 訓練 | ** | | | * | | | * |
| 運用・支援コスト | | | | | | | |
| アイテムライフ | | | | | | | |
| 運用労働 | | | | | | | |
| 素材・光熱 | | | | | | | |
| 訓練 | | | | | | | |
| 予防メンテナンス | | | | | | | |
| 修理メンテナンス | | | | | | | |
| 在庫・管理・貯蔵 | | | | | | * | |
| 終期 | | | | | | | |
| 撤去 | | | | | | | |
| 残存価額 | | | | | | | * |

るにあたって，取得価格と運用コスト，保全コスト，所有中に発生するその他のコストを考える方法と理解している。図表 3-5 に示すように，使用されたライフサイクル・コスト要素が多くない事例もあり，ライフサイクル・コスティングの適用程度からみると必ずしも一様ではない。各事例の入札評価には割り引きと現在価値の計算が加えられている。

## 例示 【罰則規定：価格調整規定】[6]

① この契約は，ライフサイクル・コスト LCC ＝ A ＋ I ＋ R を最小にする基準に基づいて結ばれた。上述の内容から，取得コスト A は，以下のように定義される LCCM が LCCT に等しいか，またはそれ以下になる場合に，契約者に支払われるべき目標価格の総額である。

a. LCCT は，裁定前に，提示者の予測値に基づいてコスト計算されるライフサイクル・コストである。

$\text{LCCT} = \text{AT} + \text{IT} + \text{RT}$ （T は目標値を示す）

b. LCCM は，裁定後に計算されるライフサイクル・コストである。MTBF（平均故障間隔），MTTR（平均修理時間）などについての製造信頼性の受け入れテストの後に測定される。

$\text{LCCM} = \text{AT} + \text{IM} + \text{RM}$ （M は測定値を示す）

② 支払い

契約者に支払われる最終金額は，LCCM が LCCT と等しいか，またはそれ以下の場合 AT である。しかし LCCM が LCCT よりも大きければ，契約者に支払われる最終金額は，AT よりも小さくなる。なぜなら，契約者は，報酬の規準であった規定を満たすことができないハードウェアを提供したからである。LCCM が LCCT よりも大きい場合，最終契約価格は，最終価格（FP）として次のように計算される。

$$[\text{AT}] \times \left[1 - \left(\frac{3}{10} + \frac{\text{AT}}{3\text{LCCT}}\right) \times \left(\frac{\text{LCCM} - \text{LCCT}}{\text{LCCT}}\right)\right]$$

## 3 システム調達のライフサイクル・コスティング[7]

このガイドブックは、システム・レベルのライフサイクル・コスティングの実行手続きを含むガイドラインを示し、完全な国防システム取得へのライフサイクル・コスティングの適用を目的としている。ライフサイクル・コスティングは、取得サイクルの全局面における意思決定のためのトレード・オフの方法でもあると考えられている。

ライフサイクル・コストの見積りに基づいて長期的な原価対効果性が実現されるので、DSARC（Defense System Acquisiton Review Council）の意思決定は、ライフサイクル・コストの見積りを反映し、ライフサイクル・コストを考慮に入れて行われる。意思決定に影響を与える基本的な考慮事項はライフサイクル・コストとシステム効果性である。

そしてシステムのライフサイクル・コストは、システムの全生涯に渡り、政府が当該システムを取得し、所有するための原価総額であり、開発コスト、取得コスト、運用コスト、支援コスト、廃棄コストなどを含むものである[8]。

**例示**【兵員輸送用ヘリコプター100機を10年間運用するのに必要な運用人員コストの計算】[9]

| | 年間のコスト |
|---|---|
| 一機あたりの乗務員 | |
| 　パイロット（軍人） | $25,000 |
| 　副操縦士（軍人） | $22,000 |
| 地上サービス員 | |
| 　一機あたりの誘導係（軍人） | $15,500 |
| 　一機あたりの案内係（民間人） | $10,500 |
| 　一機あたりの年間運用人員コスト総額 | <u>$73,000</u> |

年間の運用人員コスト総額 = 100 機 × \$73,000 = 7,300,000 ドル

次に,割引率 =10% を仮定して,10 年間のライフサイクル運用人員コスト総額を計算する。使用される割引係数は,国防総省が独自に指定するものであり,前章の図表 2 − 6 に示されているものが使用されている。

| | 年間のコスト総額 | 割引係数 | | 現在価値 |
|---|---|---|---|---|
| 第 1 年 | \$7,300,000 × | .954 | = | \$6,964,200 |
| 2 | \$7,300,000 × | .867 | = | \$6,329,100 |
| 3 | \$7,300,000 × | .788 | = | \$5,752,400 |
| 4 | \$7,300,000 × | .717 | = | \$5,234,100 |
| 5 | \$7,300,000 × | .652 | = | \$4,759,600 |
| 6 | \$7.300.000 × | .592 | = | \$4,321,600 |
| 7 | \$7,300,000 × | .538 | = | \$3,927,400 |
| 8 | \$7,300,000 × | .489 | = | \$3,569,700 |
| 9 | \$7,300,000 × | .445 | = | \$3,248,500 |
| 10 年 | \$7,300,000 × | .405 | = | \$2,956,500 |

ライフサイクル・コスト総額 = \$47,063,100

## 第 2 節　デザイン・ツー・ライフサイクル・コスト

国防総省通達 5000.1「主要国防システムの取得について」を起点とするデザイン・ツー・コストは,製品あるいはシステムの開発段階で正確なコスト目標を設定し,性能,コスト,スケジュール間のトレード・オフによってシステム・コストをコントロールし,コスト目標を達成するマネジメントを意味している。デザイン・ツー・コストはコストを基本設計パラメータとし,品目の物理的特性と性能特性をコストの見積り値として表現する点に特徴がある。

通達の定義によれば「コスト・パラメータは，取得コストと所有コストを考慮して設定される。個別のコスト要素である単位あたりの製造コスト，運用コスト，支援コストなどは，要件に対するデザイン」の形で表現される。このことは，単位あたりの製造コスト目標と年度あたりの運用コストおよび支援コスト目標の両者がシステムの初期の開発段階において設定されることを意味している[10]。

1975年の通達5000.28のデザイン・ツー・コストは，開発と設計の段階において，技術上の要求事項および性能目標の達成度と，コスト上の要求事項およびコスト目標の達成度について詳細な評価を行う。開発するシステムが最低のライフサイクル・コストで性能とスケジュール上の要求事項を確実に達成できるように，システム性能，コスト，スケジュール間のトレード・オフを継続的に実施するのである[11]。デザイン・ツー・コストのプロセスは図表3-

図表3-6　DESIGN-TO-COSTのプロセス

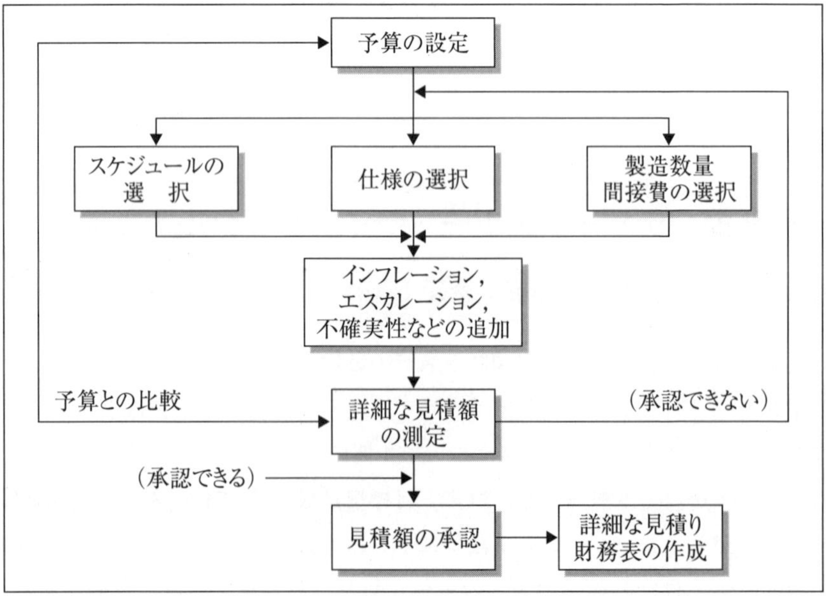

第3章 アメリカ国防総省調達プログラムのライフサイクル・コスティング 43

6に，デザイン・ツー・コスト概念は図表3－7に示される[12]。

図表3－7 デザイン・ツー・コスト概念

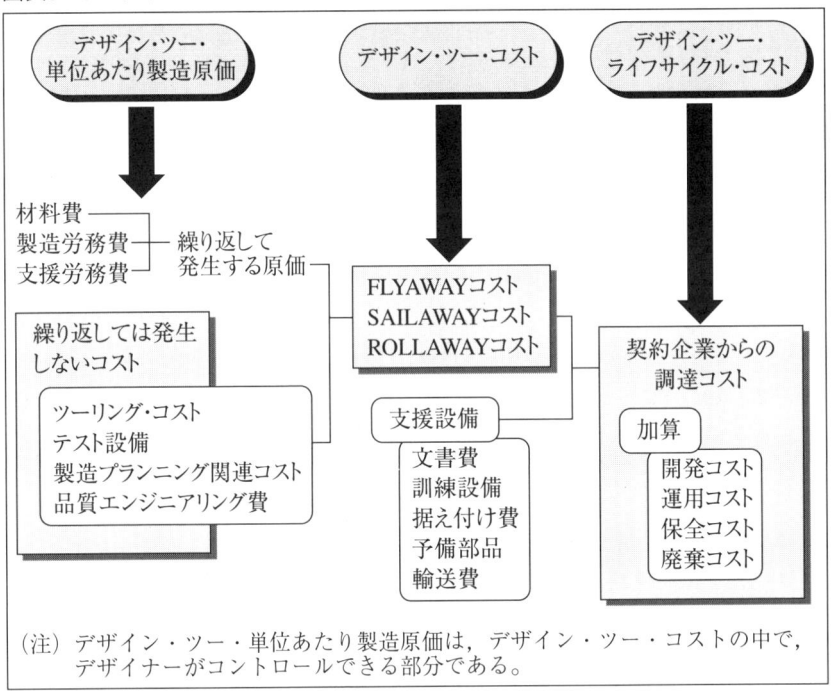

```
        ┌─────────────┐        ┌─────────────┐        ┌─────────────┐
        │ デザイン・ツー・ │        │ デザイン・ツー・ │        │ デザイン・ツー・ │
        │ 単位あたり製造原価│        │   コスト    │        │ライフサイクル・コスト│
        └──────┬──────┘        └──────┬──────┘        └──────┬──────┘
               ▼                      ▼                      ▼
```

材料費 ─┐
製造労務費 ├─ 繰り返して
支援労務費 ─┘  発生する原価

FLYAWAYコスト
SAILAWAYコスト
ROLLAWAYコスト

繰り返しては発生
しないコスト

ツーリング・コスト
テスト設備
製造プランニング関連コスト
品質エンジニアリング費

支援設備

文書費
訓練設備
据え付け費
予備部品
輸送費

契約企業からの
調達コスト

加算

開発コスト
運用コスト
保全コスト
廃棄コスト

（注）デザイン・ツー・単位あたり製造原価は，デザイン・ツー・コストの中で，
　　　デザイナーがコントロールできる部分である。

【例示】**【デザイン・ツー・ライフサイクル・コストの理論―航空機衝突回避システムにおける探知システムの構築―】**[13]

①デザイン複合性の確立

図表3－8の横座標の8kmの探知の範囲に垂直線が引かれ，0.95の探知確率カーブと交わる。水平線がこの点から引かれ，およそ65個の構成部品のところで交わるので，システムを構成する部品点数を65個と決定する。探知の確率と探知の範囲が独立変数であり，システムを構成する部品点数が従属変数である。

図表3－8　探知の確率および探知の範囲の関数としての構成部品の数

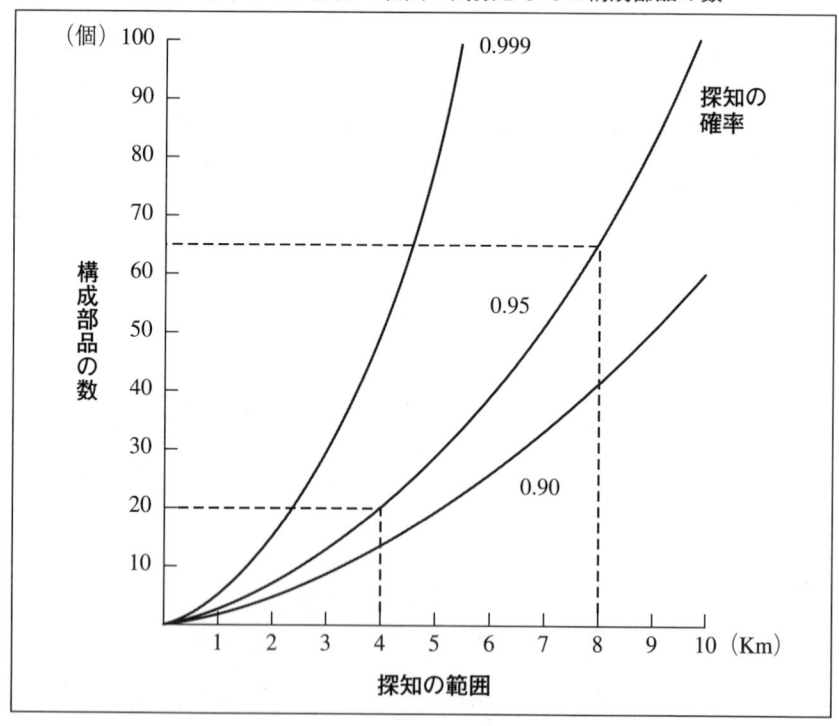

## 第3章 アメリカ国防総省調達プログラムのライフサイクル・コスティング

②構成部品65個の信頼性の確立

65個の構成部品と要求されるシステム信頼性が0.95の場合では，構成部品の信頼性は0.999が要求される（図表3－9）。構成部品数と要求されるシステム信頼性が独立変数であり，従属変数は，要求される構成部品の信頼性である。

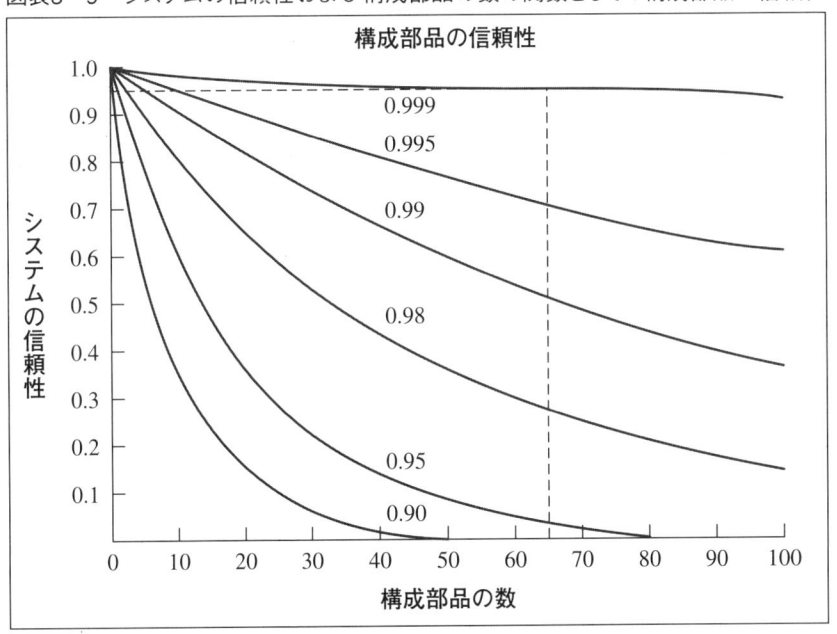

図表3－9　システムの信頼性および構成部品の数の関数としての構成部品の信頼性

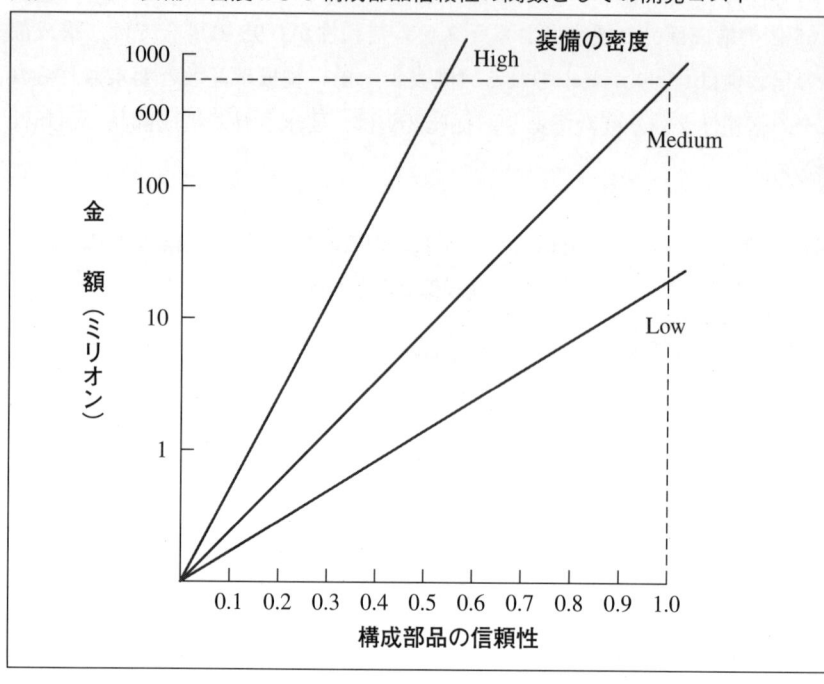

図表3−10　装備の密度および構成部品信頼性の関数としての開発コスト

③開発コストの見積り

　図表3−10は，装備の密度と構成部品の信頼性の相互作用および開発コストの関係を示している。密度（density:単位ボリュームあたりの構成部品の重量）は，重量とボリュームを含むので，装備複合性の測定値として利用する。

　装備の密度と構成部品の信頼性が独立変数であり，従属変数は開発コストである。検出のサブシステムのボリュームをおよそ0.5キュービックフィートと仮定すると，このボリュームでは65個の構成部品は中間密度を構成する。図表3−10によれば，中間密度と要求される構成部品の信頼性0.999では，開発コストはおよそ600,000,000ドルと見積られる。

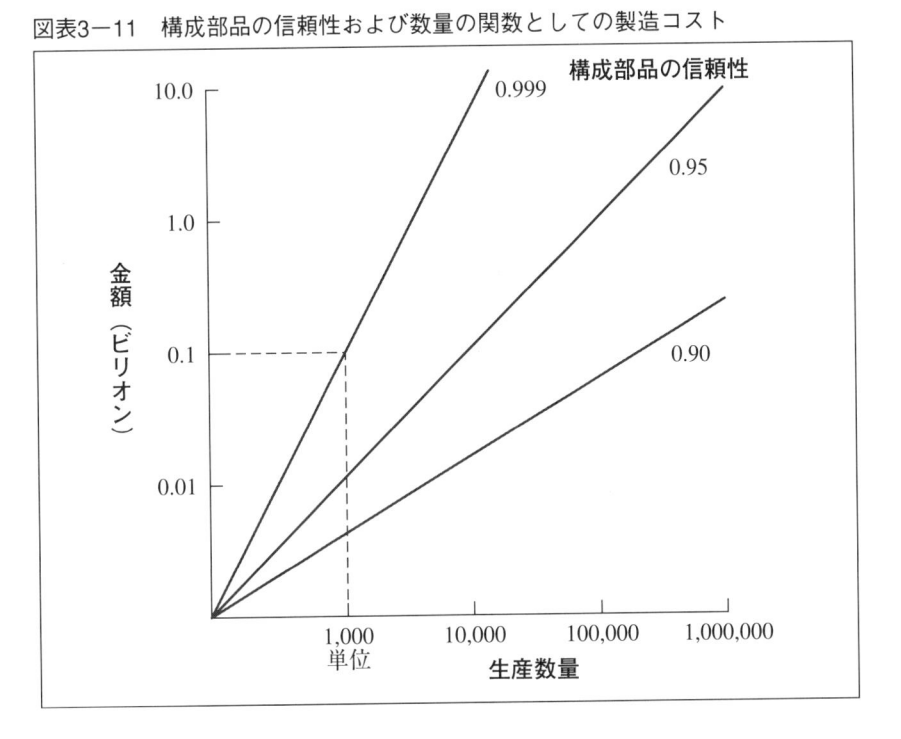

第3章 アメリカ国防総省調達プログラムのライフサイクル・コスティング　47

図表3-11　構成部品の信頼性および数量の関数としての製造コスト

④製造コストの見積り

図表3-11は，新パラメータとしての生産数量を導入し，生産数量と構成部品信頼性および製造コストの相互作用を示している。

要求される信頼性が大きくなればなるほど，検査とテストへの支出が大きくなる。図表3-11の独立変数は生産数量と構成部品の信頼性であり，従属変数は製造コストである。探知システムの生産数量は1,000単位と仮定する。製造コスト総額は100,000,000ドル，単位あたりコストは100,000（100,000,000ドル÷1,000個＝100,000）ドルと見積られる。

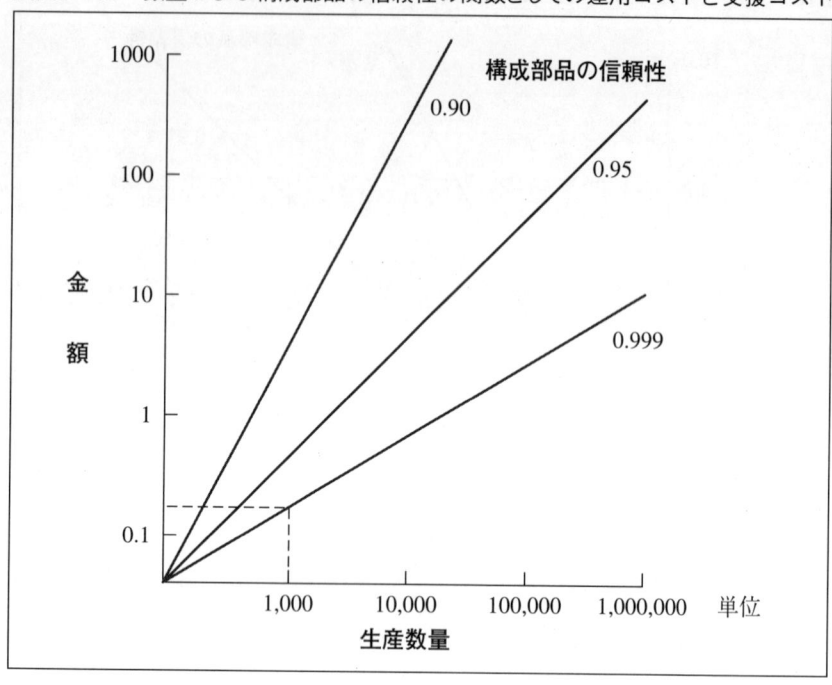

図表3-12　数量および構成部品の信頼性の関数としての運用コストと支援コスト

[図表：横軸「生産数量（単位）」対数目盛 1,000〜1,000,000、縦軸「金額」対数目盛 0.1〜1000。構成部品の信頼性 0.90、0.95、0.999 の3本の直線。]

⑤運用コストと支援コストの見積り

　図表3－12は，運用コストと支援コストに対する構成部品の信頼性および生産数量の相互作用を示している。カーブのスロープは構成部品の信頼性によって確立される。信頼性が低くなればなるほど，保全への支出は大きくなる。独立変数は配備される探知システムの生産数量と構成部品の信頼性であり，従属変数は運用コストと支援コストである。配備される1,000単位と構成部品の信頼性0.999について，探知システムの耐用年数10年間の運用コストと支援コストは1,200,000,000ドルと見積られる。

⑥ライフサイクル・コストの集計

　探知システムの生産数量1,000単位の予備的なデザイン・ツー・コスト目標

## 第3章 アメリカ国防総省調達プログラムのライフサイクル・コスティング

図表3-13 信頼性および保全性の関数としてのライフサイクル・コスト

（縦軸：ライフサイクル・コスト、横軸：時間　Mean Time Between Failure 平均故障間隔（時間）　曲線：信頼性への投資プラス保全コスト、信頼性への投資、保全コスト）

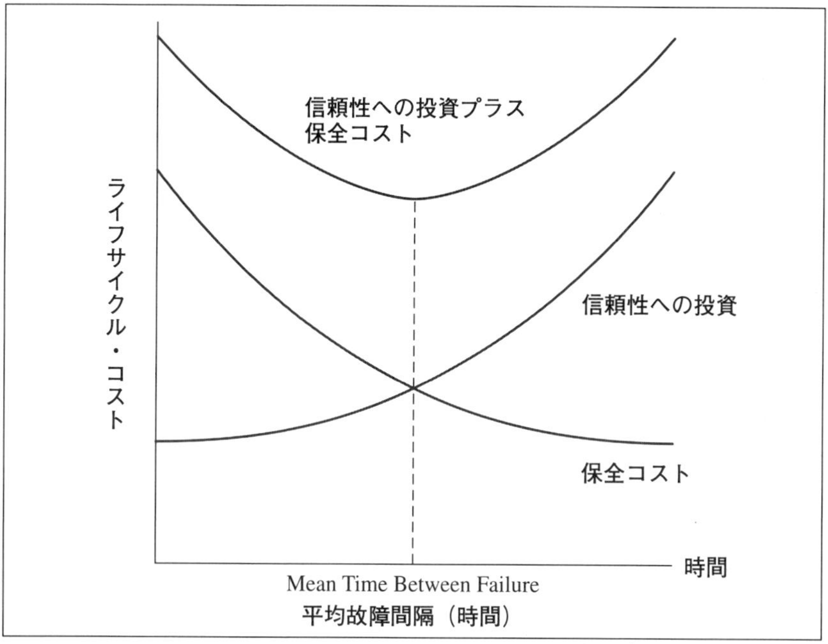

としての見積値は，次のように集計される。

| | |
|---|---|
| 開　発　コ　ス　ト | 600,000,000 ドル |
| 製　造　コ　ス　ト | 100,000,000 |
| 運用コストと支援コスト | 1,200,000,000 |
| 合　　　　計 | 1,900,000,000 ドル |

⑦諸関係の統合

　機能性とコストの関係を代替案評価のために全体の測定値の中に統合する。ライフサイクル・コストが望ましい測定値である。図表3－13は，このような諸関係がいかに典型的に描かれるのかを示している。最小のライフサイクル・コストで達成可能な平均故障間隔（Mean Time Between Failure：MTBF）が信頼性投資プラス保全コストのカーブの低い点からの垂直線によって示される。

## 第3節　ライフサイクル・コスト・モデル

ライフサイクル・コスティングの目的は，ライフサイクル・コストの予測と見積りにあり，利子率，保全性，信頼性などのパラメーターを含む推計プロセスとして特徴づけられ，その原価要素はライフサイクル・コスト・モデルで表現される。60年代には習熟曲線，感度分析，時間などを含むモデルが開発され，以後，多様なモデルが構築されている[14]。

### 1　海軍の兵器システム・モデル

このモデルのライフサイクル・コスト（LCC）は次のように表現される。

$$LCC = RDC + OSC + ASC + IC + TC$$

RDC（研究コスト）：有効性確認段階で発生するコストと完全スケール開発コストである。

OSC（運用・支援コスト）：倉庫供給コスト，運用コスト，人的維持および訓練コスト，倉庫保全コスト，輸送コスト，組織的中間保全コスト，支援投資コスト，据え付け支援コストなどである。

ASC（関連システムコスト）：関連システム・投資コストと関連システム運用コストおよび支援コストである。

IC（投資コスト）：調達コストおよび政府による投資コストである。

TC（終了コスト）：次式によって定義される。

## 第3章　アメリカ国防総省調達プログラムのライフサイクル・コスティング

$$TC = \sum_{J=1}^{N} [S(j)] \times (STC)$$

N＝ライフサイクルの年数
STC＝主要システムの終了コスト
S(j)＝j年中の活動から解放される主要システムの数

## 2　パラメトリック・コスト・モデル

ライフサイクル・コストの見積りを行うパラメトリック・コスト・モデルは，パラメトリック・コスト見積り法の一部分である。たとえば，原価見積り関係式としての対数関係式は次のように示される[15]。

エンジニアリング・コスト総額
$\log X4 = -4.35530 + 1.74831 \log X2 + 0.832631 \log X3$
X2は航空機の最大速度，X3はエンジンを除いた機体の重量である。

パラメトリック・コスト見積りは，見積り品目の物理的特性あるいは性能特性に原価を関係づける数学式を利用して原価を見積るプロセスである。統計的方法であるパラメトリック見積り式は原価見積り関係式と呼ばれ，この関係式においては物理的変数と性能変数が独立変数であり，原価が従属変数である。

パラメトリック・コスト見積り法は50年代にランド社が軍需物資の原価をデザイン段階での見積りを試みた時に始まり，60年代にパラメトリック・コスト・モデルの用語が軍需産業界において市民権を得た[16]。

**例示** 【航空機エンジン開発のライフサイクル・コスティングにおけるパラメトリック・コスト・モデルの概念図】[17)]

　図表3−14に見られるように，パラメトリック法によるコスト見積りは，ライフサイクルの初期の構想段階において利用される。

図表3−14　段階（Phase）ごとのLCCインプット・データ

| プログラム段階 | ライフサイクル・コスト表示要求 | | |
|---|---|---|---|
| | 計算方法 | 詳細さのレベル | 代表的なデータ |
| 構想段階 | パラメトリック方法 | システム/エンジン | プログラム・タイミング　エンジン・タイプ・サイズ<br>生産数量　　　　　　　エンジン・サイクル<br>機体タイプ　　　　　　資材選択 |
| 承認段階 | パラメトリック方法または一般的な「ボトム・アップ」 | エンジン/モジュール | ・前段階の結果をすべて考慮に入れる<br>エンジン運用性質　　　製造量/率<br>ライフ・リミット　　　保全プラン<br>FMECA（Failure Modes, Effects and Criticality Analysis）<br>LSAR（ロジスティック支援分析記録） |
| フルスケール開発段階 | 一般的な「ボトム・アップ」 | モジュール/コンポーネント | ・前段階の結果をすべて考慮に入れる<br>ツーリング　　　　　　保証<br>製作/購入　　　　　　開発プラン<br>支援装備　　　　　　　データ要求事項<br>General Routings　　　テスト・プログラム |
| 製造段階 | 詳細な「ボトム・アップ」 | 一部分 | ・前段階の結果をすべて考慮に入れる<br>最終Routings　　　　　契約者支援<br>保証　　　　　　　　　訓練 |
| 運用支援段階 | 詳細な「ボトム・アップ」 | 一部分 | ・前段階の結果をすべて考慮に入れる<br>消費率<br>再作業　　　　　　　　欠陥に関するサービス<br>性能悪化　　　　　　　実際のミッション・ミックス |
| 廃棄段階 | 詳細な「ボトム・アップ」 | 一部分 | ・前段階の結果をすべて考慮に入れる<br>棚卸レベル<br>資産配分<br>市場状態/制約条件 |

Society of Automotive Engineers, Inc., *Aircraft Life Cycle Cost*, 1987.p.36.

第3章 アメリカ国防総省調達プログラムのライフサイクル・コスティング　53

## 第4節　国防総省と契約企業

### 1　国防総省と契約企業の関係 [18]

　70年代においては，図表3－15に示されるように，顧客としての政府は「プランニング・プログラミング予算管理（Planning Programming Budgeting System：PPBS）」と連結する軍の計画に関与している。

図表3－15　顧客(政府:調達する側)と契約企業(民間企業:生産する側)の
　　　　　　インターフェイス(1975年)

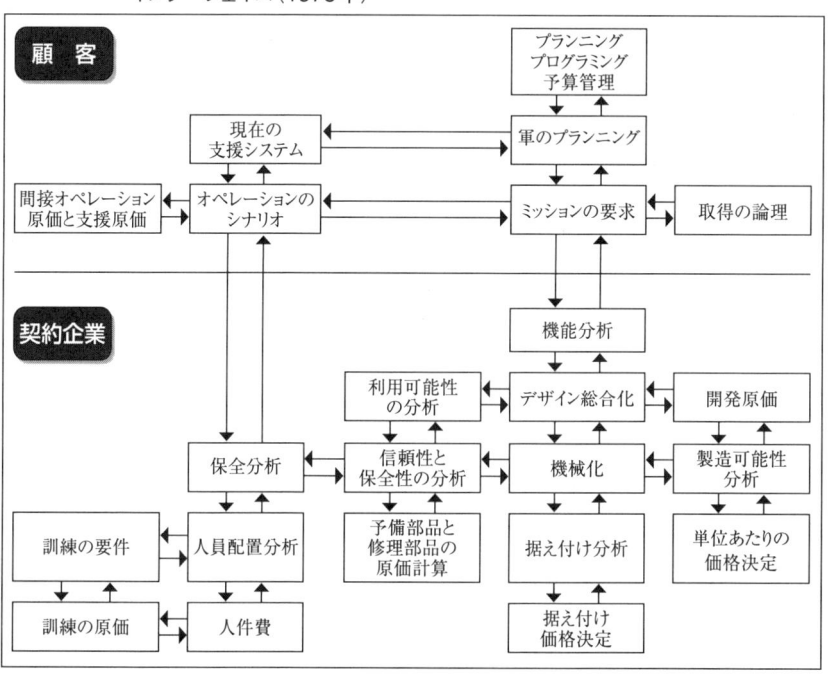

ライフサイクル・コスト見積りは，開発・投資・運用コストなどについて行われる。ライフサイクル原価見積りの構造が，PPBSに対する会計責任と追跡可能性を与えるのであり，図表3－16が，その構造を示している。

図表3－16　ライフサイクル原価構造とプランニング・プログラミング・予算システム（PPBS）との関係

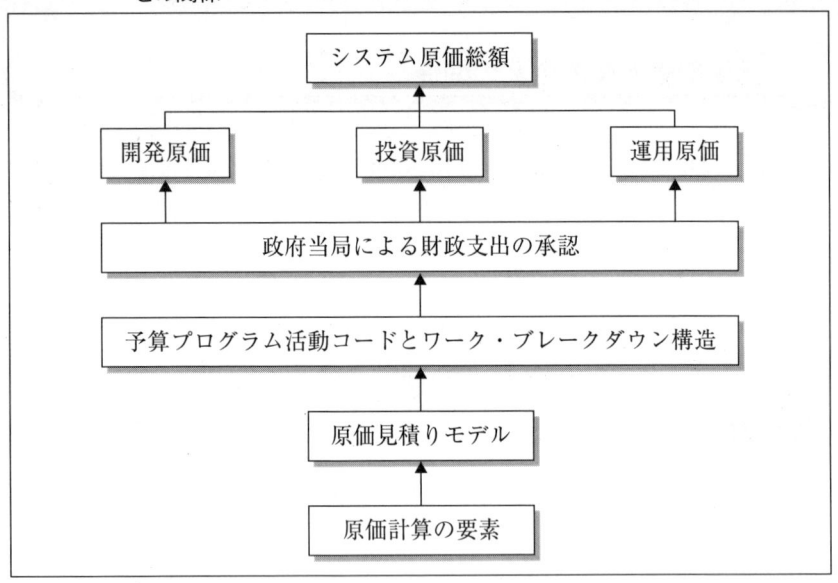

```
                    ┌─────────────────┐
                    │  システム原価総額  │
                    └─────────────────┘
           ↑                ↑                ↑
    ┌──────────┐    ┌──────────┐    ┌──────────┐
    │  開発原価  │    │  投資原価  │    │  運用原価  │
    └──────────┘    └──────────┘    └──────────┘
           ↑                ↑                ↑
         ┌─────────────────────────────────────┐
         │   政府当局による財政支出の承認        │
         └─────────────────────────────────────┘
                            ↑
         ┌─────────────────────────────────────┐
         │ 予算プログラム活動コードとワーク・ブレークダウン構造 │
         └─────────────────────────────────────┘
                            ↑
                  ┌──────────────────┐
                  │   原価見積りモデル  │
                  └──────────────────┘
                            ↑
                  ┌──────────────────┐
                  │   原価計算の要素   │
                  └──────────────────┘
```

　図表3－17は，新兵器システム取得と原価見積りおよびコントロール・プログラムの標準的なライフサイクルを示している。プログラムのライフサイクルは構想段階，有効性確認段階，フルスケール開発段階，製造段階，オペレーションズ段階，退役段階などから構成され，ライフサイクル・コスティングはこのサイクルを通じて各段階ごとに継続的に実行されるのである。

第3章 アメリカ国防総省調達プログラムのライフサイクル・コスティング　55

図表3−17　兵器システム取得原価見積り・コントロール・プログラム
(DSARC=Defense System Acquisition Review Council)

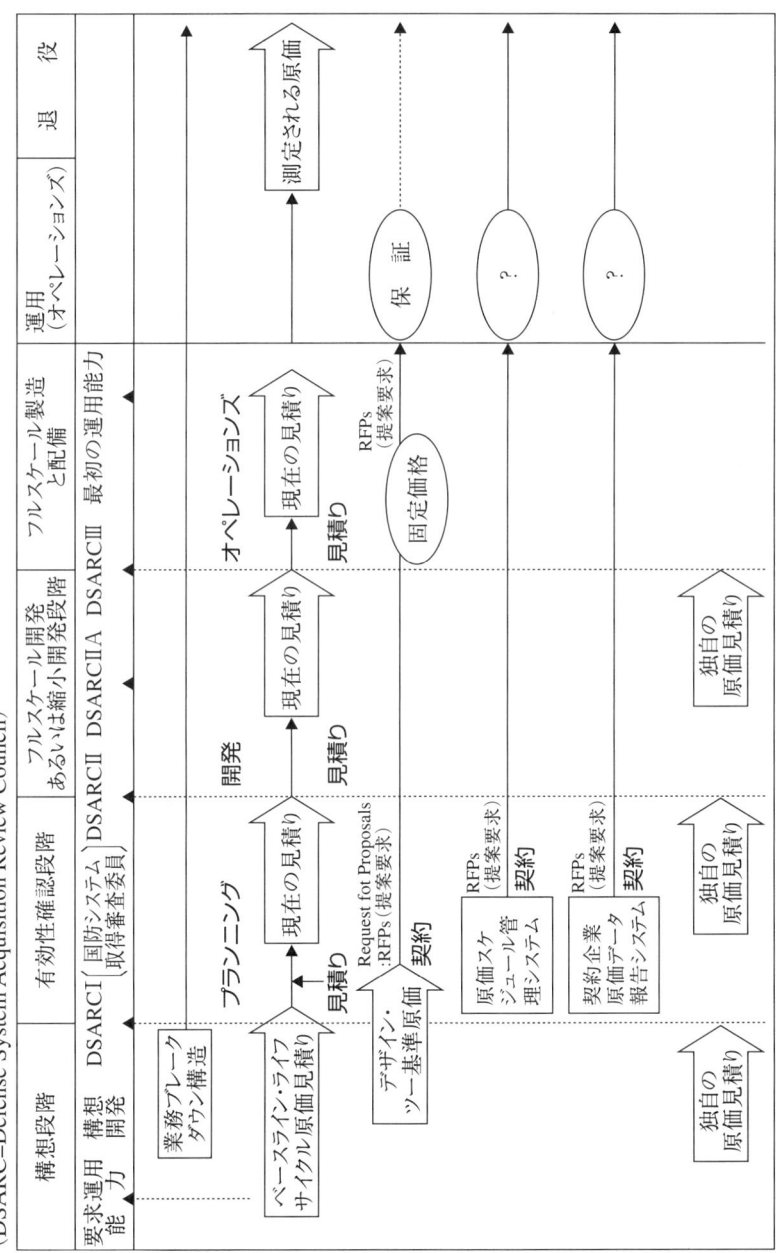

| 要求運用能力 | 構想段階 | | 有効性確認段階 | フルスケール開発段階 | | フルスケール製造と配備 | 運用（オペレーションズ） | 退役 |
|---|---|---|---|---|---|---|---|---|
| | 構想開発 | DSARC I（国防システム取得審査委員） | | DSARC II あるいは縮小開発段階 | DSARC III | 最初の運用能力 | | |

プランニング　開発　オペレーションズ

ベースライン・ライフサイクル原価見積り
業務ブレークダウン構造
デザイン・ツー基準原価
見積り
現在の見積り
現在の見積り
現在の見積り
見積り
見積り
測定される原価

Request for Proposals
: RFPs（提案要求）
契約
原価スケジュール管理システム
契約企業原価データ報告システム
RFPs（提案要求）
契約
RFPs（提案要求）
契約
固定価格
RFPs（提案要求）
保証　？　？

独自の原価見積り
独自の原価見積り
独自の原価見積り
独自の原価見積り

## 2　予算構造と原価計算基準

　国防総省予算は，現在の予算年度から次の4年間の予算年度を含む5年間の国防計画予算であり，これに含まれるプログラムは，予算の特定項目によって認められる。

　プログラム・マネジメントの原価見積りは，「軍事標準881A, Summary Work Beakdown Structure（WBS）」を利用して行われ，これがコストモデルの基礎となる。ライフサイクル・コストは研究開発コスト，投資コスト，運用・支援コストに分類され，予算構造は，図表3－18から3－20のように示される[19]。

図表3－18　研究開発コスト項目

| 費目番号 | 原価項目 |
|---|---|
| 1.00 | 研究開発コスト |
| 1.01 | 開発エンジニアリング |
| 1.02 | 生産可能性エンジニアリング・プランニング |
| 1.03 | ツーリング（Tooling） |
| 1.04 | プロトタイプの製造 |
| 1.05 | データ |
| 1.06 | システムのテストと評価 |
| 1.07 | システム・プロジェクトのマネジメント |
| 1.08 | トレーニングサービスと設備 |
| 1.09 | 施設 |
| 1.10 | その他 |

第3章 アメリカ国防総省調達プログラムのライフサイクル・コスティング 57

図表3-19 投資コスト項目

| 費目番号 | 原価項目 |
|---|---|
| 2.000 | 投資コスト |
| 2.010 | 非繰り返し的投資 |
| 2.011 | 最初の製造設備 |
| 2.012 | 産業施設・製造支援 |
| 2.013 | その他の非繰り返し的コスト |
| 2.020 | 製造 |
| 2.021 | 生産 |
| 2.022 | 繰り返し的エンジニアリング |
| 2.023 | 支援ツーリング |
| 2.024 | 品質管理 |
| 2.025 | その他 |
| 2.030 | エンジニアリングの変更 |
| 2.040 | システムのテストと評価 |
| 2.050 | データ |
| 2.060 | システム・プロジェクトのマネジメント |
| 2.070 | オペレーション・サイトの活動 |
| 2.080 | トレーニングサービスと施設 |
| 2.090 | 最初の予備部品と修理用部品 |
| 2.100 | 輸送 |
| 2.110 | その他 |

図表3−20　運用コストと支援コスト項目

| 費目番号 | 原価項目 |
|---|---|
| 3.010 | 軍人給与 |
| 3.011 | 　乗組員給与 |
| 3.012 | 　保全要員給与 |
| 3.013 | 　間接給与 |
| 3.014 | 　ステーションの永久的な変更 |
| 3.020 | 消耗品 |
| 3.021 | 　取り替え部品 |
| 3.022 | 　石油,オイル,潤滑油 |
| 3.023 | 　弾薬,ミサイル,部隊の訓練 |
| 3.030 | 兵たんの保全 |
| 3.031 | 　労務コスト |
| 3.032 | 　資材コスト |
| 3.033 | 　輸送 |
| 3.040 | 修正,資材 |
| 3.050 | その他の直接支援オペレーション |
| 3.051 | 　保全,市民労働 |
| 3.052 | 　その他の直接コスト |
| 3.060 | 間接支援オペレーション |
| 3.061 | 　人員の交代 |
| 3.062 | 　短期滞在者,病人,捕虜 |
| 3.063 | 　宿舎,保全,光熱コスト |
| 3.064 | 　医療支援 |
| 3.065 | 　その他の間接コスト |

**例示　【国防総省の予算】**

1992財政年度の国防総省予算は，連邦予算のおよそ20.8％に相当し，次のようであった。

（単位10億ドル）

| | |
|---|---|
| 軍人給与 | $79.3 |
| 運用・保全コスト | 97.8 |
| 調達コスト | 74.0 |
| 研究・開発・試験・評価コスト | 36.1 |
| 軍事用施設の構築 | 4.5 |
| 軍人家族用ハウスの建設 | 3.4 |

**例示　【政府と契約する企業の売上げ予測】**

M社の航空機事業部の主要製品は航空機の構成部品である。このモデルの予測は1990年度の半ばに行われ，1991，1992，1993年度の間接費予測と売上高予測を含んでいる[20]。

図表3-21　1991年度の売上高予測（単位は1,000ドル）

| 原価要素 | 配賦率 | 政府との契約額 | | | | 商業契約額 | 見積契約額 | IR & D・B & P (*1) | 総額 |
|---|---|---|---|---|---|---|---|---|---|
| | | 研究 | 開発 | 製造 | 運用・保全 | | | | |
| エンジニアリング労務費 | | $43.2 | $450.0 | $336.0 | $28.7 | $100.0 | $225.0 | $162.4 | $1,345.3 |
| 間接費 | 122.2% | 52.8 | 549.9 | 410.6 | 35.1 | 122.2 | 275 | 198.4 | 1,644.0 |
| 製造労務費 | | 2.4 | 300.0 | 1,008.0 | 15.0 | 1,150.0 | 475 | 9.0 | 2,959.4 |
| 間接費 | 160.4% | 3.8 | 481.1 | 1,616.8 | 24.0 | 1,844.6 | 761.9 | 14.4 | 4,746.6 |
| 材料・下請契約 | | 9.6 | 525.0 | 1,008.0 | 10.0 | 1,250.0 | 525 | 36.1 | 3,363.7 |
| 間接材料費 | 19.5% | 1.9 | 102.4 | 196.6 | 2.0 | 243.7 | 102.3 | 7.0 | 655.9 |
| 他の直接費 | | 6.3 | 91.6 | 224.0 | 10.0 | 289.5 | 135.8 | 23.7 | 781.1 |
| 小計 | | $120.0 | $2,500.0 | $4,800.0 | $125.0 | $5,000.0 | $2,500.0 | $451.0 | $15,496.0 |
| 販売・管理費 | 12.10% | 14.5 | 302.6 | 580.9 | 15.1 | 605.1 | 302.6 | — | 1,820.8 |
| 事業部間振替費 | | — | 20.0 | 180.0 | — | 200.0 | 100.0 | | 500.0 |
| IR & D・B & P (*1) | 2.90% | 3.5 | 73.1 | 144.5 | 3.6 | 150.9 | 75.4 | | 451.0 |
| 原価総額（Total Costs） | | $138.0 | $2,895.7 | $5,705.4 | $143.7 | $5,956.0 | $2,978.0 | $451.0 | $18,267.8 |

(*1) 独立の研究・開発費と入札・申込費

第3章 アメリカ国防総省調達プログラムのライフサイクル・コスティング

図表3-22 1992年度の売上高予測（単位は1,000ドル）

| 原価要素 | 配賦率 | 政府との契約額 | | | | 商業契約額 | 見積契約額 | IR & D・B & P | 総額 |
|---|---|---|---|---|---|---|---|---|---|
| | | 研究 | 開発 | 製造 | 運用・保全 | | | | |
| エンジニアリング労務費 | 122.49% | $32.4 | $337.5 | $250.0 | $21.5 | $75.0 | $552.6 | $170.5 | $1,439.5 |
| 間接費 | | 39.7 | 413.4 | 306.2 | 26.3 | 91.9 | 677.0 | 208.8 | 1,763.3 |
| 製造労務費 | 161.00% | 1.8 | 225.0 | 756.0 | 11.3 | 862.5 | 1,300.5 | 9.5 | 3,166.6 |
| 間接費 | | 2.9 | 362.3 | 1,217.2 | 18.2 | 1,388.6 | 2,094.7 | 15.3 | 5,099.2 |
| 材料・下請契約 | 19.85% | 7.2 | 393.8 | 756.0 | 7.5 | 937.5 | 1,392.0 | 37.9 | 3,531.9 |
| 間接材料費 | | 1.4 | 78.2 | 150.1 | 1.5 | 186.1 | 276.2 | 7.5 | 701.0 |
| 他の直接費 | | 4.6 | 64.8 | 164.5 | 7.5 | 208.4 | 3,463.0 | 24.1 | 820.2 |
| 小計 | | $90.0 | $1,875.0 | $3,600.0 | $93.8 | $3,750.0 | $6,639.3 | $473.8 | $16,521.7 |
| 販売・管理費 | 12.09% | 10.9 | 226.8 | 435.4 | 11.3 | 453.6 | 803.0 | — | 1,941.0 |
| 事業部間振替費 | | — | 15.0 | 135.0 | — | 150.0 | 225.0 | — | 525.0 |
| IR & D・B & P | 2.86% | 2.6 | 54.0 | 106.7 | 2.7 | 111.4 | 196.2 | — | 473.6 |
| 原価総額（Total Costs） | | $103.5 | $2,170.8 | $4,277.1 | $107.8 | $4,465.0 | $7,863.5 | $473.6 | $19,461.3 |

図表3-23　1993年度売上高予測（単位は1,000ドル）

| 原価要素 | 配賦率 | 政府との契約額 | | | | 商業契約額 | 見積契約額 | IR & D・B & P | 総額 |
|---|---|---|---|---|---|---|---|---|---|
| | | 研究 | 開発 | 製造 | 運用・保全 | | | | |
| エンジニアリング労務費 | 122.81% | $24.3 | $253.1 | $187.5 | $16.1 | $56.3 | $824.0 | $179.0 | $1,540.3 |
| 間接費 | | 29.8 | 310.8 | 230.3 | 19.8 | 69.1 | 1,012.1 | 219.8 | 1,891.7 |
| 製造労務費 | 161.70% | 1.4 | 168.8 | 567.0 | 8.5 | 646.9 | 1,985.7 | 10.0 | 3,388.3 |
| 間接費 | | 2.3 | 272.9 | 916.8 | 13.7 | 1,046.0 | 3,211.5 | 16.2 | 5,479.4 |
| 材料・下請契約 | 20.20% | 5.4 | 295.4 | 567.0 | 5.6 | 703.1 | 2,092.2 | 39.8 | 3,708.5 |
| 間接材料費 | | 1.1 | 59.7 | 114.5 | 1.1 | 142.0 | 422.8 | 8.0 | 749.2 |
| 他の直接費 | | 3.2 | 45.6 | 116.9 | 5.6 | 149.1 | 516.3 | 24.5 | 861.2 |
| 小計 | | $67.5 | $1,406.3 | $2,700.0 | $70.4 | $2,812.5 | $10,064.6 | $497.3 | $17,618.6 |
| 販売・管理費 | 12.09% | 8.1 | 170.0 | 326.0 | 8.5 | 340.0 | 1,216.5 | — | 2,069.5 |
| 事業部間振替費 | | | 11.2 | 101.3 | | 112.5 | 326.2 | | 551.2 |
| IR & D・B & P | 2.81% | 1.9 | 39.9 | 78.8 | 2.0 | 82.3 | 292.4 | — | 497.3 |
| 原価総額 (Total Costs) | | $77.5 | $1,627.4 | $3,206.5 | $80.9 | $3,347.3 | $11,899.7 | $497.3 | $20,736.6 |

年度別の売上予測を示す表は，現在の契約額および独立した研究開発費と入札費用を含む見積契約額の原価要素ごとに区分して示されている。政府契約は研究，開発，製造，運用，保全のグループに区別される。70年代からアメリカでは原価計算基準審議会（Cost Accounting Standards Board : CASB）による原価計算基準の設定活動が行われた。図表で使用される契約額は，この原価計算基準に基づいている。1991，1992，1993年度の3年間に実行される原価総額を含む政府との契約額の要約は図表3－24に示される。

図表3－24　ライフサイクル・コストの要約

| 契約／年度 | 1991年度 | 1992年度 | 1993年度 | 総　計 |
|---|---|---|---|---|
| 研　究　費 | 138,000 | 103,500 | 77,500 | 319,000 |
| 開　発　費 | 2,895,700 | 2,170,800 | 1,627,400 | 6,693,900 |
| 製　造　原　価 | 5,705,400 | 4,277,100 | 3,206,500 | 13,189,000 |
| 運用費と保全費 | 143,700 | 80,900 | 107,800 | 332,400 |
| 総　　　計 | 8,882,800 | 6,632,300 | 5,019,200 | 20,534,300 |

## 3　ライフサイクル・コスト・マネジメント

　国防総省は，ライフサイクル・コストの低減を達成するために，マネジメント概念と契約技法を調和して利用するライフサイクル・コスト・マネジメントの統合的枠組みを開発した。システムの段階別調達プロセスのフレームワークがそれである。フレームワークは4つの意思決定マイルストーンを基礎とする段階別の取得プロセスであり，次のように説明される。

①ミッション（使命）分野の分析
②マイルストーン0　代替的諸概念の検討と承認
③マイルストーンⅠ　代替的システム概念を表現し，正当化するための承認
　デザイン・ツー・コスト目標は，このマイルストーンⅠの前か，または

図表3-25 ライフサイクル・コスト・マネジメントのフレームワーク

| 活動 (ACTIVITY) | ミッションの分析 | マイルストーン0 構想の研究 | マイルストーン1 実証と有効性確認 | マイルストーン2 フルスケール開発 | マイルストーン3 製造と配備 |
|---|---|---|---|---|---|
| ・アフォーダビリティ (AFFORDABILITY) | △ |  | ▲ | ▲ | ▲ | ▲ |
| ・ライフサイクル原価の見積 (LIFE CYCLE COST ESTIMATE) |  | ▲ | ▲ | ▲ | ▲ | ▲ |
| ・原価の計算 (COSTING) |  |  |  | △ |  | △ |
| ・デザイン・ツー・コスト (DESIGN TO COST) |  | △ | △ | ▲ | ▲ | ▲ |
| ・価値工学 (VALUE ENGINEERING) |  |  | ▲ | ▲ | ▲ | ▲ |
| ・価値工学のインセンティブス (VALUE ENGINEERING INCENTIVES) |  |  |  |  | ▲ | ▲ |
| ・信頼性改善保証 (RELIABILITY IMPROVEMENT WARRANTEIS) |  |  |  |  |  | ▲ |
| ・取得戦略 (ACQUISITION STRATEGY) |  | ▲ | ▲ | ▲ | ▲ | ▲ |
| ・調達プランニング (PROCUREMENT PLANNING) | ▲ | ▲ | ▲ | ▲ | ▲ | ▲ |
| ・プログラム・マネジメント (PROGRAM MANAGEMENT) |  | △ | ▲ | ▲ | ▲ | ▲ |
| ・プロダクト・プランニング (PRODUCT PLANNING) | △ | △ |  | ▲ |  |  |
| ・統合的ロジスティクス・サポート (INTEGRATED LOGISTICS SUPPORT) | △ | ▲ | ▲ | ▲ | ▲ | ▲ |
| ・統合的ロジスティクス分析 (INTEGRATED LOGISTICS ANALYSIS) | ▲ |  |  | ▲ |  |  |
| ・信頼性 (RELIABILITY) と保全性 (MAINTAINABILITY) |  | ▲ | ▲ | ▲ | ▲ | ▲ |
| ・品質プログラム (QUALITY PROGRAM) |  | ▲ | ▲ | ▲ | ▲ | ▲ |
| ・標準化 (STANDARDIZATION) と仕様決定 (SPRCIFICATIONS) プログラム |  | △ | ▲ | ▲ | ▲ | ▲ |
| ・部品 (PARTS) コントロール |  |  |  |  | △ |  |
| ・コンフィギュレーション・マネジメント (CONFIGURATION MANAGEMENT) |  | △ | △ | ▲ | ▲ | ▲ |
| ・テストと評価 (TEST & EVALUATION) |  |  | △ | △ |  | ▲ |
| ・人的資源と訓練 (MANPOWER & TRAINNING) |  | ▲ | ▲ | ▲ | ▲ | ▲ |
| ・仕様決定と標準化 (SPECIFICATIONS & STANDARDS) |  | ▲ | ▲ | ▲ | ▲ | ▲ |

記号の説明：▲＝強制される事柄　△＝自主裁量的な事柄

それ以後の最も早い実践時期において設定される。
④マイルストーンⅡ　フル・スケール開発へ入るための承認
⑤マイルストーンⅢ　選択されるシステムの製造と配備，システムの運用と支援

　図表3－25がフレームワークを表現し，プロセスにおける概念またはプログラムが，いつ，実践されるのかを示している。▲印は，規則と通達の要求する強制的な事柄を，△印は自主裁量的に実行できる事柄を示している[21]。

　図表の中のAffordabilityは，提案される兵器システムを効率的かつ効果的な方法で取得し，運用するために適切な諸資源を提供するための能力であり，ライフサイクル・コストはシステムの耐用年数全体に渡るシステム・トータル原価を意味する。調達プランニングは，プログラム・マネジャーがプランニングの全体的な責任を有することであり，デザイン・ツー・コストによる原価目標は，運用能力，性能，原価，スケジュール間でのトレード・オフによって達成される。

　信頼性は，安定した状況の下での故障のない性能の確率であり，保全性は，保全によって維持され，回復される品目の能力である。信頼性改善保証は，契約者が特定の期間中に欠陥が生じる設備を修繕し，取り替えることに同意する契約技法である[22]。

## 4　兵器システム取得のためのコンカレント・エンジニアリングとCALS

　1982年に国防総省は「産業近代化インセンティブズ・プログラム」を導入し，契約企業に生産設備近代化への投資を動機づけている[23]。そして80年代に国防総省は兵器システム調達を改善するために，産業の競争力を支援すること，調達ワーク・ホースの有効性を改善すること，調達取り締まりの改善を

指揮すること，国際的なテクノロジー調達およびロジスティック・プログラムのための戦略を開発すること，国防総省が特別プログラムをマネージする方法に影響を及ぼすこと，小規模ビジネスおよび小規模で不利な立場にあるビジネスへの関与を強調すること，国防総省と産業との新しい関係を作り上げること，"COULD COST"と呼ばれる新しい調達技法を開始すること，新しいテクノロジーを導入するためのリード・タイムを減少すること，トータル・クオリティ・マネジメントを遂行することなどの10の戦略を展開した[24]。

　80年代の調達戦略の方法としてコンカレント・エンジニアリングとCALS（Computer-Aided Logistics Support）が開発された。DARPA（Defense Advanced Research Projects Agency）が設計プロセスを向上する方法を求めて研究を開始し，IDA（Institute for Defense Analyses）の報告書R-338によって，製品とその下流工程である製造，さらにサポート工程を並列的に設計するコンカレント・エンジニアリングが創造され，CALSもこの報告書に登場した[25]。

　コンカレント・エンジニアリングの基本原則は製品とプロセスを統合することにある。「コンカレント・エンジニアリングは，製品およびそれに関わる製造やサポートを含む工程に対し，統合されたコンカレントな設計を行おうとするシステマティックなアプローチである。このアプローチは，品質，コスト，スケジュール，ユーザーの要求を含む，概念から廃棄に至るまでのプロダクト・ライフサイクルのすべての要素を，開発者に最初から考慮させるよう意図されるものである。」[26] そしてこの概念にはチーム設計，同時進行のエンジニアリング，製造可能性のためのエンジニアリング，コンカレント設計，設計から製造へのスムーズな移行，統合された製品開発などが含まれている。

　ライフサイクル・コストに関するこの報告書の記述によれば，品質の改善が，ライフサイクル・コストだけでなく，多くの点検を消去し，削除し，スクラップと作りなおしを減少し，機能および信頼性を改善する。

　システムの取得段階においてコンカレント・エンジニアリングを利用して，ライフサイクル・コストを低減する目標は，国防総省と産業が大きな利益を生む可能性を持つことになる。

第 3 章　アメリカ国防総省調達プログラムのライフサイクル・コスティング　67

　ウエスチングハウス社の研究では，新製品の構想段階においてライフサイクル・コストの 20% に影響を及ぼす意思決定が行われ，開発段階において製品ライフサイクル・コストの 75% が決定され，製品の製造段階では，ライフサイクル・コストのおよそ 10% が影響された。[27]

注

1) Dover, Lawrence E.and Oswald, Jr., *A Summary and Analysis of Selected Life Cycle Costing Techniques and Models*, 1974, NTIS, pp.6-7, p.12.

　 Busek, Joseph A R., *Historical Analysis of Total Package Procurement, Life Cycle Costing, and Design to Cost*, 1976, NTIS.

2) DoD Guide LCC-1, *Life Cycle Costing Procurement Guide*, U.S. Department of Defense, Washinton, DC., 1970, p.1-1, p.1-3, p.1-4.

3) DoD Guide LCC-1, op.cit., 第 13 章 p.13-4 から p.13-8 を参照。

4) DoD Guide LCC-2, Casebook, *Life Cycle Costing in Equipment Procurement*, U.S. Department of Defense, Washington, DC., 1970.

5) DoD Guide LCC-2, op.cit., pp.7-8.

6) DoD Guide LCC-2, op.cit., Case3 pp.20-21.

7) DoD Guide LCC-3, *Life Cycle Costing Guide for System Acquisitions (Interim)*, U.S. Department of Defese Washington, DC., 1973.

8) DoD Guide LCC-3, op.cit., p.1-1.

9) DoD Guide LCC-3, op.cit., Appendix Ⅰ p.Ⅰ 16-18.

10) Department of The Army, The Navy and The Air Force, *Joint Design-To-Cost Guide-Life Cycle Cost As A Design Parameter-*, 1977.

　 江崎通彦『デザイン・ツー・コストの新しい考え方とその手順』産業能率大学出版部刊，1990 年。

　 Michaels, J.V., and W.P.Wood, *Design to Cost*, John Wiley & Sons, Inc., New York,

1989.

1961年，Robert McNamara 氏が国防長官になり，低原価へのシフトが起こった。

わが国では，デザイン・ツー・コストとは，「与えられた目標原価の範囲内で要求品質・機能を満足させるように設計活動を行うこと」と理解される。

小林哲夫『現代原価計算論−戦略的コスト・マネジメントへのアプローチ−』中央経済社，1993年，170頁。

日比宗平「ライフ・サイクル・コスティング」『青山経営論集』第11巻第4号 1977年3月。

田中雅康「DTC と設計原価管理」『原価計算研究』第233号，1980年。

経営管理研究所生産研究室　池永謹一他　「DTC の展開」『研究所季報』8号，産業能率大学，1981年3月。

日比宗平「DTC による目標原価計算の実際」『青山経常論集』第20巻第4号，1986年3月。

「大統領のほうは，この私が実業界からマネジメントのテクニックを軍部にもたらすと信じていました。」

仲　晃訳『マクナマラ回顧録−ベトナムの悲劇と教訓−』共同通信社，1997年，20頁。

11) 江崎通彦『デザイン・ツー・コストの新しい考え方とその手順』産業能率大学出版部，1990年。

12) Seldon,Robert M., *Life Cycle Costing: A Better Method of Government Procurement*, Westview Press, Boulder, Colorado, 1979, p.255.

Michaels, J.V., and W.P.Wood, *Design to Cost*, John Wiley & Sons, Inc., New York, 1989, p.8.

13) Michaels.J.V., and W.P.Wood, *Design to Cost*, John Wiley & Sons, Inc., New York, 1989, pp.33-44 を参照。

14) Hamilton, John L., *Life Cycle Cost Modelng*, NTIS, 1968.

Dhillon, B.S., *Life Cycle Costing : Techniques, Models and Applications*, Gordon and

Breach Science Publishers, Inc., New York, 1989, pp.46-81.

15) Large, J. P., *Development of Parametric Cost Models for Weapon Systems*, The Rand paper series, NTIS, 1981, pp. 1-31. p.11.

16) 斉藤義巳『コストエンジニアリング入門』工業調査会, 1989 年, 239 〜 243 頁。
Stewart, R. D. ed., *Cost Estimators Reference Manual*, John Wiley & Sons, Inc., 1995, pp.233-265.

17) Society of Automotive Engineers, Inc., *Aircraft Engine Life Cycle Cost SP-721t*,1987, p.36.

18) Earles, Donald R., LCC-Commercial Application Ten Years of Life Cycle Costing, *Proceedings 1975 Annual Reliability and Maintainability Symposium*, pp.75-85.

19) Stewart, R.D.Wyskida Richard M.Johannes J.D., ed., *Cost Estimators Reference Manual*, John Wiley & Sons, Inc., 1995, pp.480-487.

20) Anderson, J.K., *Accounting for Government Contracts Cost Accounting Standards*, p.Appendix II-5,20,21.

21) U.S.Logistics Management Institute : By Richard P.White, *The Framework for Life Cycle Cost Management*, January, 1982, pp.3-1-3-6.

22) U.S.Logistics Management Institute : By Richard P.White, *The Framework for Life Cycle Cost Management*, January, 1982, pp.3-7-3-17.

23) Engwall, R.L.,Cost Management Systems for Defense Contractors, *In Cost Accounting for the 90s-Responding to Technological Change*, Montvale,NJ : National Association of Accountants, 1988, pp.205-223.

Connolly,Joseph H., Defense Factory Modernization Needs New Contract Cost Accounting and Management Controls, *National Contract Management Journal*, Fall, 1984, pp.37-43.

24) Winner, Robert I., James P.Pennell, Haroid E, Bertrand, Marko M.G.Slusarczuk, *IDA Report R-338 : The Role of Concurrent Engineering in Weapons System, Acquisition*, Institute for Defense Analyses, December 1988, NTIS, p.31.

Michaels.J.V., and W.P.Wood, *Design to Cost*, John Wiley & Sons, Inc., New York,

1989, pp.279-280 を参照。

Michaels.J.V., and W.P.Wood, op.cit., pp.380-381 を参照。

Could-Cost 戦略について

デザイン・ツー・コストで用いられる原価概念に"Should-Cost","Could-Cost","Would-Cost"がある。"Should-Cost"は，特定のコストが限度を越えない確率が50対50であることを意味する「50対50コスト」であり，"Could-Cost"は，特定のコストが限度を越えない確率が20%であることを意味する「20対80コスト」である。"Would-Cost"は，特定コストが限度を越えない確率が80%であることを意味する「80対20コスト」である。

調達についての国防総省の立場は1987年に確立され，"Could-Cost"概念を調達戦略に導入した。"could-cost"は，兵器システムおよび他の軍事製品を開発し，製造するコストの実質的な引き下げを追求する国防総省および契約者の新しいアプローチである。"could-cost"の基礎は，政府と産業が共同してチームとして，価値を生まないものの削減を交渉することにある。"could-cost"は，システムのコンセプトの形成および開発の着手時に，要件および仕様の完全なすり合わせを意味する。さらに"could-cost"は，契約プロセスを合理化すること，政府および産業の間接費を著しく引き下げること，品質を高めるための統計的プロセス・コントロールを導入すること，安定した開発・製造プランニングを遂行すること，政府と産業が共同して働くことなどを意味している。

25) IDA Report R-338, op.cit., P.V と P.2.

IDA Report R-338, op.cit., p.31 の注44を参照。

コンカレント・エンジニアリングは「製品設計と，その製品の製造や支援活動などのプロセスの設計とを統合して，これらの設計を並行的におこなう系統的なアプローチである。このアプローチの目的は，開発者に製品コンセプトから製品の廃棄に至るまでの全ライフサイクルに含まれるすべての要素を，開発の最初から考えるようにさせることにある。」

(鈴木徳太郎・山品元締『製品開発リードタイムの短縮』日本プラントメンテ

ナンス協会，1994年，4〜5頁）

コンカレント・エンジニアリングについては以下の文献を参照。

谷　武幸「コンカレント・エンジニアリングと管理会計：原価企画を越えて」『企業会計』第47巻第6号，1995年6月。

清水信匡「コンカレント・エンジニアリングによる製品開発における原価低減」『企業会計』第47巻第6号，1995年6月。

IDA Report R-338, op.cit., p.27，32，33，48，110と次の論文を参照。

岩淵吉秀・谷　武幸「CALSと戦略的コスト・マネジメント」『企業会計』第48巻第2号，1996年2月。

26) Carter,D.E., and B.S.Baker, *Concurrent Engineering : The Development Environment for the 1990 s,* Addison-Wesley Publishing Company, 1992.（末次逸夫，大久保浩監訳『コンカレント・エンジニアリング：顧客ニーズ対応の製品開発』）日本能率協会マネジメントセンター　1992年。

27) IDA Report R-338, op.cit., p.3, pp. 30-31.

# 第4章

## アメリカ行政機関プログラムのライフサイクル・コスティング

## 第 1 節　商務省実験的技術インセンティブズ・プログラムのライフサイクル・コスティング

　エネルギー危機時代の 1973 年，商務省は民間企業の技術革新の促進を目的とする「実験的技術インセンティブズ・プログラム」を導入した。このプログラムは，民間企業の技術進歩を促進する調達インセンティブとして，技術革新による効率的な運用により，提示価格が最低ではなくとも政府にとってのトータル原価が最少となる製品を，ライフサイクル・コスティングを活用して調達することを目的とする。エネルギー消費量の減少は国家エネルギー資源の保護に関係があるとして，連邦政府補給局と調達庁が行ったライフサイクル・コスティングの調達例がある[1]。

### 例示　【電子レンジの調達】

　政府は，10 の地域から 3,720 台の電子レンジを調達する。この入札にA社とB社が参加した。電子レンジのライフサイクル原価の計算式は次のように指定された。

> $L = X + Y$
> $L =$ 現在価値額のライフサイクル原価
> $X =$ 入札価格（取得原価総額は単位あたり入札価格×調達数量で計算される）
> $Y =$ 電子レンジの年間エネルギー運用原価である電気代。（この現在価値総額は，年金現価係数×Yで計算される。この例では，使用期間 12 年間と 10％の割引率が仮定されるので，年金現価係数は 6.814 であり，割引キャッシュ・フロー法と現在価値法が利用される）

第4章 アメリカ行政機関プログラムのライフサイクル・コスティング 75

政府にとっての総節約額は，次式によって計算される差額である。

> 総節約額＝（裁定を得た低いライフサイクル原価入札者Ａ社の所有原価
> 総額－低い取得原価入札者Ｂ社の所有原価総額）×電子レ
> ンジの見積調達数量

ライフサイクル・コスティングの適用により，Ａ社が調達の裁定を得ることになり，図表4－1の見積節約額計算の要約（数字は総額で示している）に示されるように，現在価値でおよそ119,000ドルの節約額を政府にもたらした[2]。

図表4－1　ライフサイクル原価節約額の計算(単位はドル)

|  | X | Y | X＋Y＝L |
|---|---|---|---|
| Ａ社 | 281,808.3 | 1,979,628.3 | 2,261,436.6 |
| Ｂ社 | 260,150 | 2,120,429.3 | 2,380,579.3 |
| Ａ－Ｂ | 21,658.3 | －140,801 | －119,142.7 |

## 第2節　エネルギー省エネルギー・マネジメント・プログラムのライフサイクル・コスティング

1977年，カーター大統領は「連邦エネルギー・マネジメント・プログラム」を導入し，1985年までに，現在所有する建築物の平均年間エネルギー消費量の20％の削減と，新しく所有する建築物のそれの45％の削減を目標とした。このプログラムにライフサイクル原価法が採用され，ライフサイクル・コスティングは次のように説明されている。

「ライフサイクル・コスティングは，利用期間中の支出に関連するすべての原価の総額を認識する支出評価方法である。それは評価の方法であり，意思決定に利用するものである。ライフサイクル・コスティングはデータを総合的に取り扱い，論理的な意思決定に貢献する方法であり，それ自体が目的となるのではない。ライフサイクル原価分析は，各活動ないしはプロジェクトに関するすべ

ての関連原価とすべての便益について経済性を評価する方法である。」[3]

このプログラムにおいてプロジェクトの優先順位の決定規準である投資額対節約額比率（SIR Savings-to-Investment Ratio）が，資金供与優先権を決定する要件である。SIR は，図表4－2の計算例で説明されるように，投資原価の現在価値に対する節約額の正味現在価値の割合である。図表4－3に示されるように，この値の大きいプロジェクトの順に資金供与の優先権が与えられる[4]。

### 例示 【投資額対節約額比率：SIR】

建築物に原価 41,000 ドルを投資して絶縁物を取り付け，エネルギー資源を節減するプロジェクトを検討する。エネルギー価格の上昇率6％と割引率10％を仮定する。現在価値総額で示される 320,052 ドルのエネルギー節約額を，プロジェクト投資額 41,000 ドルで割ることによって，SIR7.81 が得られる。

$$320,052 \div 41,000 = 7.81$$

**図表4－2　単純なリトルフィット・プロジェクトを計算するためのワークシート**

| | |
|---|---|
| 1. 政府機関名 | 行政府 |
| 2. プロジェクト名 | 絶縁体の据え付け |
| 3. 場所 | ワシントンD.C.地区 |
| 4. 総床面積 | 140,000平方フィート |
| 5. プロジェクトの期待年数 | 40年 |
| 6. 建築物の期待年数 | 30年 |
| 7. 研究期間 | 25年 |
| 8. プロジェクト投資コスト | 41,000ドル |

9. 年間エネルギー節約額の価値

| (A)エネルギー節約量 | (B)現在の単位あたりのエネルギー価格 | (C)最初の年間エネルギー節約額 (C)=(A)×(B) | (D)エネルギーエスカレーション率 | (E)指定されたエネルギー価格エスカレーション率に対する一定の現在価値率 | (F)現在価値 (F)=(C)×(E) |
|---|---|---|---|---|---|
| 606060kwh 電気 | 0.33 | $20,000 | 6% | 16.0026(注) | $320,052 |
| therms 天然ガス | ― | ― | ― | ― | ― |
| gal 燃料油 | ― | ― | ― | ― | ― |
| その他 | ― | ― | ― | ― | ― |

10. 節約総額　　　　　　　　　　　　　　$ 320,052
11. SIR(320,052÷41,000)=7.81

（注）
$$160.0026 = \sum_{n=1}^{25}\left(\frac{1+0.06}{1+0.1}\right)^{25} = \left(\frac{1+0.06}{1+0.1}\right)^1 + \left(\frac{1+0.06}{1+0.1}\right)^2 + \cdots\cdots + \left(\frac{1+0.06}{1+0.1}\right)^{25}$$

この例では，10％の割引率を仮定している。このような値は計算する必要はなく，マニュアルの付録で，表として与えられている。

第4章 アメリカ行政機関プログラムのライフサイクル・コスティング　77

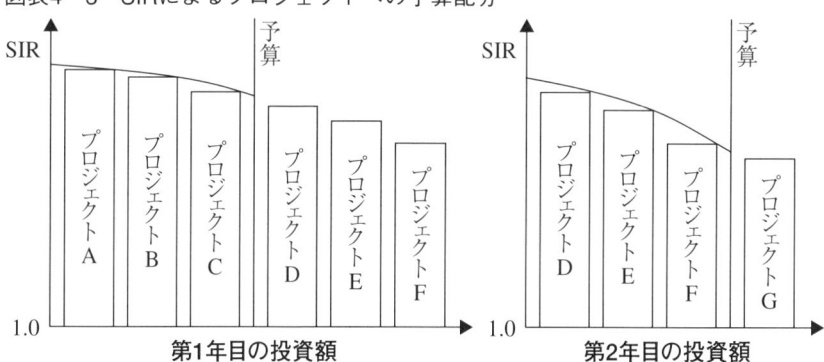

図表4-3　SIRによるプロジェクトへの予算配分

[第1年目の投資額：プロジェクトA、プロジェクトB、プロジェクトC、プロジェクトD、プロジェクトE、プロジェクトF、予算線はプロジェクトDとEの間]

[第2年目の投資額：プロジェクトD、プロジェクトE、プロジェクトF、プロジェクトG、予算線はプロジェクトFとGの間]

　また，エネルギー省は，1975年の「エネルギー政策と管理法」，1978年の「国家エネルギー節減政策法」の要求する連邦政府建築物エネルギー保護投資に関するライフサイクル・コスティング実践用のガイドブックを作成した。それによれば，「新しい連邦政府の建物のデザインにおいて，原価の評価がライフサイクル原価を基準にして行われる。新しい建物をデザインする場合には，建物の機能要件を満たす最少のライフサイクル原価デザイン案が選択される。エネルギー節減のための投資は，ライフサイクル原価効果的でなければならない。」[5]と主張され，「ライフサイクル・コスティングは，最初の投資額（廃棄価値を控除したもの），取替，運用（エネルギー消費を含む），保全，修理などの原価を割り引いた金額を，建物の研究期間中にわたって集計する経済性を評価する方法である。さらに，このガイドブックにおけるライフサイクル・コスティングは，あるプロジェクトに対する長期にわたる金額的影響を考慮する技法であるライフサイクル原価総額（Total Life Cycle Cost）分析，正味便益ないしは正味節約額分析，投資額対節約額比率分析，内部利益率分析などの方法を含む，経済性評価方法である。」[6]

　この説明に見るように，連邦規則の下で提案される資本投資プロジェクトを評価するための分析方法として，ライフサイクル原価総額法などの経済性評価方法が使用される。ライフサイクル原価総額は，建物を所有し，運用し，

維持するために発生する割引原価総額であり，すべての金額は現在価値額として表現され，計算式は次のようである[7]。

> ライフサイクル原価総額：TLCC ＝ I − S ＋ M ＋ R ＋ E
> 　I ＝投資原価　　S ＝廃棄価値
> 　M ＝燃料費以外の運用・保全原価と修理原価
> 　R ＝取り替え原価　　E ＝エネルギー原価

## 第3節　州政府のライフサイクル・コスティング

　「エネルギー政策と節減法」により「州エネルギー節約プログラム」が，「国家エネルギー節減政策法」により「消費者用製品効率標準プログラム」が作成された。これらのプログラムでは，13種類の消費者用製品の最低エネルギー効率標準が設定されている。エネルギー省は冷蔵庫，冷凍庫，衣類乾燥機，温水器，ルームエアコン，台所用レンジとオーブンなどの消費者用製品のエネルギー効率標準を提示し，州政府に対してライフサイクル・コスティングを活用して，エネルギー効率を考慮する物品の調達を求めたのである[8]。そして「ライフサイクル・コスティングは，製品あるいは建物を所有することによって発生する原価総額を考慮に入れた調達プロセスであり，特定製品を使用したり，処分するために必要な原価を考察の対象とする。」[9]と理解されている。

　1982年にアメリカ議会は，輸送担当機関にバスなどの調達にライフサイクル原価による評価を命令した[10]。ゼネラル・モータース社が，アクロンとシカゴの入札に指定されたバスのライフサイクル原価は，アクロンが「燃料，ブレーキ，トランスミッション，エア・コンディション，予防保全」，シカゴが「ブレーキ，エンジン，トランスミッション，予防保全，タイヤ」などの原価である。同社のライフサイクル原価の計算結果が図表4－4に示されて

第4章 アメリカ行政機関プログラムのライフサイクル・コスティング　79

いる。本質的に同じバスでありながら，指定されるライフサイクル原価の内容と計算範囲の相違によって，ライフサイクル原価見積り額が異なる結果を生じている[11]。また，州のハイウェイの建設にもライフサイクル・コスト分析が利用されている[12]。

図表4-4　ライフサイクル原価の計算－ゼネラル・モータース社(単位はドル)

| ライフサイクル原価項目 | シカゴ<br>(CHICAGO TRANSIT AUTHORITY CHICAGO,IL.) | アクロン<br>(METRO REGIONAL AUTHORITY AKRON,OHIO) |
|---|---|---|
| ライフサイクルバスの運転マイル数 | 600,000マイル | 500,000マイル |
| 燃料費 | — | 109,003.71 |
| ブレーキ関係 | 16,593.69 | 4,463.31 |
| エア・コンディション | — | 1,013.73 |
| エンジン | 11,041.96 | — |
| トランスミッション | 7,396.95 | 2,294.43 |
| 予防保全 | 27,573.34 | 6,510.37 |
| タイヤ | 9,846.00 | — |
| 小計ライフサイクル原価(A) | 72,451.94 | 123,285.55 |
| ライフサイクル原価の控除<br>　燃料費は含めない<br>　予防保全は含めない<br>小計ライフサイクル原価[A] | な　し | あ　り<br>(109,003.71)<br>(6,510.37)<br>7,771.47 |
| バスの単位価格(B) | 150,420.25 | 155,082.86 |
| ライフサイクル原価と<br>単位価格の合計<br>(A)OR[A]+(B)=(C) | 222,872.19 | 162,854.33 |
| 購入台数(D) | 380台 | 7台 |
| ライフサイクル原価<br>総額(E)=C×D | 222,872.19×380台<br>=84,691,432.2 | 162,854.33×7台<br>=1,139,980.31 |
| 一台あたりライフサイクル<br>原価=(E)÷台数 | 84,691,432.2÷380台<br>=222,872.19 | 1,139,980.31÷370台<br>=162,854.33 |

注─────

1) U.S.Logistics Management Institute, *Life Cycle Costing in the Procurement of Electric Ranges*, U.S.National Technical Information Service, 1976.

   U.S.Logistics Management Institute, *A Guide for Applying the Concepts of Life Cycle Costing to Procurements by State and Local Governments*, U.S.National Technical Information Service, 1976.

   U.S.Logistics Management Institute, *Life Cycle Costing Case Studies*.
   U.S.National Technical Information Service, 1977.

2) 岡野憲治「ライフサイクル・コスティングとアメリカ連邦政府」『松山大学論集』第 8 巻第 3 号, 1996 年 8 月, 95 〜 174 頁。

3) Reynolds,Smith and Hills Architects-Engineers-Planners, Inc, *Life Cycle Costing Emphasizing Energy Conservation Guidelines for Investment Analysis*, U.S.National Technical Information Service, 1976, p.1-1,p.1-2.

4) Ruegg, Rosalie T., John S.McConnaughey, G.Thomas Sav and Kimberly A. Hockenbery, *Life-Cycle Costing, A Guide for Selecting Energy Conservation Projects for Public Buildings. (Building science series113)* U.S.Department of Commerce, U.S.National Technical Information Service, 1978, pp.2-25,pp.46-47,p.17.

5) Ruegg, R.T, *Life-Cycle Costing Manual for the Federal Energy Management Program : A Guide for Evaluating the Cost Effectiveness of Energy Conservation and Renewable Energy Projects for New and Existing Federally Owned and Leased Buildings and Facilities*, U.S.National Technical Information Service, 1987.

6) Ruegg, R.T..1987 op.cit., pp.1-2.

7) Ruegg, R.T..1987 op.cit., p.xx.

8) Ruegg, R.T..1987 op.cit., pp.13-14.

9) 岡野憲治「ライフサイクル・コスティングの基礎概念」『松山大学論集』第 7 巻第 4 号, 1995 年 10 月, 51 〜 78 頁。

10) Coe,Charles K..Life Cycle Costing by State Governments, *Public Management Forum*, September/October, 1981, p.564.

11) Winslow, Reed H., *Use of Life-Cycle Costing for Transit Equipment Procurement*, U.S.National Technical Information Service, 1980.
12) Peterson,D.E., *National Cooperative Highway Research Program Synthesis of Highway Practice 122, Life-Cycle Cost Analysis of Pavements*, Transportation Research Board, 1985.

# 第5章

## 廃棄物最小化プログラムのライフサイクル・コスティング

保全と修理を要素とする伝統的なライフサイクル・コスティングは，紙のバッグかプラスチックのバッグかの選択意思決定問題については，この品目の短い有効期間と技術的な単純性のために適用できない。バッグ，オムツ，包装材などの低い技術と小さな規模の品目は，ライフサイクル・コスト分析の対象とされなかった。ここにライフサイクル・コスティングの限界を認めることができる。また，潜在的コスト，企業外部コスト，社会的コストなどを認識しないライフサイクル・コスティングの限界が指摘され，その克服を試みる研究としてのフルコスト会計（Full Cost Accounting : FCA）とトータル・コスト・アセスメント（Total Cost Assessment : TCA）は，環境保全プロジェクトへのライフサイクル・コスティングの適用に関する研究成果である。

70年代に石油企業の原価会計であったフルコスト会計は，これまで見逃されてきたコストをライフサイクル・コスティングに追加する。このような研究の背景には，法律の制定がある。すなわち，1984年の「RCRA（Harzardous and Solid Wastes Amendments to the Recource Conservation and Recovery Act）」は，廃棄物マネジメント・コストに関心を向けさせ，スーパーファンド（Superfund）法と呼ばれる「CERCLA（Comprehensive Environmental Response Compensation and Liabilities Act.）」は，廃棄物発生者に環境損害賠償の減少を要求した。

ライフサイクル・コスティングは，製品に関連する汚染防止意思決定を支援するために，汚染に関する運用コスト，保全コスト，処分コストなどを分析に加える。汚染防止は，毒性の減少，大気中に放出される汚染物質量の減少であり，発生時点での廃棄物の減少，廃棄資源のリサイクリングと再生利用，資源の代替あるいはプロセスの変更などを含むのである。ここでは，これまで見逃されてきたコストをライフサイクル・コストに追加し，危険な廃棄物を対象とする廃棄物最小化（Waste Minimization）と汚染物質を対象とする汚染防止（Pollution Prevention）を念頭に置きながら，ライフサイクル・コスティングの拡大を説明する。

# 第1節　フルコスト会計

## 1　環境保護庁汚染防止プロジェクトのフルコスト会計

　汚染防止プロジェクトを評価するためのフルコスト会計は，アメリカ環境保護庁（EPA）が，危険物質や危険廃棄物管理に関連するコストの識別を支援する目的で発表した「公害予防によって利益を得るためのマニュアル」のなかで紹介する原価計算方法であると理解された。マニュアルは，ユーザーが有害廃棄物に含まれるコストを識別し，正味現在価値，内部利益率，汚染防止プロジェクトの年間コスト節約額などをいかに見積るかを記述している。その特質は，潜在的な環境コストとしての汚染防止コストや無形のベネフィットを計算上考慮することにある。

　EPAはこのマニュアルを，環境の保護と環境への適合コストの引き下げを同時に達成するために作成した。その目的は，汚染防止プロジェクトの経済的便益の完全かつ客観的な分析を促進することにある。RCRA法以来，EPAは危険な廃棄物の消去と削減という法律目標達成のプログラムを開発し，廃棄物最小化の概念をすべての環境媒体への放出物を含むように拡大した。廃棄物最小化には，産業プロセスの変更を通じて廃棄物を減少する源泉での減少と，材料の回収とエネルギー生産などの他の目的あるいは最初の目的のために廃棄物を再利用するリサイクリングがある。

　マニュアルを作成したICF社が，マニュアルの方法をフルコスト会計と命名したので，ここでは，その内容をフルコスト会計として例示を中心として説明する。マニュアルは，汚染防止を意味のある概念として引き合いに出し，図表5－1に見られるように，コストを4つの階層に区分している[1]。

図表5−1　4階層のコストと財務指標

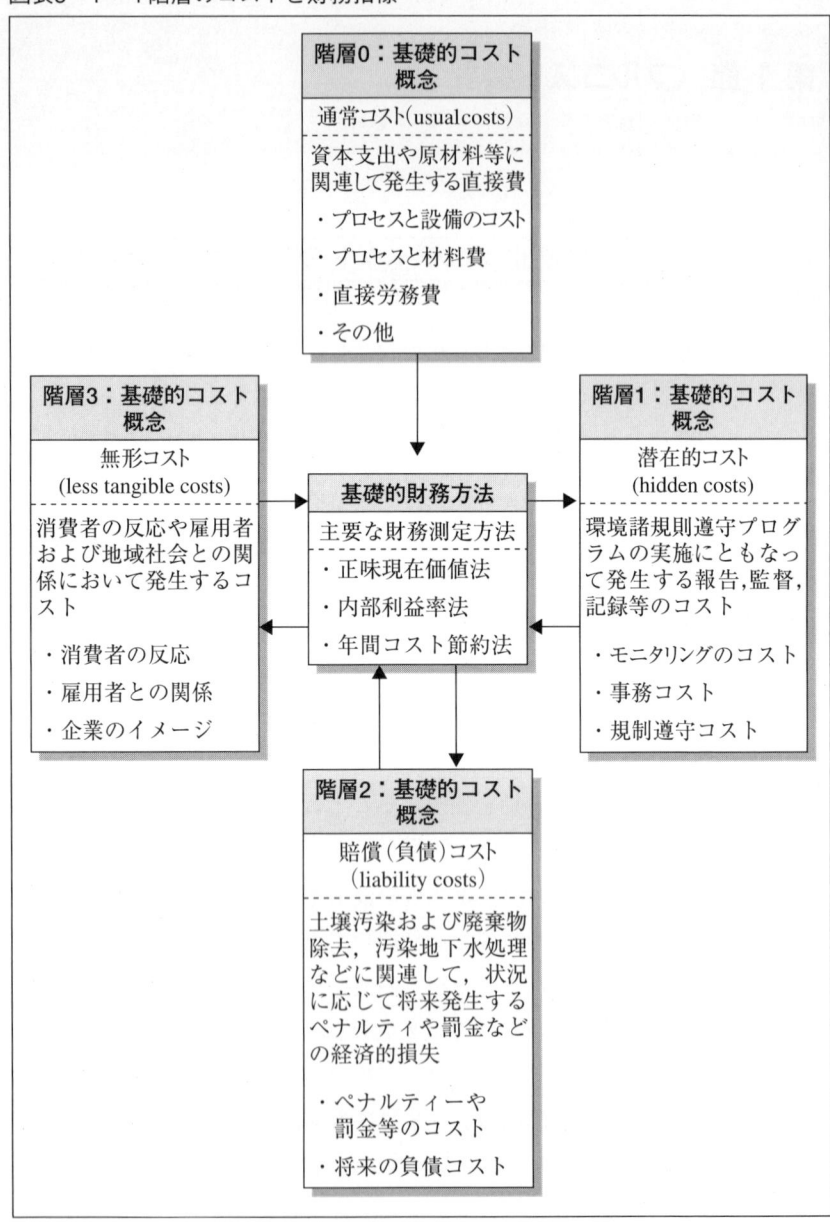

**階層0：基礎的コスト概念**

通常コスト(usual costs)

資本支出や原材料等に関連して発生する直接費

・プロセスと設備のコスト
・プロセスと材料費
・直接労務費
・その他

**階層3：基礎的コスト概念**

無形コスト(less tangible costs)

消費者の反応や雇用者および地域社会との関係において発生するコスト

・消費者の反応
・雇用者との関係
・企業のイメージ

**基礎的財務方法**

主要な財務測定方法

・正味現在価値法
・内部利益率法
・年間コスト節約法

**階層1：基礎的コスト概念**

潜在的コスト(hidden costs)

環境諸規則遵守プログラムの実施にともなって発生する報告,監督,記録等のコスト

・モニタリングのコスト
・事務コスト
・規制遵守コスト

**階層2：基礎的コスト概念**

賠償(負債)コスト(liability costs)

土壌汚染および廃棄物除去,汚染地下水処理などに関連して,状況に応じて将来発生するペナルティや罰金などの経済的損失

・ペナルティーや罰金等のコスト
・将来の負債コスト

## 例示 【ライフサイクル・コストのためのフルコスト会計】[2]

オーリック社は，貴金属に電気メッキをする企業である。現行業務においては，RCRA法のF002の危険物質であるトリクロロエタンを溶剤としてクリーニング段階で使用し，RCRA法のF008廃棄物のろ過水が，月に約200ポンド発生する。

危険な廃棄物を回避するために，現行業務に使用している塩素消毒溶剤プレクリーナー設備を，新しい水性のスプレー・クリーニング・システム設備に取り換えるという汚染防止プロジェクトの提案があった。

結論を先に述べると，段階2の賠償コストと段階3の無形便益を考慮に入れるならば，この変更プロジェクトに経済的正当性があると判断される。詳細な計算プロセスは示されていないが，以下のように計算される。

図表5－2は，4つの段階の分析レベルでのコスト節約額と便益について要約したものである。

### 段階0のコスト分析と財務計算

汚染防止のための設備は，155,000ドルの資本投資額，その寿命は20年である。直接費である設備の据え付けコストは24,800ドルと仮定する。連邦政府の法人税率は34％，州政府の法人税率は10％なので，税率合計は44％である。希望最小利益率は15％なので，15％の利益率が生じない限り，汚染防止プロジェクトには投資しない。この段階では，このプロジェクトの内部利益率は12％と計算され，これは経済的に正当化されないので，さらに分析を実行する。

図表5−2　現行業務を汚染防止案に切り替える場合の企業の便益

| 分析のレベル / プロジェクトの正当性 | コスト項目 | 正味節約額と便益 (年／ドル) |
|---|---|---|
| 段階0：通常の投資コストと運用・保全コスト<br><br>汚染防止案はコスト的に正当化されない。<br>最小資本利益率15％を満たしていないので。 | 設備と装置コスト<br>原材料<br>エネルギー<br>処分<br>保全<br>収益<br><br>段階0における税金<br>段階0を通しての事後税節約額<br>段階0を通しての内部利益率 | −24,800<br>57,900<br>−14,500<br>2,900<br>−11,600<br>−3,200<br><br>−4,500<br>−3,500<br>12％ |
| 段階1：隠れた規制コスト<br><br>汚染防止案はコスト的に正当化されない。<br>最小資本利益率15％を満たしていないので。 | 報告<br>検査<br>その他<br><br>段階1における税金<br>段階1を通しての事後税節約額<br>段階1を通しての内部利益率 | 930<br>1,800<br>870<br>3,600<br>−1,600<br>−1,500<br>13％ |
| 段階2：賠償（負債）コスト<br><br>汚染防止案はコスト的に正当化される。<br>15％の最小利益率を越える。<br>33％の内部利益率がある。 | タンクでの処置と保管<br>輸送<br>埋立廃棄<br><br>段階2における税金<br>段階2を通しての事後税節約額<br>段階2を通しての内部利益率 | 47,500<br>1,300<br>35,300<br>84,100<br>−37,000<br>45,600<br>33％ |
| 段階3：無形の便益<br><br>汚染防止案はコスト的に正当化される。<br>投資の企業のハードルを超えている。<br>(34％は15％を超過している) | 運用による収益の正味増加額<br><br>段階3における税金<br>段階3を通しての事後税節約額<br>段階3を通しての内部利益率 | 4,300<br><br>−1,900<br>48,000<br>34％ |

(注)すべての節約額は税引き前の金額であり，15％の割引率が使用されている。マイナスの見積り額はコストの増加，プラスの見積り額はコストの減少あるいは正味便益を示している。

## 段階1のコスト分析と財務計算

　現行業務をさらに正確に見積るために段階1のプロトコルを使う。汚染防止案における特定の規制的要求を確認する。告知，報告，記録保存，計画，訓練，検査，証明，分類や保守などのプログラムにおいて，規制を条件とすることが明らかとなった。これらの規制要求によって増加する年間のコストを見積る。

　4％のエスカレーション率，プロジェクトの20年を維持し，支出項目の年間のコストを計算する。汚染防止案の年間の節約額を計算し，隠れた規制コストの計算に取り入れる。それらのコストは，3,600ドル増加する年間のキャッシュフローであり，段階1の税金は1,600ドルと計算されるので，節約額は2,000ドルである。隠れた規制コストは年間で約2,000ドルと計算される。段階1の節約額は，割引率15％を使用して計算し，1,500ドルと計算される。

　内部利益率は13％と計算された。段階1を通して汚染防止プロジェクトは，まだ経済的に正当化されないので，コスト・プロトコルの段階2の賠償コストを含む計算へと進む。

## 段階2の賠償コストの計算と財務計算

　この例では，未来の賠償コストが評価されるだけで，刑罰などによる罰金は含まない。賠償責任を負わせる可能性のある廃棄物管理活動として，以下が確認される。

・タンクでの処置と保管
・輸送
・埋立廃棄

未来の賠償コストを見積るには，マニュアルの付録Cを使う。汚染防止案

は，規制される危険な廃棄物を発生させないので，図表5－1に示す賠償コストを回避できるので，その実行による未来の賠償コストはゼロと評価される。

未来の賠償コストは割り引かれる。15％の割引率の計算によって，潜在的な賠償コストの年間コストは，84,100ドルである。

正味現在価値を計算する。汚染防止案は未来の賠償コストを減少するので，利益が増加し，納税額は37,000ドル増加する。段階2を通しての年間の節約総額は段階2での正味節約額47,100ドルと段階1の年間の節約総額1,500ドルである。15％の割引率で計算すると，汚染防止案は，45,600ドルの年間の税の節約額を生み出す。15％が希望最小利益率なので，この率を越える33％の内部利益率となるこの汚染防止案は，段階2において経済的に正当化される。

### 段階3　無形の便益の計算と財務計算

反対する団体や労働者との関係や危険廃棄物管理のための不利な貸付率などの無形潜在コストが，もしも有利にコントロールされるなら，オーリック社に収入の増加をもたらすと考えられる。そして段階3のコスト分析によれば，無形利益は年間2,400ドルで，内部利益率は34％と計算される。

## 2　地方自治体のフルコスト会計

1997年にフロリダ，ジョージア，インディアナ，ノース・キャロライナの州は，市民への固形廃棄物コストの報告にフルコスト会計の使用を要求した。テキサス州自然資源保護委員会は，自治体が固形廃棄物サービスを提供する際に，フルコストを反映する料金の決定を支援している。他の州の多くの自治体も，フルコスト会計を，各自治体の固形廃棄物プログラムのマネジメントを助ける有用な方法と認めている。

フルコスト会計は，経済的資源（資産）の流れに焦点をおき，お金が支出される時ではなく，資源が消費される時にコストを発生させる。固形廃棄物マネジメントは，マネジメント施設の運用期間の前と後の両者の重要な支出を必然的に伴なうことができる。現在の財務的資源の使用にのみ焦点をおくことは，固形廃棄物マネジメント・コストを誤って表示することになる。

　上流および下流のライフサイクル・コストが重要であると認識するフルコスト会計は，固形廃棄物マネジメントの実際コストを識別し，計算し，報告するための体系的な方法である。フルコスト会計は過去と未来の費用，間接費（取り締まりコスト，支援サービス・コストなど）と運用コストを計算する。地方自治体の固形廃棄物マネジメントのフルコストを知ることは，固形廃棄物プログラムの意思決定をし，サービス能率を改善し，未来計画の作成を助ける。フルコスト会計は，固形廃棄物マネジメントにおいて発生するコストの理解に必要なコスト情報の収集を助ける。

　フルコスト会計において使用される原価要素は，上流コスト（Up-front costs），運用コスト，下流コスト（Back-end costs），であり，これらのコスト概念は，自治体の廃棄物マネジメント活動の揺りかごコスト（Cradle : Up-front costs）から墓場コスト（Grave : Back-end costs）までのライフサイクル・コストを対象とする[3]。

**例示** 【フルコスト会計における原価の構成】

| 自治体の廃棄物コストの例 ||
|---|---|
| 事前コスト<br>・公教育に要するコスト<br>・土地の取得<br>・許可<br>・建物構築物/変更 | 偶発コスト<br>・負債コスト(未発見/未来のリリース)<br>・負債コスト(例；財産の損害,個人の負傷，自然資源の損失) |
| 運用・コスト<br>・正常コスト<br>　-運用と保全（O&M）<br>　-資本コスト<br>　-負債サービス<br>・偶発コスト | 環境コスト<br>・環境の低下<br>・上流資源の使用または浪費<br>・下流の影響 |
| 事後コスト<br>・用地の閉鎖<br>・建物/装置の撤退<br>・閉鎖後の管理<br>・退職/現在の従業員のための健康保険料 | 社会コスト<br>・財産への効果<br>・地域社会へのイメージ<br>・審美的な影響<br>・ライフの品質 |
| 使用されていない場所の負債コスト<br>・知られているリリースの調査,抑制および掃除<br>・閉鎖と閉鎖後の管理 | |

第5章　廃棄物最小化プログラムのライフサイクル・コスティング

**例示**　【フルコスト会計の方法】

| コスト項目 | 方法論 |
|---|---|
| 事前コスト | 事前支出の認識<br>秘密支出の開示と見落としを含む支援支出<br>事前支出の減価償却 |
| 業務コスト | 運用支出の認識<br>資本支出の減価償却<br>秘密支出の開示<br>監督および支援支出の追加 |
| 事後コスト | 事後コストの見積り<br>監督および支援コストを含む<br>事後コストの見積り |
| 修復コスト | 見積り費用と期間；年間 |
| 偶発コスト | 費用の見込みと大きさ<br>期待値の見積り |
| 環境コスト | 環境の「外部性」の記述<br>金額による表示（例；偶発評価，損害機能アプローチ） |
| 社会コスト | 社会の「外部性」の記述<br>金額による表示（例；偶発評価，損害機能アプローチ） |

## 3 カナダのフルコスト会計

　環境の視点のフルコスト会計は，エンティティーの内部環境コストを含む内部コストとエンティティーの活動，運用，製品，サービスなどが環境に及ぼす影響に関する外部コストを統合することである。

　フルコスト会計を導入するカナダ・オンタリオ社の事例は，その活動に関連する潜在的な環境コストと負債コストを理解し，現在と将来におけるそれら負債コストの引き下げを考察している。フルコスト会計は，ビジネス意思決定による組織活動が環境へ及ぼす影響を統合する会計である。すなわち，オンタリオ・ハイドロ社のフルコスト会計は，環境への配慮を事業の意思決定に統合する方法である。外部コストを貨幣換算できない時は，定性的評価が用いられる[4]。

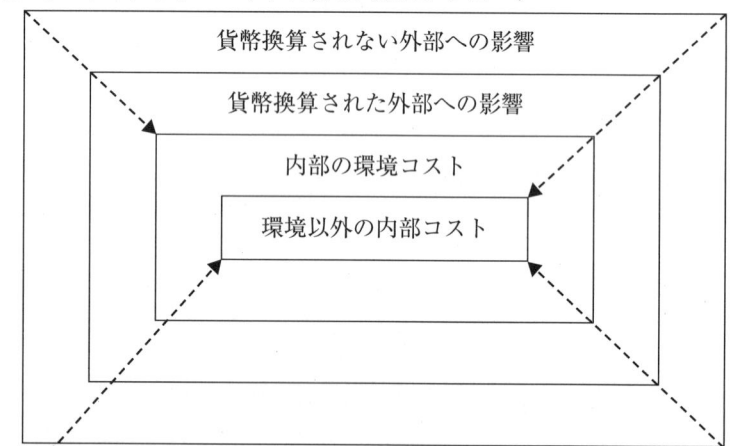

図表5−3　オンタリオ・ハイドロ社のFCAのアプローチ

```
貨幣換算されない外部への影響
　貨幣換算された外部への影響
　　内部の環境コスト
　　　環境以外の内部コスト
```

長期目標は，計画立案と意思決定に
外部への影響を取り入れることである。

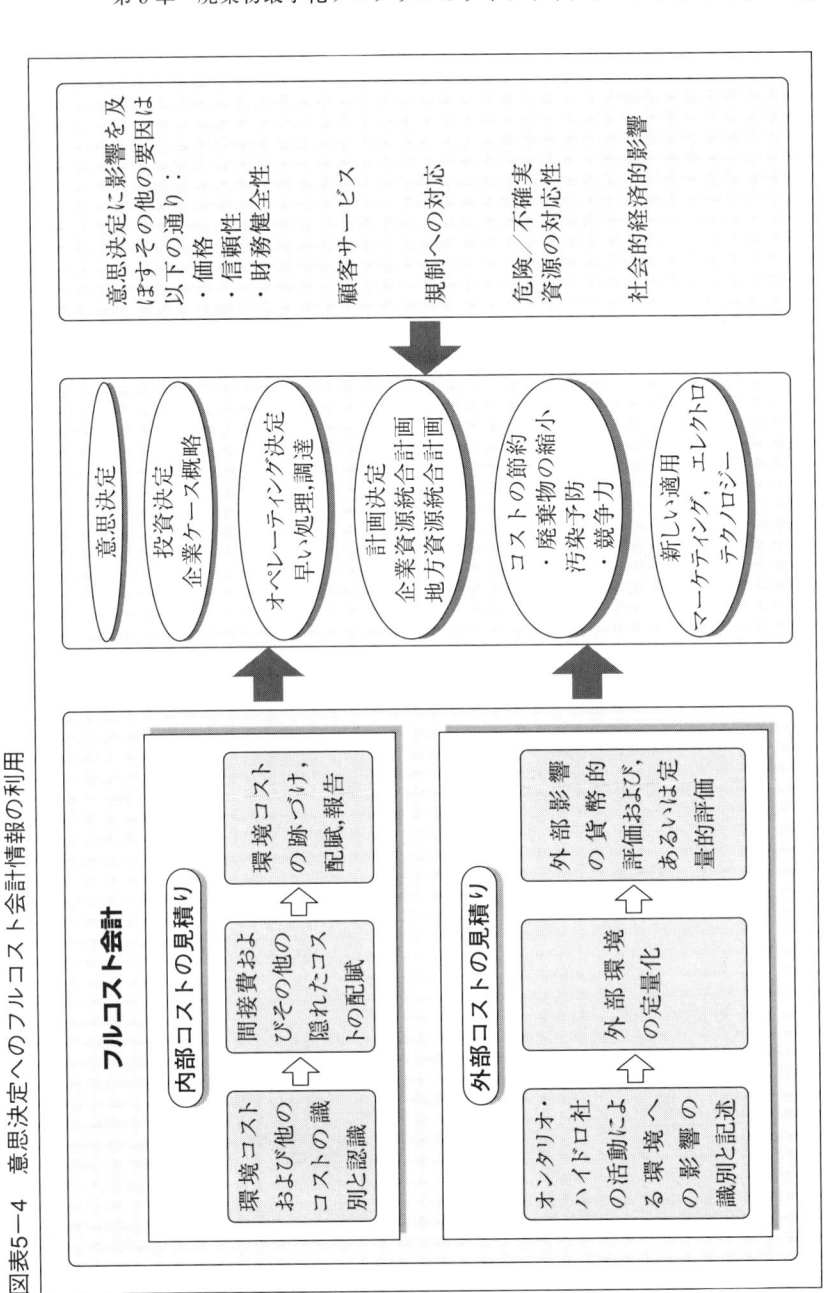

第5章 廃棄物最小化プログラムのライフサイクル・コスティング 95

図表5-4 意思決定へのフルコスト会計情報の利用

**フルコスト会計**

【内部コストの見積り】
- 環境コストおよびその他のコストの識別と認識 ⇒ 間接費およびその他の隠れたコストの配賦 ⇒ 環境コストの跡づけ、配賦、報告

【外部コストの見積り】
- オンタリオ・ハイドロ社の活動による環境への影響の識別と記述 ⇒ 外部環境の定量化 ⇒ 外部影響の貨幣的評価および、あるいは定量的評価

↓

- 意思決定
  投資決定
  企業ケース概略
- オペレーティング決定
  早い処理、調達
- 計画決定
  企業資源源統合計画
  地方資源統合計画
- コストの節約
  ・廃棄物の縮小
  ・汚染予防
  ・競争力
- 新しい適用
  マーケティング、エレクトロテクノロジー

↓

意思決定に影響を及ぼすその他の要因は以下の通り：
・価格
・信頼性
・財務健全性

顧客サービス

規制への対応

危険/不確実資源の対応性

社会的経済的影響

アメリカ環境保護庁の求めに応じて，ICF社のBaileyを中心として書かれたオンタリオ社のケースの中で，ライフサイクル・コスティングとフルコスト会計については次のように記述されている。
「ライフサイクル・コスティングとFCA
　オンタリオ・ハイドロ社は，フルコスト会計の戦略を展開するさいに，ライフサイクル・コスティングの概念を考察した。内部コストについて同社は，完全な燃料サイクル，エネルギー蓄積要求，危険物と汚染物の発生などを考慮している。外部コストについては，人間の健康と環境へのダメージの考慮を含み，オンタリオ・ハイドロ社は，完全なライフサイクルの考察を目標としているが，同社の直接コントロールと責任を負う，デザイン，構築，運用と保全そして退役および廃棄処分などのライフサイクルの最小のステージを強調することを期待している。[4]」

　次に，カナダ・ブリティッシュ・コロンビア州の行政機関によれば，フルコスト会計は，公的機関および私的機関が意思決定を改善するために利用する新しい手法であり，環境コストを製品，プロセスあるいは活動などのトータル・コストへ組み入れる原価計算に関連する。フルコスト会計にはライフサイクル・アセスメント，評価方法そして割り引きなどが含まれる。
　環境と人間の健康リスクの問題が含まれる場合，意思決定者は単に便益とコストを効果的に合計する技術的な分析に依存するのではなく，「倫理」を意思決定プロセスに持ち込む枠組みへの拡張が重要である。フルコスト会計はこの点を考慮に入れている。
　フルコスト会計は，かつては外部コストと考えられていた環境コストを記述するために利用されてきた。このより広い解釈は製品のライフサイクル（材料の採取から製品の処分まで）を通じて賦課される私的コストと社会的コストの範囲を包含している。
　フルコスト会計は，伝統的な会計システムの下で記録される内部コストと原則を外部コストと統合し，その情報を提供する会計および報告を意味して

いる。それによって正味（コストと便益）環境インパクトが利害関係者に及ぼす価値を貨幣で表現するのである。

このようにフルコスト会計は，ライフサイクル・アセスメント，評価方法，割引計算などを構成要素とする会計であり，環境コストを製品，プロセス，活動などのトータル・コストの中へ組み込む原価計算方法であり，意思決定プロセスに倫理上の問題を組み込む会計であると理解されている[5]。

## 例示 【フルコスト会計報告書】[6]

### 1999年12月31日に終了する年度の報告書（単位100万ドル）

| | |
|---|---:|
| 収益 | 1,656 |
| 内部コスト | |
| 　運用・保全・管理コスト | 237 |
| 　燃料コスト | 280 |
| 　減価償却費 | 250 |
| 　利　息 | 500 |
| 　州政府税 | 35 |
| 内部コスト総額（注1） | 1,302 |
| 外部コスト控除前の純利益 | 354 |
| 　外部コスト | |
| 　　人間の健康 | 12 |
| 　　水の質 | 15 |
| 　　地球上のエコシステム | 8 |
| 　　構成上の材料 | 5 |
| 　　可視性 | 10 |
| 　外部コスト総額 | 50 |
| 外部コスト控除後の純利益 | 304 |

注1：以下に示す内部環境支出が内部コスト総額に含まれている。

| | |
|---|---:|
| 　材料と廃棄物のマネジメント | 40 |
| 　水のマネジメント | 25 |
| 　空気のマネジメント | 90 |
| 　土地利用のマネジメント | 30 |
| 　環境上の認可 | 15 |
| 　内部環境コスト総額 | 200 |

(The Canadian Institute of Chartered Accountants, *Full Cost Accounting from an Environmental Perspective*, 1997 .p.70.)

## 第2節　汚染防止プロジェクトのトータル・コスト・アセスメント

　トータル・コスト・アセスメント（Total Cost Assessment：TCA）出現の背景は，1993年にクリントン大統領が，大統領命令12856に署名したことにある。この命令は，連邦省庁に対して，連邦，州，地方自治体の環境要件との同意を達成し，汚染防止の源泉での引き下げに機関を関与させ，機関が汚染防止戦略を展開すること，毒性化学物質と毒性汚染物質を50％引き下げるための自主的目標を確立すること，施設レベルでの汚染予防プランを展開すること，ライフサイクル分析およびトータル・コスト会計を汚染防止機会を評価する場合に適用することなどを要請している。トータル・コスト・アセスメントは，環境コストを資本予算編成分析へ統合するために生まれたものである[7]。

　トータル・コスト・アセスメントは，テルス（Tellus）研究所が，ニュージャージー州環境保護局（New Jersey Department of Environmental Protection：NJDP）とアメリカ環境保護庁のために開発したものである。トータル・コスト・アセスメントは，第4章で説明した節約額対投資額比率（SIR比率）の考えを基礎にしている。テルス社が開発したのでトータル・コスト・アセスメントと命名されるが，前節で説明したICF社の開発したフルコスト会計と，その内容は類似している。

### 1　トータル・コスト・アセスメントの意義

　トータル・コスト・アセスメントは組織が投資をしたり，考慮することによって直接的に経験する，投資の全範囲のコストおよび節約額についての長期的かつ包括的な財務分析である。トータル・コスト・アセスメントは対象

とするコストとベネフィットの範囲を通常の資本予算よりも広範囲に設定しており，そこで測定されるコストが実際に生じるまでのタイムスパンは特に「賠償コスト」や「無形コスト」に関しては長期となることも予想されるので，拡張された期間基準の採用が必要となる。

資本予算では，各プロジェクトを何らかの財務指標に還元してプロジェクトの優劣が評価される。利用される財務指標には，現在価値法，内部利益法，回収期間法，会計的投資利益率法などがある[8]。

## 2 ニュージャージー州環境保護局のトータル・コスト・アセスメント

1991年にニュージャージー州は「汚染防止法（Pollution Prevention Act）」を制定した。この法律は5年間に危険な廃棄物50％の削減を要請し，包括的な財務分析を要求し，現在の製造プロセスにおいて発生する危険物質の使用，廃棄などに関する原価の計算を要求する[9]。そして資本予算編成におけるトータル・コスト・アセスメントの目標は，拡大されたコスト一覧表，時間，長期のプロジェクト財務指標を計算し，プロジェクトの収益性を明確にすることにあり，プロジェクトの真実の利益率を正確に見積ることができると主張される。プロジェクトの真の利益率を正確に見積る方法としてのトータル・コスト・アセスメントと呼ぶこの資本予算管理方法は，汚染予防プロジェクトにおけるライフサイクル・コストと節約額に関する包括的な財務分析であり，資本予算編成分野における汚染防止への投資が経済的な合理性を有する点を確認する意思決定方法でもある。

さらにトータル・コスト・アセスメントは，汚染防止プロジェクトのライフサイクル・コストおよび節約額に関する包括的な財務分析であり，以下の点を含んでいる。

① フルコスト会計を通じて製品ラインあるいはプロセスへ環境コストを内部的に配分すること。

② プロジェクトの財務分析の中へ直接費,間接費,短期コスト,長期コスト,賠償コスト,無形コストなどを含めること。
③ 10年ないし15年間の長い期間にわたるプロジェクト・コストおよび節約額の評価。
④ プロジェクトの長期収益性を把握する収益性測定方法である正味現在価値法と内部利益率法などの利用[9]。

**例示** 【伝統的な企業分析方法とトータル・コスト・アセスメントにおけるコスト要素の比較】

|  | 企 業 | TCA |
|---|---|---|
| 総資本投資額 |  |  |
| 　購入設備 | × | × |
| 　原料(パイプ,電気など) | × | × |
| 　光熱システム | × | × |
| 　用地の準備 | × | × |
| 　据え付け | × | × |
| 　エンジニアリングと請負業者 | × | × |
| 　偶発事件 | × | × |
| 運用コスト |  |  |
| 　直接コスト*1 |  |  |
| 　　原材料と消耗品 | P | × |
| 　　廃棄物処理労務費 | × | × |
| 　間接コスト*2 |  |  |
| 　　光熱費 |  |  |
| 　　　エネルギー | P | × |
| 　　　水 |  | × |
| 　　　下水(Publicly Owned Treatment Works) | × | × |

(注1) 企業の縦行は,プロジェクト財務分析において企業の行った結果を示している。TCAの縦行は,TCAを使うもっと広範囲にわたる財務分析の結果を示している。
(注2) ×=分析に含まれるコスト　P=伝統的な分析において部分的に含まれるコスト
(*1) 直接コストは,間接費を賦課されない製品やプロセス・ラインに割り当てられるコストとプロジェクト財務分析に含まれるコストを意味している。
(*2) 間接コストは,間接費勘定に賦課されるコストとプロジェクト財務分析には含まれないコストを意味している。

## 第3節 環境保全プロジェクトとライフサイクル・コスティング

### 1 ライフサイクル・コストとしての環境コストを含む製品原価計算

　製造間接費に含まれる環境コストを認識し，計算するライフサイクル・コスティングと，環境コストを製品に配賦する活動基準原価計算を結合することによって，正確な製品原価情報を創造できる。環境コストのためのライフサイクル・コスティングは，製品の収益性分析の中にすべての過去，現在，未来のコストを含むことを要求する。環境コストを含む製品原価の計算例を検討する[10]。

**【例示】【環境コストを含む製品原価計算】**

　環境コストとして「通常コストと運用コスト」，「隠れている規制遵守コスト」，「偶発負債コスト」，「無形コスト（コストの節約額）」などが認識される。製品の長期収益性分析においては，これらすべてのコストを見積るべきであり，無視されるべきではないけれども，この中の「通常コストと運用コスト」，「隠れている規制遵守コスト」が，以下の計算例において対象とされ，「偶発負債コスト」，「無形コスト（コストの節約額）」などの環境コストについては，計算対象とされない。

**環境コストの製品別配賦計算**
　製品A，製品Bを製造し，販売するR社の製品に関する情報は図表5－5に要約されている。

図表5-5　製品A・製品Bに関する情報

<table>
<tr><th colspan="2">項　目</th><th>製品A</th><th>製品B</th></tr>
<tr><td rowspan="3">原価情報</td><td>直接労働時間あたりの直接労務費</td><td>20ドル</td><td>20ドル</td></tr>
<tr><td>製品単位あたりの直接労務費</td><td>20ドル×3時間＝60ドル</td><td>20ドル×3時間＝60ドル</td></tr>
<tr><td>製品単位あたりの直接材料費</td><td>100ドル</td><td>80ドル</td></tr>
<tr><td rowspan="6">製品特性情報</td><td>営業量</td><td>多い</td><td>少ない</td></tr>
<tr><td>危険廃棄物による環境コスト</td><td>環境コストを発生させない</td><td>環境コストを発生させる</td></tr>
<tr><td>年間計画生産量</td><td>200,000単位</td><td>50,000単位</td></tr>
<tr><td>製品単位あたりの直接労働時間</td><td>3時間</td><td>3時間</td></tr>
<tr><td>年間直接労働時間 750,000時間</td><td>200,000単位×3時間 ＝600,000時間</td><td>50,000単位×3時間 ＝150,000時間</td></tr>
<tr><td>単位あたりの補助部品数量</td><td>6個</td><td>4個</td></tr>
</table>

　図表5－6にR社の製造間接費と製造間接費総額17,250,000ドルが示され，製造間接費の中に占める環境コストの内容は図表5-7に示される。

第5章　廃棄物最小化プログラムのライフサイクル・コスティング　103

図表5－6　R社の製造間接費（活動別分類）

| 活　　動 | 製造間接費 | |
|---|---:|---:|
| 単位レベル： | | |
| 　機械コスト | $ 2,400,000 | |
| 　エネルギーコスト | 1,000,000 | |
| 　危険廃棄物排除費 | 400,000 | $ 3,800,000 |
| バッチレベル： | | |
| 　検査費 | 1,200,000 | |
| 　材料輸送費 | 1,450,000 | |
| 　支援役務費 | 1,800,000 | |
| 　危険廃棄物排除費 | 300,000 | |
| 　環境報告書作成費 | 200,000 | 4,950,000 |
| 製品レベル： | | |
| 　R&Dと部品保全費(*1) | 2,110,000 | |
| 　環境報告書作成費 | 200,000 | |
| 　環境調査コスト | 500,000 | |
| 　廃棄物処理コスト | 1,000,000 | |
| 　ゴミ投棄コスト | 800,000 | 4,610,000 |
| 工場レベル： | | |
| 　設備保全コスト | 2,000,000 | |
| 　建物と土地 | 1,000,000 | |
| 　光熱費 | 600,000 | |
| 　環境基準コスト | 290,000 | 3,890,000 |
| 製造間接費総額 | | 17,250,000 |

（＊1）　R&D＝研究・開発費
（出所）　Kreuze, Jerry G. and Gale E. Newell (1994) p.40.

図表5－7　製造間接費の中の環境コスト

| 活　　動 | 環境コスト |
|---|---:|
| 単位レベル： | |
| 　危険廃棄物排除費 | 400,000 |
| バッチレベル： | |
| 　危険廃棄物排除費 | 300,000 |
| 　環境報告書作成費 | 200,000 |
| 製品レベル： | |
| 　環境報告書作成費 | 200,000 |
| 　環境調査コスト | 500,000 |
| 　廃棄物処理コスト | 1,000,000 |
| 　ゴミ投棄コスト | 800,000 |
| 工場レベル： | |
| 　環境基準コスト | 290,000 |
| 環境コスト総額 | 3,690,000 |

図表5—8　R社の製造間接費のコスト・ドライバーと製造間接費配賦率
A．活動別のコスト・ドライバー

| 活　　動 | コスト・ドライバー |
|---|---|
| 単位レベル： | |
| 　機械コスト | 機械使用時間 |
| 　エネルギーコスト | 機械使用時間 |
| 　危険廃棄物排除費 | 製品Bのみが負担する |
| バッチレベル： | |
| 　検査費 | 検査回数 |
| 　材料輸送費 | 製造注文回数 |
| 　支援役務費 | 段取り回数 |
| 　危険廃棄物排除費 | 製品Bのみが負担する |
| 　環境報告書作成費 | 製品Bのみが負担する |
| 製品レベル： | |
| 　R&Dと部品保全費 | 構成部品数 |
| 　環境報告書作成費 | 製品Bのみが負担する |
| 　環境調査コスト | 製品Bのみが負担する |
| 　廃棄物処理コスト | 製品Bのみが負担する |
| 　ゴミ投棄コスト | 製品Bのみが負担する |
| 工場レベル： | |
| 　設備保全コスト | 付加価値率 |
| 　建物と土地 | 付加価値率 |
| 　光熱費 | 付加価値率 |
| 　環境基準コスト | 付加価値率 |

B．活動別の製造間接費配賦率

| 活　　動 | コスト | 活動量 | 活動量あたりの配賦率 |
|---|---|---|---|
| 単位レベル： | | | |
| 　機械コスト | 2,400,000 | 20,000時間 | 120ドル／機械時間あたり |
| 　エネルギーコスト | 1,000,000 | 20,000時間 | 50ドル／機械時間あたり |
| バッチレベル： | | | |
| 　検査費 | 1,200,000 | 2,500回 | 480ドル／検査1回あたり |
| 　材料輸送費 | 1,450,000 | 500回 | 2,900ドル／注文1回あたり |
| 　支援役務費 | 1,800,000 | 1,500回 | 1,200ドル／段取1回あたり |
| 製品レベル： | | | |
| 　R&Dと部品保全費 | 2,110,000 | 10個 | 211,000ドル／構成部品あたり |

（出所）　Kreuze, Jerry G. and Gale E. Newell（1994）p.41.

　図表5-8には，製品に関する作業を分析し，製造間接費の増加要因になるコスト・ドライバーと活動コストが示されている。単位レベル，バッチレベル，製品レベルでの環境コストは製品Bに跡づけられるので，製品Bのみが負担する。工場レベルの環境関連支出は，製造工場に備え付けられている環

境統制設備に関係すると想定されるので，付加価値（負担能力）の割合によって各製品に配賦される。

図表5-9には，製品A，Bの製品原価が示されている。工場レベルの環境コスト以外の環境コストは，製品Bに起因するので，製造間接費として処理される。環境コスト3,690,000ドルは，支出に基づいて製品に配分されている。

図表5-9　LCCとABCに基づく製品A・製品Bの製品原価

| 活　動 | 製品A 活動量 | 製品A 金額 | 製品B 活動量 | 製品B 金額 |
|---|---|---|---|---|
| 製造間接費： | | | | |
| 単位レベル： | | | | |
| 　機械コスト(120ドル／時間) | 15,000 | $ 1,800,000 | 5,000 | $ 600,000 |
| 　エネルギーコスト(120ドル／時間) | 15,000 | 750,000 | 5,000 | 250,000 |
| 　危険廃棄物排除費 | | なし | | 400,000 |
| バッチレベル： | | | | |
| 　検査費(480ドル／検査) | 1,000 | 480,000 | 1,500 | 720,000 |
| 　材料輸送費(2,900ドル／製造注文) | 300 | 870,000 | 200 | 580,000 |
| 　支援役務費(1,200ドル／段取) | 1,000 | 1,200,000 | 500 | 600,000 |
| 　危険廃棄物排除費 | | なし | | 300,000 |
| 　環境報告書作成費 | | なし | | 200,000 |
| 製品レベル： | | | | |
| 　R&Dと部品保全費(211,000ドル／構成部品数) | 6個 | 1,266,000 | 4個 | 844,000 |
| 　環境報告書作成費 | | なし | | 20,000 |
| 　環境調査コスト | | なし | | 500,000 |
| 　廃棄物処理コスト | | なし | | 1,000,000 |
| 　ゴミ投棄コスト | | なし | | 800,000 |
| 小計 | | $ 6,366,000 | | $ 6,994,000 |
| 工場レベル：間接費総額　$ 3,890,000 | | | | |
| 付加価値率(負担能力主義)に基づく配賦率 | | | | |
| 　A：47.6% | | 1,851,640 | | |
| 　B：52.4% | | | | 2,038,360 |
| 製造間接費合計 | | $ 8,217,640 | | $ 9,032,360 |
| 完成品数量 | | 200,000個 | | 50,000個 |
| 製品単位あたりの製造間接費 | | 41.09 | | 180.65 |
| (A：8,217,640÷200,000＝41.09　B：9,032,360÷50,000＝180.65) | | | | |
| 製品単位あたりの直接材料費 | | 100 | | 80 |
| 製品単位あたりの直接労務費 | | 60 | | 60 |
| 製品単位あたりの製造間接費 | | 41.09 | | 180.65 |
| 単位あたりの製品原価 | | 201.09 | | 320.65 |

（出所）Kreuze, Jerry G. and Gale E. Newell（1944）p.42.

製品Aの製品原価201.09ドルと製品Bの製品原価320.65ドルは，歴史的原価に基づく一般元帳システムより得られる。また，図表5-9に示される製造コストは，財務諸表の作成と現在の経営成績の測定の尺度としても有用である。

　図表5-10には，参考資料として，製造間接費を直接作業時間を使用して配賦する場合の製品原価が示されている。

図表5－10　製造間接費を直接作業時間に基づいて配賦する場合の製品原価

|   | 製品A | 製品B |
| --- | --- | --- |
| A．製品単位あたりの製造間接費[*1] | $69 | $69 |
| B．製品単位あたりの直接材料費 | 100 | 80 |
| C．製品単位あたりの直接労務費 | 60 | 60 |
| 単位あたりの製品原価 | $229 | $209 |

（*1）製造間接費配賦率＝17,250,000ドル÷750,000時間＝23ドル／時間あたり
　　　　製品A＝23ドル／時間あたり×3時間＝69ドル
　　　　製品B＝23ドル／時間あたり×3時間＝69ドル
（出所）Kreuze, Jerry G. and Gale E. Newell（1994）p.42.

## 2　汚染防止プロジェクトとライフサイクル・コスティング[11]

　クリーニング工程で使用される化学薬剤の溶媒を使用し，廃棄する電力会社の意思決定問題を検討する。電力会社は，化学薬剤に関連する環境コストをライフサイクル・コストの構成要素とするライフサイクル・コスティングを適用する。

### 例示　【ライフサイクル・コストとしての廃棄後コストと意思決定】

　年間約2,000ガロンの「1,1,1 トリクロロエタン（Trichloroethane ： TCA）」が，有害物質の廃棄の清掃業務に使用されている。健康への危険やTCAを含む繊維物質の廃棄コストが増加しているので，電力会社は解決策を考えて

いる。TCA の代替物として柑橘系溶媒（Citrus-Based Solvent：CBS）がある。この柑橘系溶媒への切り替えか，あるいは TCA をこのまま継続して使用するのかが，課題となっている。解決策の検討は，次式で示されるライフサイクル・コストに基づいて行われる。

> ライフサイクル・コスト
>   ＝取得コスト（原料コスト，登録関連の管理コスト等）＋使用コスト（使用に関する直接的コスト，作業員の訓練コスト，運用コスト等）＋廃棄コスト（処理コスト，登録に関する管理コスト等）＋廃棄後コスト（広報関連コスト，登録と法的債務関連コスト等）

このライフサイクル・コストは次のように計算される。
● 取得コスト

　1 年間に TCA55 ガロン容量のドラム缶，37 缶（55 × 37 = 2,035 ガロン）が購入されている。これと同じ作業量のためには，柑橘系溶媒（CBS）2,240 ガロンが必要である。TCA の価格は，1 ガロンあたり 8 ドル，柑橘系溶媒は，1 ガロンあたり 13 ドルである。TCA の購入と管理作業労働には，1 年間 10 時間，柑橘系溶媒は，1 年間 1 時間を必要とする。労務コストは 1 時間あたり 20 ドルと見積られている。

● 使用コスト

　1,500 労務時間が，部品や設備の清掃のための TCA 使用に消費されると見積られる。そして年間 80 時間が，TCA の標準使用のための安全訓練に関する技術教育のために消費される。TCA は，指定危険廃棄物であるため，記録保持として年間に 5 時間が消費される。労務コストは 1 時間あたり 21 ドルと見積られている。

　柑橘系溶媒には，1,650 労働時間が消費され，年間 20 時間の教育訓練コストが必要である。記録保持に年間 3 時間が見積られている。労務コストは 1 時間あたり 21 ドルと見積られる。

- 廃棄コスト

 TCAを廃棄物として処理するために，1ドラム缶あたり450ドルを支払い，37缶を廃棄する。柑橘系溶媒は指定危険廃棄物ではないので，1ドラム缶あたり150ドルを支払い，37缶を廃棄すると仮定する。廃棄に関する事務作業にTCAは5時間，柑橘系溶媒には1時間が必要である。労務コストは1時間あたり21ドルと見積られる。

- 廃棄後コスト

 廃棄後コストは，廃棄物が処理された後に発生するコストであり，廃棄物を処理するための用地を改善するために発生するコスト，処理事務に関係するコスト，広報コスト等を含んでいる。廃棄後コストは，TCA廃棄物1缶あたり500ドルと仮定する。

 環境コストとしての廃棄後コストをライフサイクル・コストの一部として考慮することは，社会的コストを減少させる可能性を示すことにもなる。そしてこの例において，ライフサイクル・コストに基づいて意思決定を行うならば，柑橘系溶媒へ切り替えることになる。

図表5－11に比較のための計算結果が示されている。

図表5－11 代替案比較のためのライフサイクル・コスト情報

| 原価要素 | Trichloroethane：T案 | 柑橘系溶媒＝C案 | 有利な案 |
| --- | --- | --- | --- |
| 取得コスト | 8×2,035ガロン＝16,280<br>10時間×20ドル＝200ドル | 13×2,240ガロン＝29,120<br>1時間×20ドル＝20ドル | T案 |
| 使用コスト | （80＋1,500＋5）時間×<br>21ドル＝33,285ドル | （20＋1,650＋3）時間×<br>21＝35,133ドル | T案 |
| 廃棄コスト | 450ドル×37缶＝16,650<br>5時間×21ドル＝105ドル | 150ドル×37缶＝5,550ドル<br>1時間×21ドル＝21ドル | C案 |
| 廃棄後コスト | 500×37缶＝18,500ドル | なし | C案 |
| ライフサイクル・コスト | 85,020ドル | 69,824ドル | C案 |

第 5 章　廃棄物最小化プログラムのライフサイクル・コスティング　109

**例示**【ライフサイクル・コストとしての廃棄コストと意思決定】

　電力会社がライフサイクル・コスティングを利用して，古い電柱の取替分 10,000 本と新規投資分 30,000 本の合計 40,000 本の電柱を購入する。図表 5 − 12（p.110）に示されるクレソート加工の木製電柱とクロム酸塩加工の電柱，さらにスチール製電柱のライフサイクル原価情報によれば，スチール製電柱のライフサイクル原価が最小である。これは，取り替えた後に廃棄される 10,000 本の廃棄コストの安いことが主たる理由となっている。

　以上の 2 つの例は，廃棄コストと廃棄後コストを環境コストとして認識し，それを意思決定問題に組み込んだものである。これまでのライフサイクル・コスティングは，図表 5 − 13（p.111）の《A ゾーン》と《B ゾーン》において発生するコストを対象としてきた。行政当局に規制される電力会社などは，図表 5 − 13 に示される内部コストだけでなく，企業外部において発生するコストを考慮し，意思決定しなければならない。二酸化炭素などの空気汚染物質がコスト分析の対象とされる今日の時代背景を認識しなければならないのである。

　環境コストの中には財務会計システムによって認識され，測定されるものもある。しかし財務会計システムでは認識できない環境コストを計算する場合には，計算システムを開発する必要がある。ライフサイクル・コスティングを組み込む計算システムの構築が，その可能性を持っている。図表 5 − 13 の《C ゾーン》コスト領域を対象とする研究が，ライフサイクル・コスティングの今後の課題となっている。この点を特に強く認識するアメリカでは，汚染物質と汚染コストについて，詳細なアルゴリズムは明らかではないが，図表 5 − 14（p.111）の計算が試みられている[12]。

図表5-12 代替案比較のためのライフサイクル・コスト情報

| 原価要素 | クレソート加工木製電柱 | クロム酸塩加工木製電柱 | スチール製電柱 |
|---|---|---|---|
| **取得コスト** | | | |
| 材料費 | 130ドル×40,000本＝5,200,000ドル | 127ドル×40,000本＝5,080,000ドル | 153ドル×40,000本＝6,120,000ドル |
| 運送費 | 4ドル×40,000本＝160,000ドル | 10ドル×40,000本＝400,000ドル | 3ドル×40,000本＝120,000ドル |
| 小 計 | 5,360,000ドル | 5,480,000ドル | 6,240,000ドル |
| **使用コスト** | | | |
| 作業員訓練費 | 200時間×200ドル＝40,000ドル | 240時間×200ドル＝48,000ドル | 240時間×200ドル＝48,000ドル |
| 検査・保全費 | 20ドル×40,000本＝800,000ドル | 必要がないので0ドル | 必要がないので0ドル |
| 労務費 | 15分×40,000本＝10,000時間 10,000時間×40ドル＝400,000ドル | 18分×40,000本＝12,000時間 12,000時間×40ドル＝480,000ドル | 18分×40,000本＝12,000時間 12,000時間×40ドル＝480,000ドル |
| 小 計 | 1,240,000ドル | 528,000ドル | 528,000ドル |
| 廃棄コスト | 200ドル×10,000本＝2,000,000ドル | 200ドル×10,000本＝2,000,000ドル | 100ドル×10,000本＝1,000,000ドル |
| ライフサイクル・コスト総額 | 8,600,000ドル | 8,008,000ドル | 7,768,000ドル |

## 図表5－13　環境コストの発生領域

```
外部コスト（External Costs）の発生領域《Cゾーン》
  無形コスト（Less Tangible Costs），隠れているコスト（Hidden Costs）
  間接的企業コスト（Indirect Company Costs）の発生領域《Bゾーン》
    伝統的企業コスト（Conventional Company Costs）発生領域《Aゾーン》
```

捕足説明：トータル企業コスト（Total Company Costs）＝《Aゾーン》のコスト＋
　　　　　　　　　　　　　　　　　　　　　　　　　《Bゾーン》のコスト

　　　　　フルコスト（Full Costs）＝《Aゾーン》のコスト＋《Bゾーン》のコスト＋
　　　　　　　　　　　　　　　　　《Cゾーン》のコスト

## 図表5－14　汚染物質と汚染コスト

| 　　　　計算方法<br>汚染物質 | Control Cost Approach<br>（1991年）(A)<br>トンあたりのコスト | Damage Cost Approach<br>（1993年）(B)<br>トンあたりのコスト | 差　額<br>コスト<br>(A)－(B) |
|---|---|---|---|
| 窒素酸化物 | $ 24,500 | $ 14,734 | $ 9,766 |
| 反応する有機ガス | $ 17,500 | $ 6,911 | $ 10,589 |
| 硫黄酸化物 | $ 18,300 | $ 84,469 | $ 9,831 |
| 微粒子状の物質 | $ 5,300 | $ 46,479 | － $ 41,179 |
| 合計 | $ 65,600 | $ 76,593 | － $ 10,993 |

注

1) U.S.EPA, *Pollution Prevention Benefits Manual Volume1 : The Manual Phase II,* October, 1989, By ICF Incorporated.

　 U.S.EPA, *The EPA Manual for Waste Minization Opportunity Assessments,* July 1988.

2) Paul E.Bailey（ICF Incoporated）, Life-Cycle Costing and Pollution Prevention, *Pollution Prevention Review,* Winter, 1990-91, pp.27-39.

　 Bailey,P.E., Full Cost Accouting For Life Cycle Costs, A Guide for Engineers and

Finacial Analysis, *Environmental Finance*, Spring, 1991, pp.13-29.

3) U.S.EPA, *Full Cost Accounting for Municipal Solid Waste Management : A Handbook*, September, 1997.

U.S.EPA, *Federal Facility Pollution Project Analysis : A Primer for Applying Life Cycle and Total Cost Assessment Concepts*, 1995.

U.S.EPA, *Federal Facility Pollution Prevention Project Analysis : A Primer for Applying Life Cycle and Total Cost Assessment Concepts*, July, 1995.

U.S.EPA, *The EPA Manual for Waste Minimization Opportunity Assessments : Hazarodous Waste Enginnering Research Laboratory Office of Research and Development U.S. Environmental Protection Agency Cincinnati, Ohio 45268*, July, 1988.

U.S.EPA, *Making Solid (Waste) Decisions With FullCost Accouting*, June, 1996.

U.S.EPA, *Full Cost Accouting Resource Guide*, August 1996.

U.S.EPA, *Full Cost Accouting in Action : Case Studies of Six Solid Waste Management Agencies*, December, 1998.

U.S.EPA, *Questions and Answers About Full Cost Accountig*, February 1998.

4) U.S.EPA, *Environmental Accounting Case Studies : Full Cost Accounting for Decision Making at Ontario Hydro*. Washington DC, May, 1995.

5) Evaluation, Economics and Laboratory Services Branch Environmental Protection Division Ministry of Environment, Lands and Parks, *British Columbia Handle with care Full Cost Accoungitng & the Environment, Seminar Proceedings*, March, 19 1993, p.36.

6) The Canadian Institute of Chartered Accountants, *Research Report: Full Cost Accounting from an Environmental Perspective*, 1997.

7) U.S.EPA, *Federal Facility Pollution Project Analysis : A Primer for Appliying Life Cycle and Total Cost Assessment Concepts*, 1995, P.A-1

8) White, Allen L., and Savage Deborah E., Environmentally Smart Accounting : Using Total Cost Assessment To Advance Pollution Prevention, *Pollution Prebention Review*, Summer, 1993, pp.247-259.

9) White A., Becker M., and Goldstein J., *Alternative Approaches to Finacial Evaluation of Industrial Pollution Prevention Investments*, Report prepared by Tellus Institute for the New Jersey Department of Environmental Protection, Division of Science and Research, November 1991, Revised Executive Summary, June, 1993, p.185., P.G-4.（この本において，トータル・コスト・アセスメントにはすでに以下に示す3つのアプローチが創造されている，と説明されている。）

① The General Electric Method
② Pollution Prevention Benefits Manual（EPA Method）
③ PRECOSIS： Prepared for：U.S.Environmental Protection Agency, Center fo Environmental Research Information, Cincinati, Ohio

Denton, D. Keith, *Encironmental-Mnagement-How Smart Companies Turn Environmental Costs Into Projects*, Prentice-Hall, 1994, pp.20-31.

他の論者は，「トータル・コスト・アセスメント（Total Cost Assessment：TCA）は，資本予算管理および投資分析を背景とする原価計算（costing）に関連する。しかしながら，その原理は，企業の原価計算活動のすべてのタイプに適用できる」（White, Allen L., and Savage Deborah, Karen Shapiro（Tellus Institute）, Life-Cycle Costing：Concepts and Applications. in Curran, Mary Ann ed. *Environmental Life-Cycle Assessment*, McGraw-Hill, 1996,pp.7.4-7.11）とか，「トータル・コスト・アセスメントは，特定のやり方によってビジネスを遂行するためのトータル・コストの中に，伝統的には企業の間接費オペレーティング予算内に位置づけられる環境コストを含めることによって，トータル・コストを引き出す意思決定方法である。ＴＣＡは，通常，2つないしそれ以上の環境プロジェクトを比較するために割引キャッシュ・フロー分析の利用を含んでいる」（Kennedy, Mitchell L.,*Total Cost Assessment for Environmental Engineers and Managers*, John Wiley & Sons, Inc., 1998, p373）などと説明されている。

U.S.EPA, *An Introduction to Environmental Accounting as a Business Management*

　　　　Tool : *Key Concepts and Terns*, 1995.
10) Kreuze, Jerry G. and Gale E. Newell, ABC and Life-Cycle Costing for Environmental Expenditures, *Mangement Accounting*, February, 1994, pp.38-42.
11) Cohan, Devid, Kanneth R. Wapman, and Mary McLearn, Beyond Waste Minimization : Life-Cycle Cost Management for Chemicals and Materials, *Pollution Prevention Review*, Summer, 1992, pp.259-275.
12) White, Allen L., and Savage Deborah, Karen Shapiro (Tellus Institute), Life-Cycle Costing : Concepts and Applications. in Curran, Mary Ann ed. *Environmental Life-Cycle Assessment*, McGraw-Hill, 1996, pp.7.1 – 7.19.

# 第6章

## アメリカ・ライフサイクル・コスティングの展開
－一般市場指向型企業への展開を模索して－

ここでは，前章まで議論された特殊市場指向型のライフサイクル・コスティングが，一般市場指向型企業に対してどのように理論的な適用が可能かを検討する。

## 第1節　ライフサイクル・コストの計算と意思決定

まず，70年代初めのライフサイクル・コストの計算方法と意思決定の関係を検討する[1]。

**例示【機械購買の意思決定】**

K社は貨物輸送用の荷箱を作る機械6台の購買を検討する。販売価格はX社の機械が200,000ドル，Y社の機械が170,000ドルであり，2年間を1つのサイクルとして12年間使用する。図表6－1に示す計算プロセスに従って，機械のライフサイクル・コストを計算する。

**ライフサイクル・コストの計算**

①運用期間の設定－オペレーティング・プロフィル－

　サイクル・タイムは2年間，運用は102週間，分解修理は2週間とする。

②1週間の運転時間

　週に5日間，1日に16時間運転する。5日間×16時間＝80時間

③原価要素

　取得原価，労務費（直接労務費，予防的保全労務費，事後的保全労務費，分解修理作業労務費），その他の原価（光熱費，部品費，購買先の負担する設備据え付け費）など。

第6章　アメリカ・ライフサイクル・コスティングの展開　117

図表6−1　ライフサイクル・コストの策定プロセス

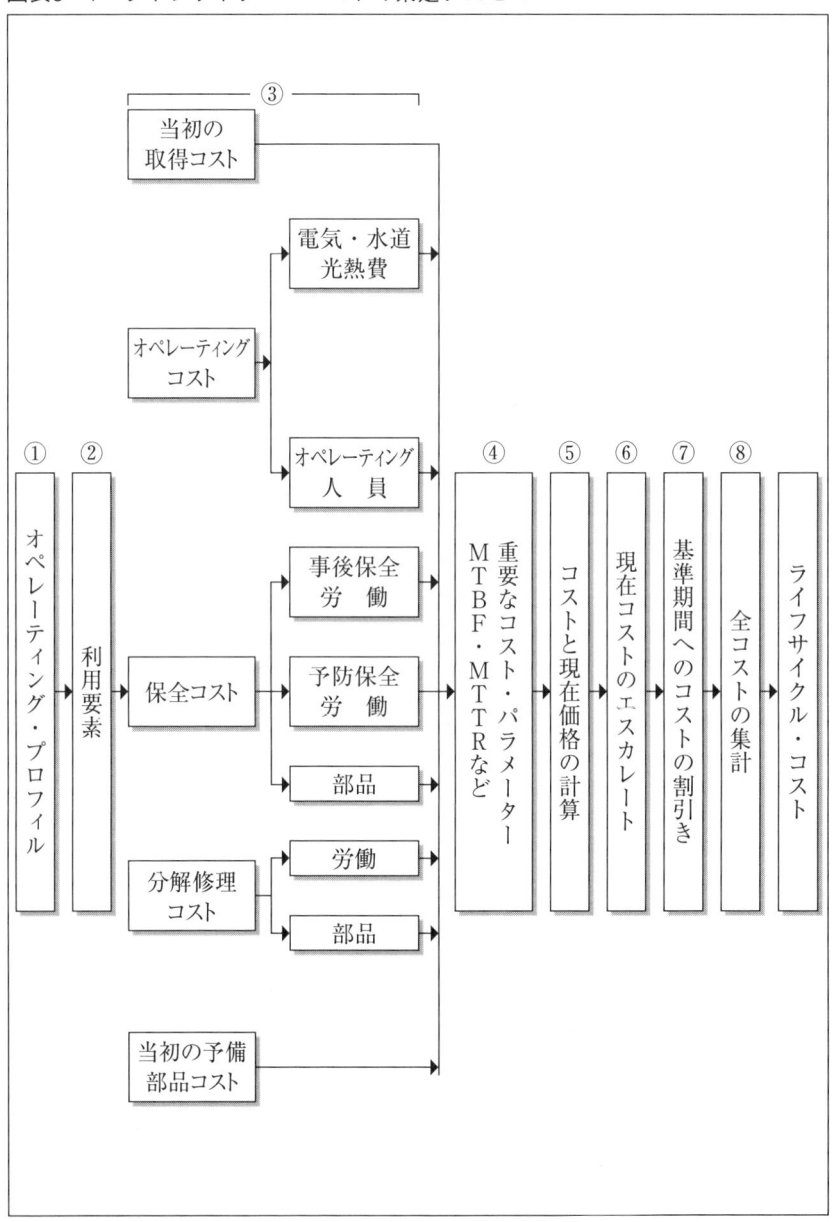

- ①　オペレーティング・プロフィル
- ②　利用要素
- ③　当初の取得コスト
  - オペレーティングコスト
    - 電気・水道光熱費
    - オペレーティング人員
  - 保全コスト
    - 事後保全労働
    - 予防保全労働
    - 部品
  - 分解修理コスト
    - 労働
    - 部品
  - 当初の予備部品コスト
- ④　重要なコスト・パラメーター MTBF・MTTRなど
- ⑤　コストと現在価格の計算
- ⑥　現在コストのエスカレート
- ⑦　基準期間へのコストの割引き
- ⑧　全コストの集計
- ライフサイクル・コスト

図表6-2 重要なコスト・パラメーター

| コスト・パラメーター | X | | | Y | | |
|---|---|---|---|---|---|---|
| | 数値 | 信頼水準% | データの源泉 | 数値 | 信頼水準% | データの源泉 |
| 取得コスト | 200,000ドル | 100 | 製造者 | 170,000ドル | 100 | 製造者 |
| 設備耐用年数 | 12年 | 100 | 製造者 | 12年 | 100 | 製造者 |
| 当初エンジニアリング・コスト | 3,000ドル | 100 | 製造者 | 2,000ドル | 100 | 製造者 |
| 据え付けコスト | 3,000ドル | 100 | 製造者 | 4,000ドル | 100 | 製造者 |
| 機械あたりの人員 | 1/3人 | 100 | 製造者 | 1/2人 | 100 | 製造者 |
| MTBF | 500時間 | 80 | ee | 100時間 | 90 | ee |
| MTTR | 0.5時間 | 80 | ee | 2時間 | 90 | ee |
| PMサイクル | 16時間 | 100 | 製造者 | 16時間 | 100 | 製造者 |
| PMダウンタイム:動作不能時間 | 0.5時間 | 100 | ee | 0.846時間 | 70 | ee |
| 分解修理の間隔 | 2年間 | 100 | 製造者 | 2年間 | 100 | 製造者 |
| 分解修理のコスト | 1,000ドル | 80 | ee | 3,000ドル | 100 | ee |
| 年あたりの部品コスト（取得コストの一定割合） | 1%.NOHY 2%.OHY | 60 60 | ee ee | 2%.NOHY 2.5%.OHY | 80 80 | ee ee |
| インプット電力量 | 3キロワット | 95 | 製造者 | 5キロワット | 100 | 製造者 |

記号の意味

MTBF－平均故障間隔（時間）　　NOHY－分解修理をしない年
MTTR－平均修理時間　　　　　　OHY－分解修理をする年
PM－予防保全活動　　　　　　　　ee－エンジニアリングによる見積り

第6章 アメリカ・ライフサイクル・コスティングの展開　119

④パラメーターの決定

図表6-2参照。原価計算に必要な図表6-3も作成される。

図表6-3　他の関連データ

| 項　　目 | 数　　値 | データの源泉 |
|---|---|---|
| 光熱コスト | 0.03／キロワット時 | 電力会社 |
| 賃率（オペレーター） | 5ドル／時間あたり | 企業の記録 |
| 賃率（保全員） | 6ドル／時間あたり | 企業の記録 |

記号の意味

SOH＝運転時間　　　　　　　　MTTR＝平均修理時間
MTBF＝平均故障間隔（時間）　　HR＝1時間あたりの賃率

**計算条件**

・直接労務費は予防的保全の間と分解修理の期間にも発生する。
・光熱費は分解修理期間中には発生しない。
・事後的保全および予防的保全は2週間の分解修理期間中にも発生する。
・労務費は毎年2％上昇する。
・X機械とY機械の利益率は10％である。

⑤原価を現在価値で計算する

年間の運転時間　52週間×80時間＝4,160時間

労務費は次頁の図表6-4と図表6-5に示されている。

Xの直接労務費

　4,160（時間／年あたり）×5（ドル／時間あたり）×1/3（人間／機械あたり）＝6,933ドル

Yの直接労務費

　4,160（時間／年あたり）×5（ドル／時間あたり）×1/2（人間／機械あたり）＝10,400ドル

図表6－4　毎年2％で増加する労務コスト(X)（金額はドル）

| 年度 | X | | | | | | |
|---|---|---|---|---|---|---|---|
| | OP | PM | CM | OH | Tot | Escfact | Esctot |
| 1 | 6,933 | 780 | 25 | | 7,738 | 1.00000 | 7,738 |
| 2 | 6,933 | 780 | 25 | 1,000 | 8,738 | 1.02000 | 8,913 |
| 3 | 6,933 | 780 | 25 | | 7,738 | 1.04040 | 8,051 |
| 4 | 6,933 | 780 | 25 | 1,000 | 8,738 | 1.06121 | 9,273 |
| 5 | 6,933 | 780 | 25 | | 7,738 | 1.08243 | 8,376 |
| 6 | 6,933 | 780 | 25 | 1,000 | 8,738 | 1.10408 | 9,647 |
| 7 | 6,933 | 780 | 25 | | 7,738 | 1.12616 | 8,714 |
| 8 | 6,933 | 780 | 25 | 1,000 | 8,738 | 1.14869 | 10,037 |
| 9 | 6,933 | 780 | 25 | | 7,738 | 1.17166 | 9,066 |
| 10 | 6,933 | 780 | 25 | 1,000 | 8,738 | 1.19509 | 10,443 |
| 11 | 6,933 | 780 | 25 | | 7,738 | 1.21899 | 9,433 |
| 12 | 6,933 | 780 | 25 | | 7,738 | 1.24337 | 9,621 |
| Tot | 83,196 | 9,360 | 300 | 5,000 | 97,856 | | 109,312 |

記号の意味

OP：年間の運転時間　　　　　Tot：総額
PM：予防保全活動の労務費　　Esctot：総額
CM：事後保全労務費　　　　　Escfact：エスカレーション率
OH：分解修理の労務費

⑥－1　予防保全活動のための労務費の計算

予防保全活動(PM)の数＝計画オペレーティング時間÷PMサイクルタイムで計算

Xの計算　4,160 ÷ 16 = 260 活動，PMタイムは0.5 × 260 = 130 時間，130 ×時間あたり6ドルの労務費＝ 780 ドルが予防保全活動の労務費。

Yの計算　4,160 ÷ 16 = 260　活動　260 × 0.846 × 6 = 1,320 ドル

平均故障間隔（MTBF）　　Xは500時間　　Yは100時間

XとYの事後保全活動の年あたりの労務費総額

図表6-5　毎年2％で増加する労務コスト(Y)（金額はドル）

| 年度 | OP | PM | CM | OH | Tot | Escfact | Esctot |
|---|---|---|---|---|---|---|---|
| 1 | 10,400 | 1,320 | 499 | | 12,219 | 1.00000 | 12,219 |
| 2 | 10,400 | 1,320 | 499 | 3,000 | 12,219 | 1.02000 | 15,523 |
| 3 | 10,400 | 1,320 | 499 | | 12,219 | 1.04040 | 12,713 |
| 4 | 10,400 | 1,320 | 499 | 3,000 | 12,219 | 1.06121 | 16,151 |
| 5 | 10,400 | 1,320 | 499 | | 12,219 | 1.08243 | 13,266 |
| 6 | 10,400 | 1,320 | 499 | 3,000 | 12,219 | 1.10408 | 16,803 |
| 7 | 10,400 | 1,320 | 499 | | 12,219 | 1.12616 | 13,761 |
| 8 | 10,400 | 1,320 | 499 | 3,000 | 12,219 | 1.14869 | 17,482 |
| 9 | 10,400 | 1,320 | 499 | | 12,219 | 1.17166 | 14,316 |
| 10 | 10,400 | 1,320 | 499 | 3,000 | 12,219 | 1.19509 | 18,188 |
| 11 | 10,400 | 1,320 | 499 | | 12,219 | 1.21899 | 14,894 |
| 12 | 10,400 | 1,320 | 499 | | 12,219 | 1.24337 | 15,193 |
| Tot | 124,800 | 15,840 | 5,988 | 15,000 | 161,628 | | 180,509 |

　　毎年の事後保全労務費 = SOH ÷ MTBF × MTTR × HR
　X　毎年の事後保全労務費 = 4,160 ÷ 500 × 0.5 ×時間あたり6ドル
　　　　　　　　　　　　≒ 25 ドル
　Y　毎年の事後保全労務費 = 4,160 ÷ 100 × 2.0 ×時間あたり6ドル
　　　　　　　　　　　　≒ 499 ドル
2年に1度の分解修理の労務費 X = 1,000 ドル，Y = 3,000 ドル
光熱費の計算：
　光熱費は，キロワットのインプットパワーに運転時間を乗じ，次にキロワット時間あたりのコストを乗じて計算される。
部品費の計算結果は図表6－6と図表6－7に示されている。

⑥-2　現在の労務費とそのエスカレーション
　労務費は図表6－4と図表6－5において各年の労務費総額はTot欄に，

図表6-6　毎年10%で割り引かれたコストの要約(X)（金額はドル）

| 年度 | 労務費 | 光熱費 | 部品費 | 据え付けコスト | エンジニアリングコスト | 取得コスト | Tot | Disfact | Distot |
|---|---|---|---|---|---|---|---|---|---|
| 0 | | | | 3,000 | 3,000 | 200,000 | 206,000 | 1.0000 | 206,000 |
| 1 | 7,738 | 374 | 2,000 | | | | 10,112 | .9091 | 9,193 |
| 2 | 8,913 | 360 | 4,000 | | | | 13,273 | .8264 | 10,969 |
| 3 | 8,051 | 374 | 2,000 | | | | 10,425 | .7513 | 7,832 |
| 4 | 9,273 | 360 | 4,000 | | | | 13,633 | .6830 | 9,311 |
| 5 | 8,376 | 374 | 2,000 | | | | 10,750 | .6209 | 6,675 |
| 6 | 9,647 | 360 | 4,000 | | | | 14,007 | .5645 | 7,907 |
| 7 | 8,714 | 374 | 2,000 | | | | 11,088 | .5132 | 5,690 |
| 8 | 10,037 | 360 | 4,000 | | | | 14,397 | .4665 | 6,716 |
| 9 | 9,096 | 374 | 2,000 | | | | 11,440 | .4241 | 4,852 |
| 10 | 10,443 | 360 | 4,000 | | | | 14,803 | .3855 | 5,707 |
| 11 | 9,433 | 374 | 2,000 | | | | 11,807 | .3502 | 4,138 |
| 12 | 9,621 | 374 | 2,000 | | | | 11,995 | .3186 | 3,822 |
| Tot | 109,312 | 4,418 | 34,000 | 3,000 | 3,000 | 200,000 | 353,730 | | 288,812 |

労働エスカレーション率はEscfact欄に示されている。Tot欄にEscfactを乗じて，年あたり2%で労務費が増大する点を考慮にいれて労務費総額を計算し，総額をEsctot欄で示している。

⑦お金の時間価値を考慮に入れ，すべてのコストを基準期間に割り引く

　図表6-6と図表6-7は，割引率を使って集計している。XとYは10%の利益率をもつと仮定されているので，その数値に毎年の割引率を乗じて割り引かれ，総額が計算される。

⑧割引コストと非割引コストを集計する

　図表6-6と図表6-7のTot欄とDistot欄に非割引コストと割引コストが集計される。

図表6-7　毎年10％で割り引かれたコストの要約（Y）（金額はドル）

| | | | | | | | Y | | |
|---|---|---|---|---|---|---|---|---|---|
| 年度 | 労務費 | 光熱費 | 部品費 | 据え付けコスト | エンジニアリングコスト | 取得コスト | Tot | Disfact | Distot |
| 0 | | | | 2,000 | 4,000 | 170,000 | 176,000 | 1.0000 | 176,000 |
| 1 | 12,219 | 624 | 3,400 | | | | 16,243 | .9091 | 14,767 |
| 2 | 15,523 | 600 | 4,250 | | | | 20,373 | .8264 | 16,836 |
| 3 | 12,713 | 624 | 3,400 | | | | 16,737 | .7513 | 12,575 |
| 4 | 16,151 | 600 | 4,250 | | | | 21,001 | .6830 | 14,344 |
| 5 | 13,265 | 624 | 3,400 | | | | 17,290 | .6209 | 10,735 |
| 6 | 16,803 | 600 | 4,250 | | | | 21,653 | .5645 | 12,223 |
| 7 | 13,761 | 624 | 3,400 | | | | 17,785 | .5132 | 9,127 |
| 8 | 17,482 | 600 | 4,250 | | | | 22,332 | .4665 | 10,418 |
| 9 | 14,316 | 624 | 3,400 | | | | 18,340 | .4241 | 7,778 |
| 10 | 18,188 | 600 | 4,250 | | | | 23,038 | .3855 | 8,881 |
| 11 | 14,894 | 624 | 3,400 | | | | 18,918 | .3502 | 6,631 |
| 12 | 15,193 | 624 | 3,400 | | | | 19,217 | .3186 | 6,123 |
| Tot | 180,509 | 7,368 | 45,050 | 2,000 | 4,000 | 17,000 | 408,927 | | 306,438 |

　当初の取得コストはXがYよりも高いが，ライフサイクル・コストは，Xが55,197ドル（割り引かれて，17,626ドル）だけ，Yよりも少ない。6台の機械が購入されるので，Xを購買すれば，節約額は，割引原価による比較で，およそ106,000ドルと計算される。

　Y：306,438 － X：288,812 ＝ 17,626　17,626 × 6 ＝ 105,756（割引原価による比較）

　Y：408,927 － X：353,730 ＝ 55,197　55,197 × 6 ＝ 331,182（非割引原価による比較）

## 第2節 ライフサイクル・マネジメント[2]

　このモデルのシステムと品目の生涯は，据え付けからニーズが終了するまでの期間である。ライフサイクル・コストは，主要システムの見積り期間におけるデザイン，開発，製造，運用，保全，支援において発生が予測される直接原価，間接原価，繰り返し発生する原価，繰り返しては発生しない原価，その他の関連原価などの総額である。そしてライフサイクル・マネジメントは，収益とライフサイクル・コストのプランニング，モニタリングおよびコントロールに焦点をおくことを意味している。

**例示**　【コンピュータ製造企業のライフサイクル・マネジメント】

　A社は販売価格が100,000ドルのプロセッサーを1,000台製造し，売上高を1億ドルと予定する。図表6－8はデザインが承認された3年後にプロセッサーの船積みが開始され，6年後にそれがピークに達し，10年後に終了することを示している。

　図表6－9はこのプロジェクトの関連原価を示し，開発原価は第3年度後にピークとなり，第5年後に終了する。マーケティング原価は第2年度後に発生し，第9年度後に終了し，製造原価は第4年度に開始し，製造ラインが閉鎖される第9年度後に終了する。保全原価は第4年度後に発生し，第20年度後に終了する。

第6章 アメリカ・ライフサイクル・コスティングの展開 125

図表6−8 プロセッサーの船積み数と累計数

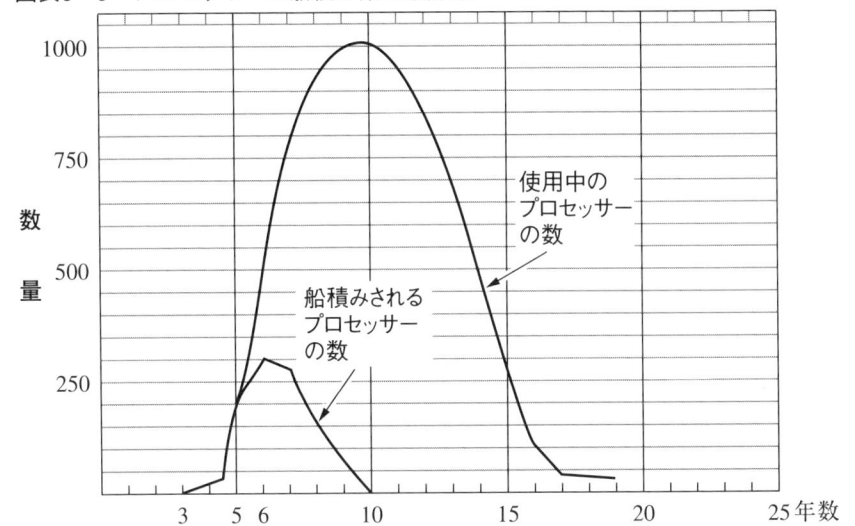

使用中のプロセッサーの数

船積みされるプロセッサーの数

図表6−9 原価概念と原価額

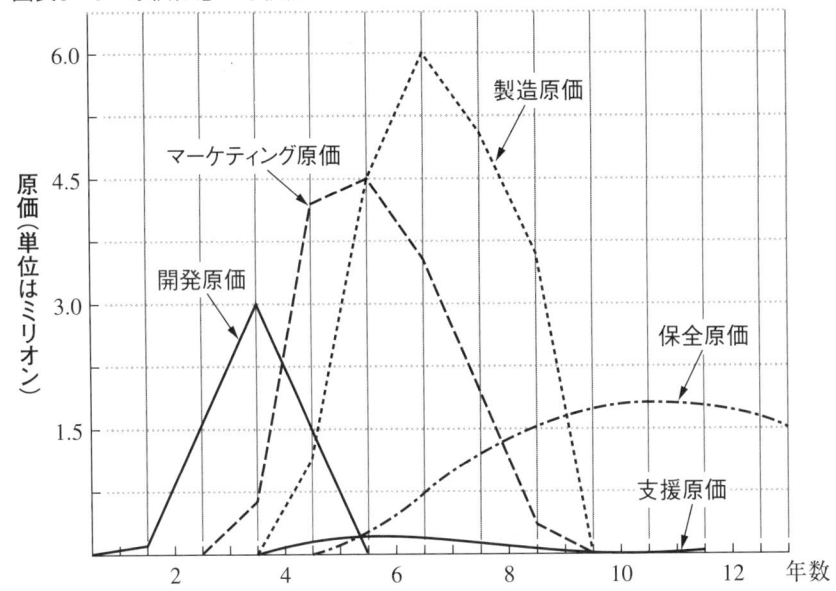

マーケティング原価

製造原価

開発原価

保全原価

支援原価

支援原価は，原価総額の 1% 以下になる。図表 6 - 10 は，売上収益の 70%がリースによるものであり，30% が直接販売によるものであることを示している。

図表6－10　売上収益と原価総額

仮定：
70%はリース
30%は販売

リースによる収益

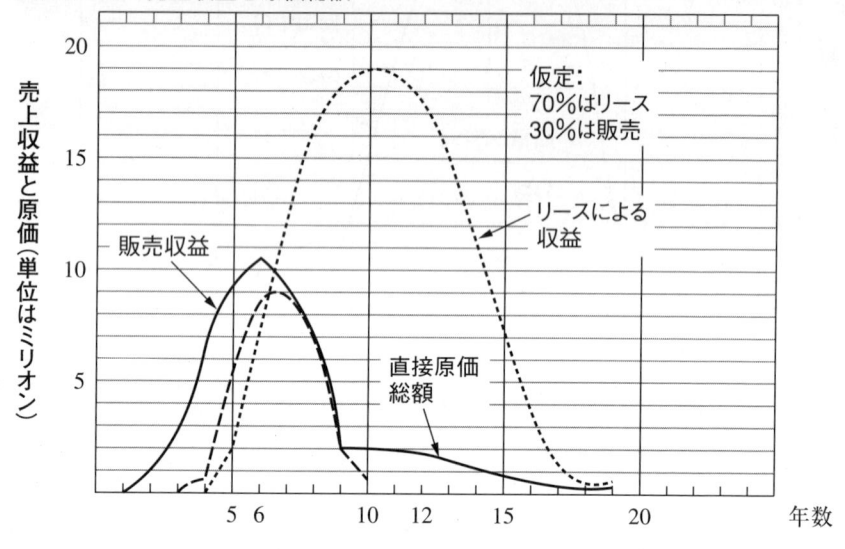

販売収益

直接原価総額

売上収益と原価（単位はミリオン）

年数

図表 6 - 11 は資本コストを 10% と仮定し，キャッシュ・フローの累計を示している。

第 19 年度に，すべての台数をリースにする案は，300 万ドルの累計利益総額となる。この案では，最初の 7 年間は損失を発生させている。すべての台数を直接販売にする案は，200 万ドルの累計利益総額となる。

図表6-11 利益の比較

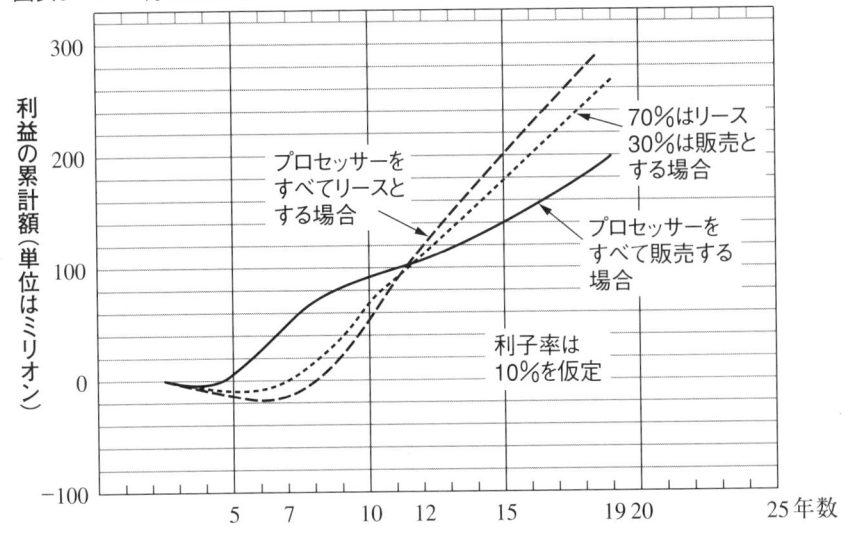

グラフ内ラベル:
- 縦軸: 利益の累計額（単位はミリオン）, -100 〜 300
- 横軸: 年数, 5, 7, 10, 12, 15, 19, 20, 25
- プロセッサーをすべてリースとする場合
- 70％はリース30％は販売とする場合
- プロセッサーをすべて販売する場合
- 利子率は10％を仮定

## 第3節　ライフサイクル・マネジメント－CAM-I モデル－[3]

　ライフサイクル・マネジメント（Life-Cycle Management）は，製造段階だけに注目するのではなく，製品ライフサイクルの全体を見ながらコストを最小化する考えを強調する。

　ライフサイクル・マネジメントは最小のライフサイクル・コストを確保するために，製造前に発生する活動に焦点をおく。最も厳格なコントロールはデザイン局面におかれる。

　ライフサイクル・コスト報告は，製品系列と長期的収益性，ライフサイクル・コスト計画策定の有効性へのフィードバック，企画設計段階に選択される諸代替案の経済的影響を識別する際に原価データを提供することなどに利

用できる。

　ライフサイクル・コスティングは，製品全体のライフサイクルにおいて発生する原価を集計する。これらの原価には，製品ライフサイクル中の製品開発，製品ロジスティクス段階において発生する一度限りの原価と繰り返しては発生しない原価だけでなく，繰り返し発生する製造原価も含まれる。つまり，ライフサイクル・コスティングは，製品の全ライフサイクルにおいて発生する諸活動の原価を累計する。

　ライフサイクル・コスティングは，①長期的な製品利益獲得能力のより良い描写を示すために，②ライフサイクル・プランニングの有効性を示すために，③エンジニアリング・デザイン局面において選択される代替案のコストの影響を定量化するために，④テクノロジーのコストをそのテクノロジーを使用する製品へ割り当てるために，必要だといえる。

　ライフサイクル・コスティングでは，原価発生の事由が確定する時点，つまり製造仕様や製造工程などが決定される製品開発・設計段階に重点がおかれる。

　CAM-Ⅰの製品ライフサイクル・モデルは，図表6－12である。

　製品コストの確立に関連する仕事は新製品のコストを正確に計算し，見積り，そして製品ライフサイクルを通して，コストの動きを探り出すことにある。このコストは監視され，そして戦略的プランおよび市場評価によって決定される目標コストと比較されなければならない。

図表6−12　製品ライフサイクル・モデルの位置づけ

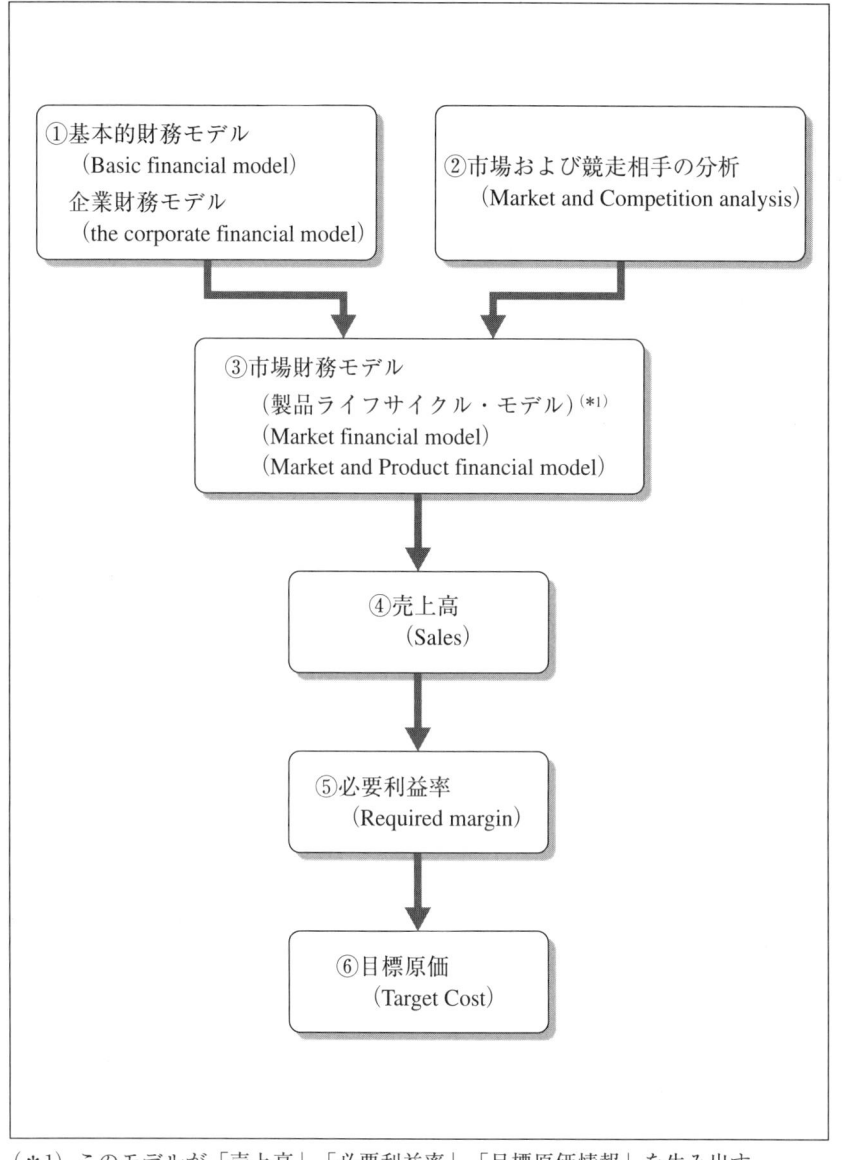

```
①基本的財務モデル                ②市場および競走相手の分析
  (Basic financial model)          (Market and Competition analysis)
 企業財務モデル
  (the corporate financial model)
              │                         │
              └────────────┬────────────┘
                           ▼
              ③市場財務モデル
               (製品ライフサイクル・モデル)(*1)
               (Market financial model)
               (Market and Product financial model)
                           │
                           ▼
                    ④売上高
                     (Sales)
                           │
                           ▼
                   ⑤必要利益率
                   (Required margin)
                           │
                           ▼
                    ⑥目標原価
                    (Target Cost)
```

(*1) このモデルが「売上高」「必要利益率」「目標原価情報」を生み出す。
　　 売上高見積りの担当者がこのモデルを用意する。

## 第4節 製品ライフサイクル・マネジメント－サスマン・モデル－ [4]

　製品ライフサイクル・マネジメントは，製品ライフサイクルの多様な段階を通して製品とその販売をいかにマネジメントするかに関連する。

　製品ライフサイクルの基礎をマーケティングとビジネス戦略におき，収益の創出に焦点をおくマーケティング視点の製品ライフサイクルは，売上高曲線に従って導入，成長，成熟，衰退の段階に区分される。

　製品ライフサイクルの基礎をデザイン・エンジニアリングとプロジェクト・マネジメントにおき，コスト低減とコスト抑制に焦点をおく生産視点の製品ライフサイクルは，製品の概念作り，デザイン，開発，生産，ロジスティクス支援に区分される。

　製品ライフサイクル・マネジメントの目的は，製品全体のライフサイクル利益の最大化にある。ライフサイクル利益の追求は，生産者が製品ライフサイクルをマーケティング視点と生産視点の両方から考えることを要請する。これらの視点からの段階間の関係，戦略目標に対する生産段階の重要性，マーケティング段階と生産段階の関係，戦略目標と業績および費用指針などを示す図表6－13の内容は，以下である。

　まず，マーケティング視点の製品ライフサイクルに従って，次のように説明される。

①導入期と成長期の収益の創出

　　新産業の企業間競争は製品の性能に基づいているので，この期の基本的な価格決定をしなければならない。キャッシュフローはマイナスの傾向にあり，多額の研究開発コスト，高い広告コスト，工場と設備への巨大投資などが特徴である。

## 図表6-13 製品ライフサイクルのマーケティングと製造ステージの関係

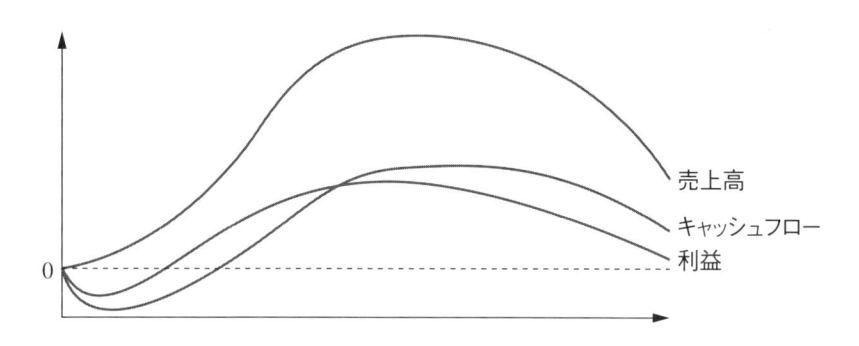

（グラフ：売上高、キャッシュフロー、利益の推移）

| 販売ステージ | 導入期 | 成長期 | 成熟期 | 衰退ないし（復活期） |
|---|---|---|---|---|
| 販売目標 | 売上高の成長 | 売上高の成長 | 利益 | キャッシュフロー |
| 製造ステージ | デザインと開発 | デザインと開発 | 製造とロジスティクス | 製造とロジスティクス |
| 業績指針 | 品質とサービス | 品質とサービス | 価格 | 価格 |
| 費用指針： | | | | |
| ●プロダクトの研究開発費 | 高い | 中くらい | 中くらい | 低い（中くらい） |
| ●プロセスの研究開発費 | 中くらい | 高い | 高い | 低い（中くらい） |
| ●広告費 | 中くらい | 高い | 中くらい | 低い（中くらい） |
| ●工場と設備費 | 低い | 高い | 中くらい | 低い（低い） |

②成熟期の収益の創出

　製品の成熟段階に収益は最高値に達し，次第に横ばい状態になる。

③衰退期の収益の創出

　　製品の売上高は市場の飽和状態，消費者の選好の変化，技術進歩による優れた製品の開発などによって衰退する。

　生産視点の製品ライフサイクルでは生産段階の完了後に製品は消費者に送

られ，消費者の活動は運用，支援，処分の段階に区分される。生産と消費におけるライフサイクル・コストの評価方法は，製造段階と消費段階別にコストを分類し，段階別にコストの配分を考える。この方法は，ライフサイクル・コスト総額の中，最も高いコストが発生するところを識別する。

図表6－14　収益を生み出す活動とコストを引き下げる活動

| 収益を生み出す活動 | コストを引き下げる活動 |
|---|---|
| □製品の改善 a | □新しいプロセス |
| 　・特色 | □累計的な生産量（Volume） |
| 　・性能 | 　・経験曲線 d |
| 　・耐久性 | □平均的な生産量 |
| □保全性能（Maintability） | □キャパシティーの利用 |
| □サービス性能（Serviceability） | □集中した工場 |
| □顧客サービス | 　・協働（Coordination）コスト |
| 　・迅速な配達 | □進んだ製造テクノロジー |
| 　・直通電話 | 　・少ない仕掛品と補修品 |
| □製品の注文生産化（Custmization） | 　・棚卸資産，フロアー，空間 |
| □拡張された製品ライン | □製造のためのデザイン |
| □製品の保証（Warranty） | 　・少ない組立時間 |
| □新しい使用法，新しい利用者 | 　・訓練のコスト |
| □価格の引き下げ b | 　・保証コスト |
| □広告宣伝 c | 　・予備部品 |
|  | □補給支援のためのデザイン |
|  | □保全性能（Maintability）のためのデザイン |
|  | □信頼性（Reliability）のためのデザイン |

　a　この3つの製品属性は，品質の製造基準定義に比較して，品質の製品基準定義の中に含まれる。品質の製造基準定義の中に含まれる属性は，信頼性（Reliability）および標準との適合性（Conformity）である。
　b　これは，利用できる製品代用品，顧客の忠誠，取り替えるコスト，需要弾力性に対する他の貢献者などの支配を受ける。
　c　有効性は，当該企業の製品と競争相手の製品についての現在の顧客の世間なれに依存する。
　d　曲線の速度は，製品の標準化に依存する。

図表6－14は，収益の創出とコスト低減の諸活動を示している5)。

このモデルの考案者は，意思決定の視点から製品ライフサイクル・マネジメントを考えている。彼は意思決定を収益の創出に関する意思決定とコスト引き下げに関する意思決定に分類する。収益に関する意思決定は，製品ライフサイクルの各段階の製品差別化と価格決定，市場シェア，価格，資本利益率，販売量，業績，品質，利益および広告などのトレードオフを含んでいる。原価に関する意思決定は，ライフサイクルの各段階でのコスト引き下げ方法への先端技術への投資，能力利用などに関する意思決定を含んでいる。

## 第5節　製品ライフサイクル・コスト・マネジメント　－シールズ＝ヤング・モデル－ 5)

製品ライフサイクル・コスト・マネジメント（Product Life Cycle Cost Management：PLCCM）は，ライフサイクル・コスティング，製品ライフサイクル・マネジメント，組織構造，コスト引き下げ方法などから構成され，ライフサイクル・コストが発生し，管理される組織関係を考察するものである。

製品ライフサイクル・コストは製品のデザイン，製造，販売，ロジスティクス，サービスなどの製品ライフサイクルにおいて発生するすべてのコストである。製品ライフサイクル・コストに消費者の発生する据え付け，運用，保全，復活，処分などのコストを加えた原価が製品の全ライフ・コストであり，全ライフ・コストが製品ライフサイクル・コスト・マネジメントの対象となる。

このモデルでは，製品コストを絶え間なく引き下げることが競争優位を強化するカギとなるので，図表6－15に分野別のコスト引き下げ方法が示されている。

図表6-15　コスト引き下げ方法

**デザイン・製造方法**
- デザイン・ツー・製造
- グループ・テクノロジー
  - 部品の標準化と部品点数の引き下げ
  - 製造プロセスの標準化
  - 製造セル
- デザイン・ツー・コスト
- 組立のためのデザイン
  - タグチ方法
  - Boothroyd and Dewhurstの組立のためのデザイン
- コンカレント・エンジニアリングとサイマルテニアス・エンジニアリング
- 価値分析・エンジニアリング
- デザインおよび開発のためのTQC

**デザイン・製造組織構造**
- 初期に製造と関わること
- 製造サイレン・オフ
- インテグレーター
- クロス・ファンクショナル・チーム
- コンカレント・エンジニアリング・チーム
- サイマルテニアス・エンジニアリング
- プロダクト・プロセス・デザイン部門

**材料管理**
- 売手の選択
- 売手の許可
- 電子データの交換
- 材料の購買
- 到着前の材料のTQC

**在庫管理**
- MRP
- JIT

**先端製造技術**
- CAD
- ロボット
- FMS
- CIM
- MRP

**キャパシティー利用**
- 最適化製造技術
- CIM
- TPM
- MRP

**製造コスト**
- 規模の経済
  - テクノロジーへのひたむきさ
  - 標準化・プロセス・プロダクト
  - 大量・経験カーブ
- 範囲の経済
  - 弾力的なテクノロジー
  - 焦点をおく工場
  - 転換の排除

**アクティビティー・コスト・ドライバー分析**
- 価値を生まない活動の排除
- 価値を生むコスト・ドライバーの引き下げ

**TQC**
- 統計的プロセス・コントロール
- 品質のコスト
- 品質のサークル

**顧客消費コスト**
- 保全性のためのデザイン
- 信頼性のためのデザイン
- サービス性のためのデザイン

**持続的改書のための業績測定**
- 在庫品の一定の流れ
- 永続的な在庫
- 単純性
- 品質
- 生産性
- 弾力性
- 時間

**動機づけ(モチベーション)**
- ターゲット・コスティング
- 動機づける標準
- Ratchet生産性標準
- デザイン・ターゲット・アカウンタビリティー
- デザイン生産性標準
- 目標管理
- 従業員オーナーシップ
- 従業員訓練
- 提案システム
- 業績に応じた報酬
- 技術に応じた報酬

**会計コントロール**
- 予算プランニング・コントロール
- コスト・プランニングと見積り
- 実際原価会計
- 標準原価会計

第6章　アメリカ・ライフサイクル・コスティングの展開　135

　PLCCMは短いリード時間と配給時間を必要とする革新的かつ高品質製品の競争市場において，長期的な成功に必要なものにすべての従業員の注意を向け，製品に基礎をおく組織戦略であると理解されている。
　PLCCMの目標は，従業員が企業の長期的な競争優位を創造し，それを強化する方法で製品をデザインし，販売し，配給し，運用し，保全し，サービスを提供し，処分するなどの意思決定をし，活動を行うことである。これは製品の全ライフ・コスト，配給の方法，革新性，品質などを含む製品の特徴を適切にバランスさせることによって遂行される。

## 例示　【PLCCMの原則とガイドライン】

原則1：PLCCMシステム目標の達成に必要なすべての従業員と諸活動を最大化するように企業の構造およびプロセスを組織化すること。
原則2：PLCCMの成功にとって最も重要な行動上の変数は，持続的な改善である。

**PLCCMシステムのデザイン・遂行・管理のガイドライン**
①人間統合企業
　　企業の構造およびプロセスは人間統合企業を創造し，水平的構造は製品を中心に組織化されなければならない。
②全ライフ・コスト
　　製品の長期的な経済性の優位性を示す製品コストは，生産者のライフサイクル・コストと消費者の側で発生するコストの総額である全ライフ・コストである。
③関連原価
　　製品の全ライフ・コストは，特定の意思決定に関連するコストのみを利用する。
④投資

製造前の資産と人間の技術に多くの投資をし，コストの引き下げ，製品品質の向上，イノベーションを実現すること。

⑤源流に資源を増加する

製品ライフサイクルの上流に多くの資源を使用し，ライフサイクルの下流のコストを引き下げる。

⑥原価企画

原価企画は目標市場シェアと価格を計画し，目標価格から目標利益を控除して許容目標コストを計算する。この目標コストが製品の全ライフ・コスト目標となる。

⑦意思決定および活動の焦点は，コストの引き下げにおかれる。

⑧業績評価

個人の評価および報酬システムは，全ライフ・コストを強調し，製品ライフサイクルの製品業績に結び付けられる。

⑨従業員の抵抗を減少すること

⑩従業員教育を持続すること

## 第6節　ライフサイクル・マネジメントー投資管理の統合的アプローチー[6]

投資管理の統合的アプローチとしてのライフサイクル・マネジメントは，投資ライフサイクルの異なる段階には，異なる成功要因が重要であり，マネジャーが投資の進行を監視するためには異なる情報の評価が必要であるという認識に立ち，ライフサイクル・モデル，業績測定，進歩的コスト・マネジメント・システム，投資のポートフォリオ理論などを統合する。

①ライフサイクル・モデル

製品ライフサイクルは分析段階，準備段階，導入段階，成長段階，成熟段階，衰退段階，撤退段階から構成される。

② バランスのとれた業績測定値の集合

　成功要因に連結する業績測定値は，製品ライフサイクルの各段階を通して監視される。

・成功要因の変化と業績評価との結合

　ライフサイクルを通じた投資の管理は，ライフサイクルの各段階で異なる競争環境が存在する事実を認識する。

・重要な成功要因をライフサイクル段階へ割り当てる

　ライフサイクル段階の成功要因を明らかにし，成功要因を認識する。図表6－16は成功要因としての時間，顧客の要求と満足，目標価格の設定，資源の必要事項，継続的改善，キャッシュ・フローなどの成功要因を示し，成功要因が製品ライフサイクルの各段階で異なることを示している。

図表6－16　ライフサイクル段階別の成功要因

| ライフサイクルの段階 | 時間 | 顧客の要求と満足 | 目標価格設定 | 資源要求 | 継続的改善 | キャッシュ・フロー |
|---|---|---|---|---|---|---|
| 分　析 |  | ○ | ○ | ○ | ○ |  |
| 準　備 | ○ |  | ○ | ○ | ○ | ○ |
| 導　入 | ○ | ○ | ○ | ○ |  | ○ |
| 成　長 | ○ | ○ | ○ | ○ |  |  |
| 成　熟 |  | ○ | ○ |  | ○ | ○ |
| 衰　退 |  |  | ○ |  |  | ○ |
| 撤　退 |  |  |  |  |  | ○ |

③ 進歩的コスト・マネジメント・システム

　このシステムは，投資のライフサイクルを通して，投資の監視に利用できる情報を提供するシステムである。

④ ポートフォリオ理論

　ポートフォリオとしての投資マネジメントは，マネジャーが企業の投資を全体的に評価するのを可能にし，組織による資源の流入と流出の効果を

含む投資管理に役立つ。

ポートフォリオの一部として全投資を考慮することは，上位マネジャーが資源の需要をより合理的に管理することを手助けする。多くの投資を統合することによって，お金を生み出す投資とお金を使う投資との間での資金調整が理解される。

### 例示 【新型オートバイの開発】

E社は，強力エンジンのイーグルFX1550オートバイの製造を企画し，現在の顧客と潜在的な顧客の要望に焦点をおき，以下の項目についての市場調査をした。
- 顧客の調査
- 競争相手の分析
- サイト訪問による能力分析
- コンカレント・エンジニアリング技法を通じて製品開発時間を短縮し，可能な限り既存の方法や製造プロセスを使う製品とプロセスに関する社内のリエンジニアリング努力。

調査に基づく図表6－17は，顧客の主観的要求が製品の特徴，開発要求事項，製造要求事項へどのように翻訳されるかを示すものである。顧客はエンジンの力強さではなく，保全費のかからないエンジンを求めていること，エンジン・トラブルの発生時には，保全費を負担したくないので，オートバイ利用を控えるという情報が得られている。

新しいオートバイの投資規準を示す図表6－18は，投資にとって最も適切なシナリオを数量化したものであり，各段階の意思決定点において，最新のものに変更される規準が示されている。

図表6-17　顧客の要求要因

| 顧客の要求 | スケール尺度 | 製品の特徴 | 内部の目標 | 競走相手の目標 | クラスにおける最善 |
|---|---|---|---|---|---|
| パワー | 8 | 1550cc | 1550cc | 1650cc | 1650cc |
| パワー | 8 | 4シリンダー | 4シリンダー | 4シリンダー | 4シリンダー |
| 低保全費 | 9 | 保証の延長 | 3年間 | なし | 3年間 |
| 燃料効率 | 5 | >36mpg/hwy | 39mpg/hwy | 30mpg/hwy | 33mpg/hwy |

図表6-18　新型オートバイの投資分析

| 項　　目 | 目　標　値 |
|---|---|
| 割引投資額 | $ 55,432,000 |
| 割引キャッシュ・インフロー（10年） | $ 184,000,000 |
| 販売数量 | 21,000単位 |
| 単位原価（平均割引額） | $ 5,500 |
| 開発時間（人間労働時間） | 42,300時間 |
| ・部門別・プロセス別・組織別に報告される | |
| マーケット・シェア | |
| ・14年から21年まで | 35% |
| ・22年から30年まで | 40% |
| ・31年から36年まで | 40% |
| ・37年から44年まで | 35% |
| ・45年から59年まで | 10% |
| ・60年以上 | 0% |

以上のことから，保全費のかからない新エンジンの要求を満たすために，エンジン開発のクロスファンクショナル・チームは以下のことを決定した。

・耐久性のある製品開発のためにデザインと製造エンジニアリングに投資すること。

しかしながら，開発中にガソリン価格が上昇し，顧客の要求が低保全費か

ら燃料の経済性にシフトした時，投資は重要な時期を迎えた。燃料の経済性の改善をし，パワーと低保全費を維持するために，新エンジン性能にセラミックと合金が必要となり，製品を高価格にするデザイン変更が必要となった。さらに同社は以下の問題に直面した。

・既存の製品を切り捨て，新しい設計と取り替えるか
・既存の製品と新製品の両方を発展させ，両方の市場を維持するか
・既存の製品が売上を獲得しなくなるまで新製品の導入を遅らすか

最終的に同社はFX1550の推進を決定し，顧客の要求によるモデル・チェンジの開始も決定した。このモデル・チェンジは，初期モデルFX1550導入後の2年以内に行うことにした。

## 第7節　製品ライフサイクル原価[7]

顧客の製品ライフサイクル原価と生産者の製品ライフサイクル原価を区別し，ライフサイクル・コスティングと原価企画を検討し，ライフサイクル・コスト分析は製品原価だけでなく，品質，時間そして引き渡しなどの規準を考慮しなければならない。

顧客の製品ライフサイクル原価（FC）は，顧客が製品ライフ中に発生させるコストであり，顧客視点の製品原価概念であり，図表6－19がその代表的な以下の構成要素を示している。

・遅れた引き渡し，遅延，長いリード・タイムなどに起因する原価
・取り付け費
・運用原価
・支援原価

- メンテナンス費用あるいは新しい活力を与えるための費用
- 廃棄費用あるいは廃棄収益「ここで,エクストラな収益とは,他の代替的な財やサービスとの品質や機能の差から得ることができる価値の大きさを示している。[7]」

図表6－19　顧客から見た製品ライフサイクル・コスト(FC)

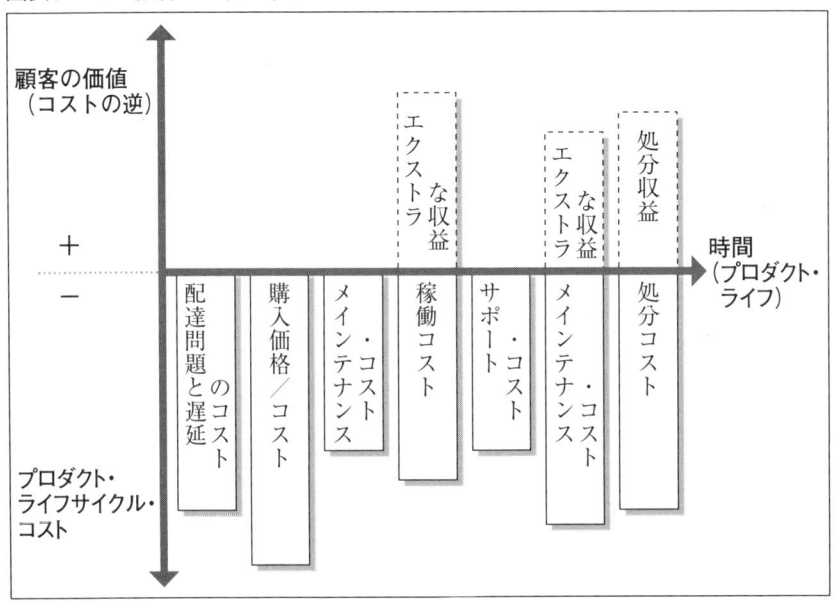

（図表：顧客の価値（コストの逆）を縦軸，時間（プロダクト・ライフ）を横軸とし，配達問題と遅延のコスト，購入価格／コスト，メインテナンス・コスト，稼働コスト，エクストラな収益，サポート・コスト，メインテナンス・コスト，エクストラな収益，処分コスト，処分収益を示す棒グラフ）

FC分析は,顧客の製品選択規準を考慮する市場指向の分析であり,製品計画の基本的な枠組みを与えるものである。

生産者の製品ライフサイクル原価（PC）は,単一製品ライフ中に生産者が発生するすべてのコストであり,
- 製品コンセプト作り
- デザイン
- 製品およびプロセスの開発

・製造
・ロジスティクス
・マーケティング
・サービス
・保証活動などに関連して発生するコストである。

　PC分析は製品の収益性を正当化する製品原価はいくらかという問題に解を与える。

**例示**【ライフサイクル製品原価計算（Life・Cycle Product Costing）】[8]

　ライフサイクル製品原価計算に関するアメリカの代表的なテキストの例を紹介する。

　デジタル時計を生産しているデスティン社は，計算機能と日記機能の付いた新しい時計MX3の開発を計画し，新時計のプロダクトライフサイクル予算案を準備している。デスティン社によれば，その時計は3年間のライフサイクルを持つことが期待されている。MX3の見積書に基づいて，新しい時計に関するライフサイクル営業利益を計算せよ。ただし，貨幣の時間価値は無視する。

## 予算見積書

| | 20X1年 | 20X2年 | 20X3年 |
|---|---|---|---|
| 予定製造・販売量 | 50,000 | 200,000 | 150,000 |
| 予定販売単価 | $45 | $40 | $35 |
| 研究開発・デザイン費 | $900,000 | $100,000 | — |
| 製造原価 | | | |
| 　1個あたりの変動費 | $16 | $15 | $15 |
| 　バッチあたりの変動費 | $700 | $600 | $600 |
| 　バッチあたりの生産量 | 400 | 500 | 500 |
| 　固定費 | $600,000 | $600,000 | $600,000 |
| マーケティング費 | | | |
| 　1個あたりの変動費 | $3.60 | $3.20 | $2.80 |
| 　固定費 | $400,000 | $300,000 | $300,000 |
| 配給費 | | | |
| 　1個あたりの変動費 | $1 | $1 | $1 |
| 　バッチあたりの変動費 | $120 | $120 | $100 |
| 　バッチあたりの生産量 | 200 | 160 | 120 |
| 　固定費 | $240,000 | $240,000 | $240,000 |
| 1個あたりの顧客サービス費 | $2 | $1.50 | $1.50 |

予算ライフサイクル営業利益の計算　　　単位はドル

| | 20X1年 | 20X2年 | 20X3年 |
|---|---|---|---|
| 予定販売単価 | 45 | 40 | 35 |
| 予定販売数量 | 50,000個 | 200,000個 | 150,000個 |
| ライフサイクル収益 | 45×50,000個=2,250,000 | 40×200,000個=8,000,000 | 35×150,000個=5,250,000 |
| ライフサイクル・コスト | | | |
| 　研究・開発・デザイン費 | 900,000 | 100,000 | — |
| 　製造費 | | | |
| 　　単位あたりの変動費 | 16×50,000個=800,000 | 15×200,000個=3,000,000 | 15×150,000個=2,250,000 |
| 　　バッチあたりの変動費 | 700×125単位=87,500 | 600×400単位=240,000 | 600×300単位=180,000 |
| 　　固定費 | 600,000 | 600,000 | 600,000 |
| 　　小計 | 1,487,500 | 3,840,000 | 3,030,000 |
| 　マーケティング費 | | | |
| 　　単位あたりの変動費 | 3.60×50,000個=180,000 | 3.20×200,000個=640,000 | 2.80×150,000個=420,000 |
| 　　固定費 | 400,000 | 300,000 | 300,000 |
| 　　小計 | 580,000 | 940,000 | 720,000 |
| 　配給費 | | | |
| 　　単位あたりの変動費 | 1×50,000個=50,000 | 1×200,000個=200,000 | 1×150,000個=150,000 |
| 　　バッチあたりの変動費 | 120×250単位=30,000 | 120×1,250単位=150,000 | 100×1,250単位=125,000 |
| 　　固定費 | 240,000 | 240,000 | 240,000 |
| 　　小計 | 320,000 | 590,000 | 515,000 |
| 　顧客サービス費 | | | |
| 　　単位あたりの変動費 | 2×50,000個=100,000 | 1.50×200,000個=300,000 | 1.50×150,000個=225,000 |
| ライフサイクル・コスト合計 | 3,387,500 | 5,770,000 | 4,490,000 |
| 予算ライフサイクル営業利益 | −1,137,500 | 2,230,000 | 760,000 |

3年間での予算ライフサイクル営業利益は1,852,500ドルとなる。
−1,137,500＋2,230,000＋760,000＝1,852,500

## 第8節　ライフサイクル・コスティング[9]

　生産者視点のライフサイクル・コストを示す図表6－20は，自動車産業のライフサイクル・コスティングの概念を示している。図表6－21は製品ライフサイクルと原価の関係を示し，原価の発生は下流が多いけれども，上流の意思決定において多くの原価が拘束されることを示している。

図表6－20　生産者視点からのライフサイクル・コスト

| | 製品計画 | 製品開発 | 製品設計 | 生産構造 | 製品評価 | 製品の使用とロジスティック |
|---|---|---|---|---|---|---|
| 製品の収益 | | | | | 市場成長率 | 製品の成熟段階　衰退段階　総収益　製品使用と維持の費用 |
| 投資 | 製品の導入段階　投資（計画策定，調査，設計，等） | | | | | 投資回収点 |

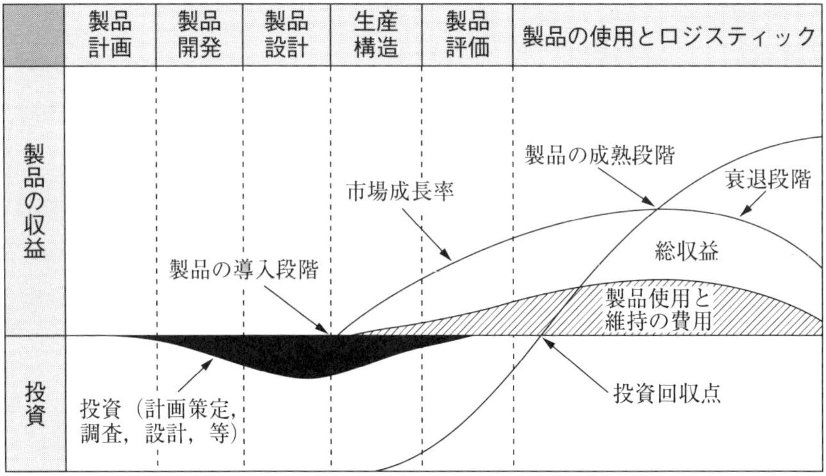

製品のライフサイクル（年）

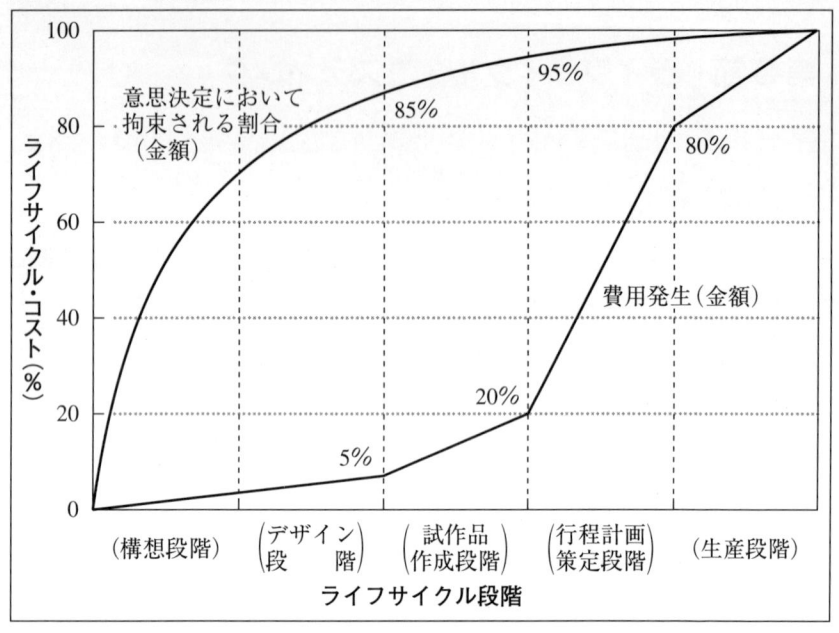

図表6−21　製品開発のライフサイクルとコスト

縦軸：ライフサイクル・コスト（%）
横軸：ライフサイクル段階　（構想段階）／デザイン段階／試作品作成段階／行程計画策定段階／（生産段階）

意思決定において拘束される割合（金額）：85%、95%
費用発生（金額）：5%、20%、80%

### ライフサイクル・コスティングと意思決定

　図表6−22は，ライフサイクルを通して行われる意思決定の連鎖とコストの関係を示している。図表6−23は，ライフサイクルと意思決定の関係を示し，ライフサイクルの各段階と意思決定の属性との関係を示すものである。研究開発段階においてデザインの適当性が決定されると，次のデザイン段階では，それが情報としてインプットされ，生産可能性が決定される。以下，これらの意思決定の結果としての情報が，下流の意思決定への情報としてインプットされ，下流段階での意思決定項目にインパクトを与え続けることを示している。

図表6−22　意思決定のコストへの影響

縦軸：意思決定のコストへの影響
横軸：時間

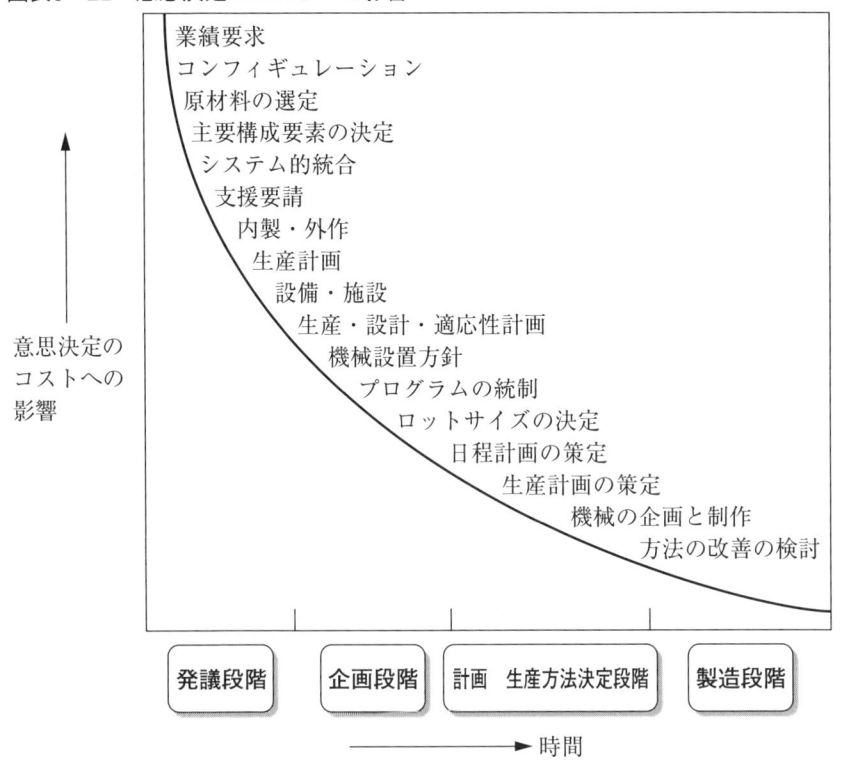

曲線上の項目（上から）：
- 業績要求
- コンフィギュレーション
- 原材料の選定
- 主要構成要素の決定
- システム的統合
- 支援要請
- 内製・外作
- 生産計画
- 設備・施設
- 生産・設計・適応性計画
- 機械設置方針
- プログラムの統制
- ロットサイズの決定
- 日程計画の策定
- 生産計画の策定
- 機械の企画と制作
- 方法の改善の検討

段階：発議段階 → 企画段階 → 計画 生産方法決定段階 → 製造段階

図表6−23　ライフサイクルと意思決定との関連

| 段階 \ 属性 | デザインの適当性 | 生産可能性 | 管理可能性 | 配送可能性 | 販売可能性 | 利便性 |
|---|---|---|---|---|---|---|
| 研究開発 | →決定 | | | | | |
| デザイン | ←情報 | →決定 | | | | |
| 製造工程設計 | | →決定 | | | | |
| 生産計画設定 | | ←情報 | →決定 | | | |
| 配送 | | | | ←情報→決定 | | |
| 販売 | | | | | ←情報→決定 | |
| 巡回サービス | | | | | ←情報 | →決定 |

## 第9節　ライフサイクル・コスティングの国際基準[10]

　各国の電気委員会（IEC Nationai Committees）から構成されるIEC（IEC：International Electrotechnical Commission 国際電気標準会議）の公表した製品総合信頼性（Dependability）マネジメントのためのライフサイクル・コスティング国際基準がある。

　基準のライフサイクル・コスティングは，製品の取得時および維持にかかるすべての原価を評価するための経済性分析のプロセスであり，その主たる目的は，指定された性能，安全性，信頼性，維持可能性（保全性）および他の必要条件を満足するだけでなく，製品のライフサイクル・コストを評価し，それを最も効果的に活用することである。

　製品のライフサイクル段階は，概念および定義，設計および開発，製造，据え付け，オペレーションと保全，廃棄の6段階であり，総ライフサイクル・コストは取得原価と所有原価に区分され，以下の式で計算される。

ライフサイクル・コスト＝取得コスト＋所有コスト

　ライフサイクル・コスト分析のステップが経済性分析のプロセスなので，これについては次のように説明される。

　LCC分析は，将来のある時点で負担することになるコストを考察するものであるから，特定の意思決定時点において，すべての収入と支出を割引くことが必要になる。

　LCC分析は一つの製品ライフサイクルにおける，取得と維持に関するコストを認識し，その数値を求めるプロセスである。

第6章 アメリカ・ライフサイクル・コスティングの展開　149

図表6-24　ライフサイクルの段階と経済性の分析

| 概念と定義 | ライフサイクルと開発 | | 据え付け | | |
|---|---|---|---|---|---|
| | デザインと開発 | 製造 | | オペレーションと保全 | 廃棄 |

**デザインと開発**
・新製品の機会
・システム・コンセプトおよびオプションの選択
・製品の選択
・技術の選択
・自製か購買かの意思決定
・構築の評価
・コスト・ドライバーズの識別
・製造可能性の評価
・保証インセンティブの体系

**製造**
・デザインのトレード・オフ
・資源の選択
・コンフィギュレーションおよび変更のコントロール
・テスト戦略
・補修か使い捨てかの決定
・性能の調整
・支援戦略
・新製品の導入

**オペレーションと保全**
・システム統合と検証
・コスト回避/コスト低減便益
・オペレーティング・コストと保全コストの監視
・製品の修正とサービスの強化
・保全・支援資源の配分と最適化

**廃棄**
・廃棄コストのインパクト
・取り替えと革新の体系
・廃棄価値と回収価値

出所：IEC (1996) p.15.

LCC分析のステップは，LCC分析の計画（問題の所在と分析目的を含む），LCCモデルの開発，LCCモデル分析，LCC分析の文書化，LCC結果の吟味，LCC分析の更新などから構成される経済性分析のプロセスである。

図表6-24は，ライフサイクル・コスティング情報に基礎を置く意思決定の適用例を示している。

製品の総合信頼性は，製品の利用可能性能力・信頼性能力・維持可能性（保全性）能力・支援性能力などの製品に影響を及ぼす要因を説明するために用いられる共通の用語であり，これらすべての領域における能力がライフサイクル・コストに重要な影響力を持つと認識されている。

### 例示 【信頼性とライフサイクル・コストの関係】

総合信頼性（信頼性，保全性と保全サポート）とLCCの関係は，図表6-25に示されている。図表では，信頼性が増すに連れ，他のすべての要因が一定である場合，取得コストは一般的に増加するが，保全コストおよび支援コストは減少することを示している。信頼性改善による取得コストの増加が保全と支援コストおよび保証コストなどの増分の節約分と等しい場合に，ライフサイクル・コストは最小になる。ある一定の点において，最も低いライフサイクル・コストに対応する最善の製品信頼性が達成される。

図表6-25　信頼性とライフサイクル・コストの関係

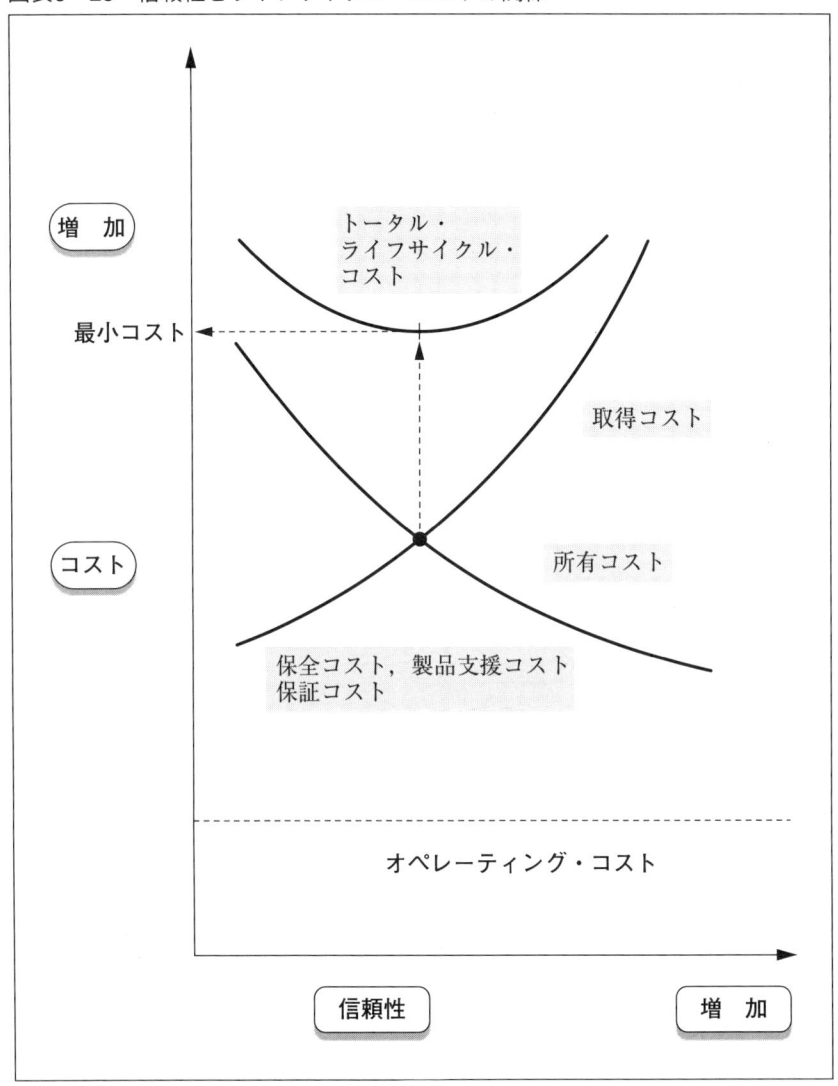

（増加）

最小コスト ←‐‐‐‐‐

トータル・ライフサイクル・コスト

取得コスト

所有コスト

（コスト）

保全コスト，製品支援コスト
保証コスト

オペレーティング・コスト

信頼性　　　増加

## 注

1) Kaufman R.J., Life Cycle Costing For Capital Equipment Decisions, *Automation*, March, 1969, pp.75-80.

   Kaufman,R..J., Life Cycle Costing : A Decision Making Tool for Captial Equipment Acquisition, *Cost and Management*, March-April, 1970, pp.16-31.

2) Hammer, Carl, Life Cycle Management, *Information & Management*, 4, 1981, pp. 71-81, pp.73-76, p.78, p.79.

3) Berliner,C. and J.A.Brimson(eds.), *Cost Management for Today's Advanced Manufacturing : The CAM-I Conceptual Design*, Harvard Business School Press, Boston, MA.,1988.（長松秀志監訳『先端企業のコスト・マネジメント』中央経済社，1993 年）この本を参照し，ライフサイクル・コスティングに関する部分を紹介するものである。以下の文献も参照している。

   加登　豊書評：Berliner, Callie and James A. Brimson（eds.），Cost Management for Today's Advanced Manufacturing. The CAM-IConceptual Design『国民経済雑誌』第 161 巻第 4 号，1990 年 4 月。

   長松秀志「トータル・コスト・マネジメント・システムの構築（1）-CAM-I モデルの考察-」『会計』第 139 巻第 5 号，1991 年 5 月。

   長松秀志「トータル・コスト・マネジメント・システムの構築（2）-CAM-I モデルの考察-」『会計』第 139 巻第 6 号，1991 年 6 月。

   洲崎直子「ライフサイクル・コスト・マネジメント」（浅田孝幸・田川克生『持続的成長のためのマネジメント－原価管理からトータル・コスト・マネジメントへ－』白桃書房，1996 年に所収，113 ～ 141 頁）。

   Kammlade,John G.,Life Cycle Cost Management, *Journal of Cost Manage-ment*, Spring, 1989, p.3.

4) Susman, G., Product Life Cycle Management, *Journal of Cost Management*, Summer,1989, pp.8-22.

   Susman, G., Product Life Cycle Management, in Brinker, Barry J., ed., *Handbook of Cost Management*, 1996 Edition, Warren, Gorham & Lamont, 1995, pp.D3-1-D3

第6章　アメリカ・ライフサイクル・コスティングの展開　153

-29.

5) Shields, M.D.and S. M.Young, Managing Product Life Cycle Cost : An Organizational Model, *Journal of Cost Management*, Fall, 1991, p. 39.

Young, S. M. and F. H. Selto, New Manufacturing Practices and Cost Management : A Review of the Lit erature and Directions for Research, *Journal of Accounting Literature*, Vol. 10, 1991, pp. 265-298.

6) Adamany, Henry G. and Frank A. J. Gonsalves, Life Cycle Management : An Integrated Approach to Managing lnventmets, *Journal of Cost Management*, Summer, 1994, p. 35.

7) Artto, Karlos A., Life Cycle Cost Concepts and Methodologies, *Journal of Cost Management*, Fall, 1994, pp. 28-32.

小林哲夫「ライフサイクル・コストと原価企画」『国民経済雑誌』1996年3月，4頁。

Artto, Karlos A, op. cit., pp. 29-30.

8) Horngren, C.T., G.Foster, and S. M.Dater, *Cost Accounting : A Managerial Emphasis, 9th ed.* Prentice-Hall, 1997, p.4, pp. 389-390, pp.1-3, pp.446-449.

9) Burstein,Michael C., Life-Cycle Costing, in : *Cost Accounting for the '90s : Respoding to Technological Change, NAA Conference Proceedings*, NAA,1988, pp.257-272.

坂口　博訳「ライフサイクル原価計算」『経営実務』1989年4月，33～38頁。

10) ここでは「*NORME INTERNATIONALE INTERNATIONAL STANDARD CEI IEC 300-3-3 Premiere edition First edition 1996-09 Gestion de surete de fonctionnement- Partie 3 : Guide d'application- Section 3 : Evaluation du cout du cycle de vie Dependability managemnet- Part 3 : Application guide- Section 3 : Life cycle costing Numero de reference Reference number CEI/IEC 300-3-3* : 1996 IEC, 1996」を紹介する。

このパンフレットに関する解説文によれば「IEC 60300-3-3 : Dependability

Management - Part3 : Application guide - Section 3 : Life cycle Costing (LCC) - ライフサイクル・コスティング-製品開発運用期間における総合的原価評価 (1996-09) は，総合的信頼性管理の基本文書 IEC 60300-1/-2 の適用文書として昨年国際規格として発刊された。現在この文書の有効な適用の為に各産業分野別のモデル原価計算と評価に関する補助文書を作成中である。ここでは，LCC の基本文書の解説を試みる。併せてこれが総合的信頼性管理における重要な一つの総合的信頼性プログラムとしての概念と意義と有効性を解説し，宣伝し，LCC の管理手法導入の必要性を主張する。
(夏目　武「解説　ライフサイクル・コスティング　Life Cycle Costing -製品開発段階における総合的原価評価」日本信頼性学会誌『信頼性』第 20 巻第 1 号 1998 年 1 月，28 〜 33 頁。Reliability Engineering Association of Japan.)」

# 第7章

イギリス・
ライフサイクル・
コスティングの展開

70年代，イギリスでは，保全を経済的利益に結合する産業技術の「テロテクノロジー（Terotechnology）」が，産業省の政策として推進された。テロテクノロジー以前の保全に関する「トライボロジー（Tribology）」は，接触面の摩擦・磨耗・故障の減少を追求し，適切な潤滑剤の選定とその節減を研究する総合工学的学問領域である。「トライボロジーとは，相対運動をしながら，たがいに干渉しあう2面ならびにそれに関連した諸問題と実地応用に関する科学と技術である。」[1]

製鉄所・製鋼所・化学プラントなどの経済性の向上は，保全原価の低減を通じて達成されるので，これらの原価を対象とするライフサイクル・コスティングが研究された。さらに，この政策を起点として，ライフサイクル・コスティングは，有形資産の経済的生涯に発生するトータル・コストを計算する方法として研究された。日本の「TPM（Total Productive Maintenance：全員参加の生産保全）」は，設備ユーザーを中心とするテロテクノロジーの実践手法として位置づけられている。また，テロテクノロジーの基本理念は，保全のいらない設計であるともいわれている。

## 第1節　テロテクノロジーのライフサイクル・コスティング

### 1　テロテクノロジーの意義

テロテクノロジーは経済的ライフサイクル・コストを追求して有形資産に適用されるマネジメント，財務，技術，その他の実際活動を総合した技術であり，その実際活動は，プラント・機械・装置・建物・構築物の信頼性・保全性のための仕様・設計，上記の製作・据付・試運転・保全・改造と更新，設計・性能・コストに関する情報のフィードバックにかかわるものである。

第7章 イギリス・ライフサイクル・コスティングの展開　157

図表7-1　有形資産のライフサイクル・カレンダー

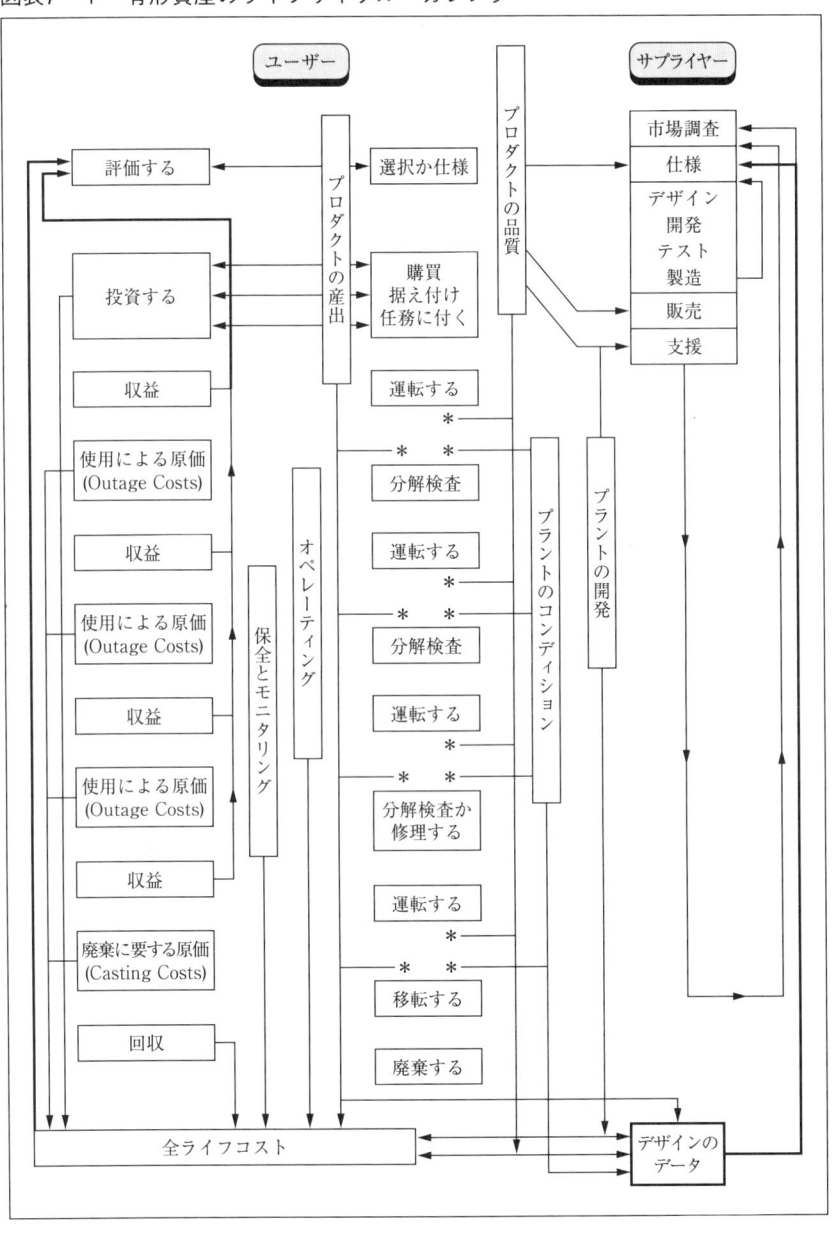

```
┌─────────────────────────────────────────────────────────────────┐
│          ユーザー                        サプライヤー            │
│                                                                 │
│   評価する ──→ プ ──→ 選択か仕様 ──→ プ ──→ 市場調査          │
│                ロ                      ロ     仕様              │
│                ダ                      ダ     デザイン          │
│                ク                      ク     開発              │
│                ト                      ト     テスト            │
│   投資する ←── の  ──→ 購買         の品    製造              │
│                産     据え付け       質       販売              │
│                出     任務に付く              支援              │
│                                                                 │
│   収益                 運転する                                 │
│                          *                                      │
│   使用による原価      *   *                                     │
│   (Outage Costs)      分解検査    プ    プ                      │
│                                   ラ    ラ                      │
│   収益                 運転する   ン    ン                      │
│                          *        ト    ト                      │
│   使用による原価      *   *       の    の                      │
│   (Outage Costs)      分解検査    コ    開                      │
│                       オ          ン    発                      │
│   収益                ペ 運転する デ                            │
│                       レ    *     ィ                            │
│   使用による原価      ー *   *    シ                            │
│   (Outage Costs)      テ 分解検査 ョ                            │
│                       ィ か修理   ン                            │
│   収益                ン する                                   │
│                       グ                                        │
│                          運転する                               │
│                       保   *                                    │
│   廃棄に要する原価    全 *   *                                  │
│   (Casting Costs)     と 移転する                               │
│                       モ                                        │
│   回収                ニ 廃棄する                               │
│                       タ                                        │
│                       リ                                        │
│                       ン                                        │
│                       グ                                        │
│                                                                 │
│   全ライフコスト ←──────────────→ デザインの                    │
│                                      データ                     │
└─────────────────────────────────────────────────────────────────┘
```

テロテクノロジーは設備のライフサイクル・コストを最も経済的にすることが目的であり，経済的ライフサイクル・コストは，特定資産への投資に対する最大資本利益率に関連して定義される。ライフサイクル・コスティングを遂行する目的は，経済的ライフサイクル・コストを追求するための意思決定をすることでもある。

　テロテクノロジーは企業経営全般を対象とし，経済的ライフサイクル・コストの追求を組織目標として設定し，その目標の達成に必要な組織行動を規定するものである。

　日本においてテロテクノロジーは「設備の一生涯を対象として，設備の成果を高め，ライフサイクル・コストをもっとも経済的にすることを目的とした総合工学である」と理解され，テロテクノロジーの日本版がTPMであると言われている。このようにテロテクノロジーは，設備のライフサイクル全体のコストを最も経済的にするための総合工学である。メーカーは，経済的なライフサイクル・コストと保全のいらない設計を追求し，ユーザーは，ライフサイクル・コストの考え方に基づく設備選定，基準の確立が求められる。その課題は，ライフサイクル・コストの経済性評価法を確立することにある[2]。イギリス・テロテクノロジーの概念図は，図表7－1のように描かれる[3]。

## ２　テロテクノロジーのライフサイクル・コスティング

①有形資産マネジメントのライフサイクル・コスティング

　テロテクノロジー委員会によれば，建物などの有形資産を所有し，利用する期間中の最適な原価を計算し，選択の意思決定をする際に，エンジニアリング（コスト見積り），会計学（資本的支出と収益的支出），数学（割引キャッシュ・フローの計算），統計学（確率）などの学問を統一的に利用することが，ライフサイクル・コスティングである。そして有形資産ライフサイクル・マネジメントの目標は，有形資産を所有し，利用するためのライフサイクル・コストを最適化することにあり，ライフサイクル・コストは有形資産

第7章 イギリス・ライフサイクル・コスティングの展開　159

の生涯を通してのコスト総額である[4]。

## 例示 【ライフサイクル・コスティングの基礎理論】

　有形資産の利用可能性は，図表7－2における曲線Aの示す資本支出の増加によって改善される。それは曲線Bの示すオペレーティング・コストの減少効果によってである。取得コスト曲線Aとオペレーティング・コスト曲線Bの総額は図表7－2の曲線Cとして描かれる。コスト総額が最小の点で資産所有の最適ライフサイクル・コストが期待される。

　しかしながら，最適ライフサイクル・コストは精確ではない。V点とW点の間にある資本コストおよびオペレーティング・コスト・レベルの選択は，ライフサイクル・コストに大きくは影響しない。

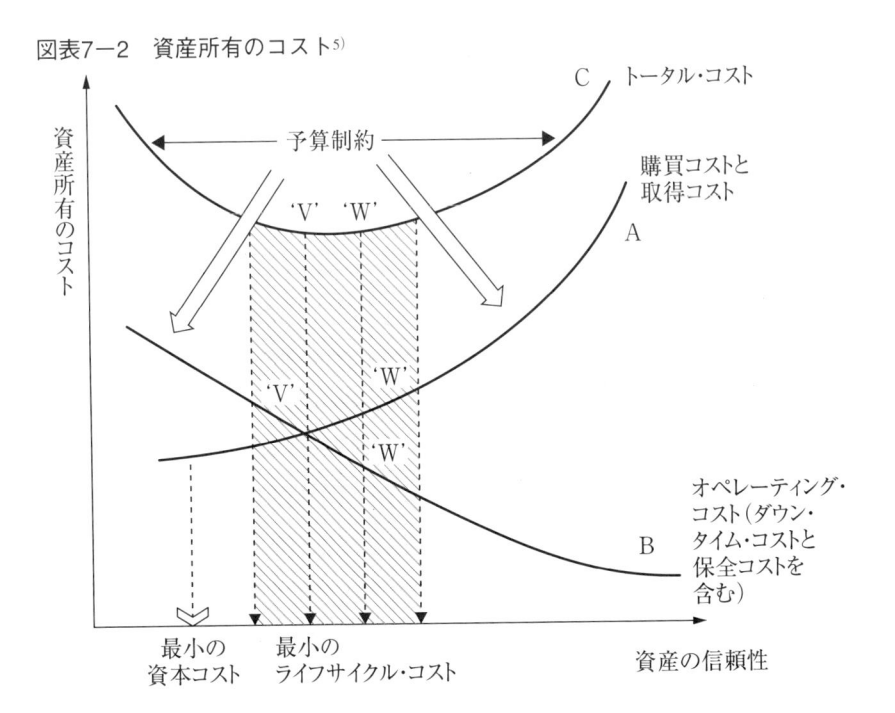

図表7－2　資産所有のコスト[5]

縦軸：資産所有のコスト
横軸：資産の信頼性

C　トータル・コスト
A　購買コストと取得コスト
B　オペレーティング・コスト（ダウン・タイム・コストと保全コストを含む）

予算制約　'V' 'W'

最小の資本コスト　　最小のライフサイクル・コスト

予算制約も図表に示されている。2重の矢印線はオペレーティング・コストおよび資本支出についての可能な予算制約を示している。一本線の矢印は全体としての資産ライフサイクル・コストの予算制約を示している。

次に，図表7－3は仕様，コスト，時間，資本的コスト，収益的コストなどの関係を示している[6]。

図表7－3　有形資産コスト要素とその相互作用

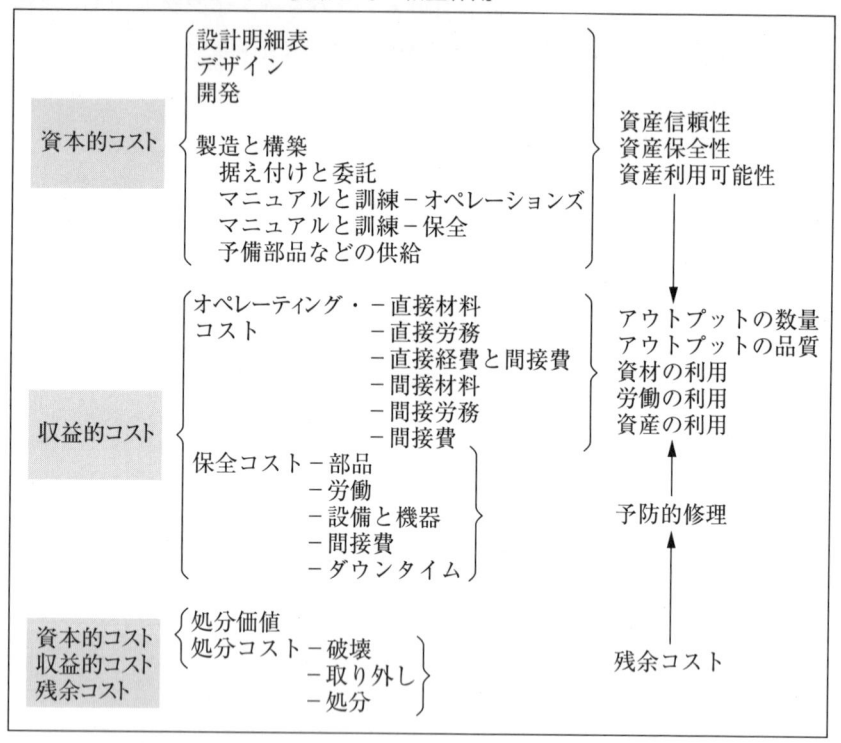

| 資本的コスト | 設計明細表<br>デザイン<br>開発<br>製造と構築<br>　据え付けと委託<br>　マニュアルと訓練－オペレーションズ<br>　マニュアルと訓練－保全<br>　予備部品などの供給 | 資産信頼性<br>資産保全性<br>資産利用可能性 |
|---|---|---|
| 収益的コスト | オペレーティング・－直接材料<br>コスト　　　　　－直接労務<br>　　　　　　　　－直接経費と間接費<br>　　　　　　　　－間接材料<br>　　　　　　　　－間接労務<br>　　　　　　　　－間接費<br>保全コスト－部品<br>　　　　　－労働<br>　　　　　－設備と機器<br>　　　　　－間接費<br>　　　　　－ダウンタイム | アウトプットの数量<br>アウトプットの品質<br>資材の利用<br>労働の利用<br>資産の利用<br>↑<br>予防的修理 |
| 資本的コスト<br>収益的コスト<br>残余コスト | 処分価値<br>処分コスト－破壊<br>　　　　　－取り外し<br>　　　　　－処分 | 残余コスト |

資本化される最初の資本的コストと取得後に発生する収益的コストの区分は，会計上の処理のために必要である。有形資産所有コストの3つのグループを示している。

第1グループの資本的コストは，有形資産を所有したり，再販売するためにデザインしたり，構築するために発生するコストである。第2グループの

コストは，資産運用中に発生するコストであり，第3グループのコストは，資産を廃棄するために発生するコストである。図表7-3は，これらグループの相関関係を表しており，最適なライフサイクル・コストを達成するために各コストを変更できることが描かれている。

この図表7-3に示されるコスト間のトレード・オフは，ライフサイクル・コスティングの基礎概念として主張されている。

**例示** 【当初投資額と運用コスト・保全コストのトレード・オフ】[7]

機械メーカーが，1台あたりの年間生産能力6,000単位の機械を顧客に販売する。顧客はこの機械を7台購入し，年間生産量42,000単位を生産したいと考えている。機械メーカーと顧客との間で，次の2つの案が検討された。

**選択案1**：この機械の最初の仕様のライフサイクル・コストを次のように計算する。

当初投資額　　1台あたり 100,000円 × 7台 = 700,000円
1台あたりの運用費・保守費

| 1年目 | 2年目 | 3年目 | 4年目 | 処分原価 |
|---|---|---|---|---|
| 70,000 | 90,000 | 120,000 | 150,000 | 20,000 |

10％の資本コストとし，これで割り引かれる割引原価の計算。

| 年度 | 当初投資額 | 運用費と保守費 | 10%での割引率 | 割引原価 |
|---|---|---|---|---|
| 0 | 700,000 |  | 1.000 | 700,000 |
| 1 |  | 490,000 | .909 | 445,410 |
| 2 |  | 630,000 | .826 | 520,380 |
| 3 |  | 840,000 | .751 | 630,840 |
| 4 |  | 1,050,000 | .683 | 717,150 |
| 合計 |  |  |  | 3,013,780 |

**選択案 2**：当初投資額を 1 台あたり 50,000 円多くし，保全性と利用可能性を改善する仕様にすれば，1 台あたりの年間生産量 6,000 単位が 7,000 単位へと増加する。年間生産量 42,000 単位の生産のための機械は 6 台ですむ（6 台× 7,000 = 42,000 単位）。当初投資額は増加するものの，選択案 1 に比べて，1 台あたりの保守費が節約される。

当初投資額　　1 台あたり 150,000 円× 6 台= 900,000 円
1 台あたりの運用費・保守費の節約額

| 1年目 | 2年目 | 3年目 | 4年目 | 処分原価 |
|---|---|---|---|---|
| 6,000 | 9,000 | 12,000 | 15,000 | 20,000 |

10％の資本コストとし，これで割り引かれる割引原価の計算。

| 年度 | 当初投資額 | 運用費と保守費 | 10％での割引率 | 割引原価 |
|---|---|---|---|---|
| 0 | 900,000 | | 1.000 | 900,000 |
| 1 | | 384,000 [*1] | .909 | 349,056 |
| 2 | | 486,000 | .826 | 401,436 |
| 3 | | 648,000 | .751 | 486,648 |
| 4 | | 810,000 | .683 | 553,230 |
| 合計 | | | | 2,690,000 |

以上の計算の結果，選択案 2 を採用すると，割引原価が 323,410 円だけ少なくてすむことになる。ただし，単純化のためにインフレーションの影響は無視され，処分原価はどちらの案でも 20,000 円と仮定されているので，計算に含めなくてもよい。

（＊ 1）(70,000 − 6,000) × 6 台= 384,000 円，以下の計算も同じ。

②プラントのライフサイクル・コスティング

テロテクノロジーはプラントを主たる対象とするが，その計算式は以下のように示される[8]。

**例示**【プラントのN年間のライフサイクル・コスト(PLCC)の計算式】

$$PLCC = C_i + \left\{ \frac{O_1 + M_1 + D_1}{(1+r)} \right\} + \left\{ \frac{O_2 + M_2 + D_2}{(1+r)^2} \right\} + \cdots + \left\{ \frac{O_n + M_n + D_n}{(1+r)^n} \right\}$$

r＝投下資本利益率を考慮にいれて選択される割引率
$C_i$＝初期の資本投資額
$O_1, O_2, O_n$＝第1，第2，第n年度の運用原価
$M_1, M_2, M_n$＝第1，第2，第n年度の保全原価
$D_1, D_2, D_n$＝第1，第2，第n年度のダウンタイム／操業停止原価

また，ライフサイクル・コストとしての保全コスト予算管理には,図表7－4が利用される[9]。

図表7−4　資産記録表

| 資産の名前 | 資産のクラス | | | 部門ないしは<br>コスト・センター | |
|---|---|---|---|---|---|
| 技術データと<br>説　明 | 取得年月日 | 据え付け<br>年月日 | 計画ライフ<br><br>年数 | 年間の<br>減価償却費<br>£<br>注4と注5 | 現在原価<br><br>減価償却費<br>£　注6 |
| ライフサイクル・コスト | | | | | | | | |
| 年度 | 予算<br>原価 | 実際原価 | | | | 機能 | | |
| | | 予備部品 | 計画保全 | その他の<br>保　全 | 合　計 | 計画利用 | 実際利用 | 説明 |
| 最初の<br>購買<br>価格 | £ | £ | £ | £ | £ | | | |
| 1 | | 注3 | | 注1 | | | | 注2 |
| 2 | 注7 | | | | | | | |
| 3 | | | | | | | | |

注：以下のデータが必要である。
(1) 『その他の保全』の原因。
(2) ダウン・タイムの理由を説明すること。
(3) タイプ別に消費される予備部品。
(4) 税金対策のための減価償却費などについての詳細。
(5) 貸借対照表目的のための減価償却累計額とか未償却残高など。
(6) インフレーション調整勘定が使用されている場合，現在原価目的のための調整済原価。
(7) 年間の予算コストはインフレーション状況によって上昇する。
　　『修正予算原価』のための欄としても利用する。

## 3　化学処理プラントのライフサイクル・コスティング[10]

　1977年を現在日として，建設におよそ2年間を必要とした，現在稼働中の1950年運用開始のバッチ有機化学プラントについて，2つの戦略のライフサイクル・コストを比較する。計算の前提は，このプラントが15年に一度，改築が可能な点にある。1965年がその改築保全年であり，この年に15年の耐用年数のプラントへ改築する戦略もあり得たが，この戦略は採用されなかった。これを採用可能戦略と呼ぶ。実際に採用した戦略は，プラントを改築しないで，保全しながら，現在まで使用することであった。ここでは，実際に採用した戦略と採用可能であった戦略を，ライフサイクル・コストを基準として比較するという，やや特殊な例を説明する。

　**実際に採用した戦略**：ロングライフ戦略：30年間，現在のプラントを保全して使い続ける

　プラントへの支出は①初期の固定的資本支出，②開発コスト，③後年の資本的支出，④サービス運用コスト，⑤プロセス給料および賃金，⑥保全コストに分類され，これらがライフサイクル・コストを構成する。

　1977年の現在日まで，毎年，実際に記録されたライフサイクル・コストのキャッシュフローは，1967年（前述の1965年とは，建築に必要な年月を考慮するので，ややズレがある）の理論的取替年から1982年の計画年までの15年間の見積額の計算に利用される。

　プラント全体のキャッシュフロー合計額は図表7-5に提示されている。1970年以降のコスト上昇の大部分は，インフレによるものである。これらのキャッシュフローは，1977年の物価に調整され，現在価値に計算されている。

　1982年までの計画ライフサイクルにおけるライフサイクル・コストは合計

図表7−5　戦略の比較

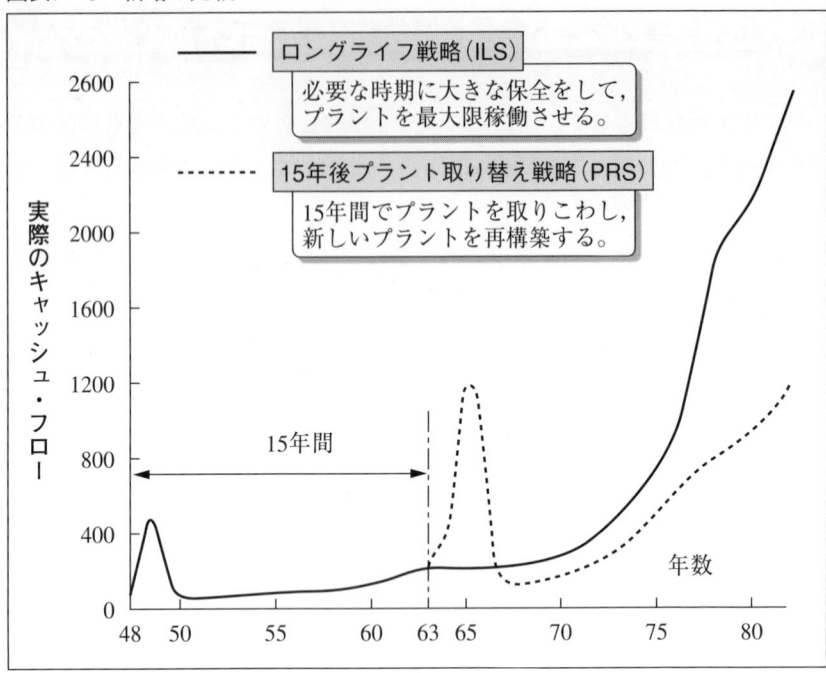

凡例:
- ロングライフ戦略（ILS）：必要な時期に大きな保全をして、プラントを最大限稼働させる。
- 15年後プラント取り替え戦略（PRS）：15年間でプラントを取りこわし、新しいプラントを再構築する。

縦軸：実際のキャッシュ・フロー
横軸：年数

されて，図表 7 − 6 に示されている。

**採用可能であった戦略**：15 年に一度，新規技術を導入して改築をする。

初期投資を継続し，1967 年に改築を行い，15 年後の 1982 年にプラントを取り壊す。

新規技術の改築プラントの初期投資額および運用コストの仮定。

a　初期投資額

1977 年の物価でプラントの総現在価値を，建設コスト指標を適用することで，1967 年の取替資本額が計算される。この戦略では，初期投資の後の追加資本支出は必要とされない。

b　運用の給料と賃金

改築プラントの生産性は倍になると仮定されるので，給料と賃金は，現在

## 図表7-6 ライフサイクル・コストの比較

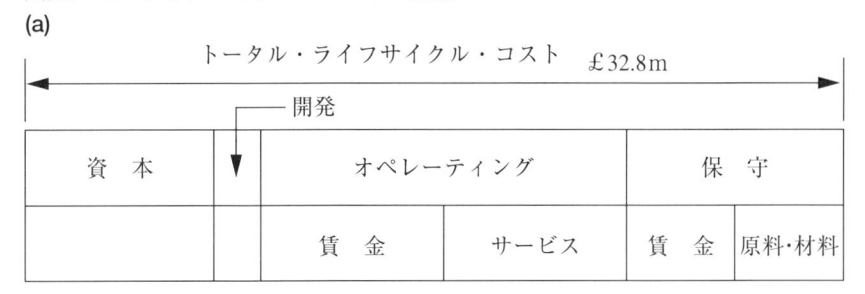

(a)

```
|←―――――― トータル・ライフサイクル・コスト  £32.8m ――――――→|
```

| 資　本 | 開発 ↓ | オペレーティング | | 保　守 | |
|---|---|---|---|---|---|
| | | 賃　金 | サービス | 賃　金 | 原料・材料 |

現在価値コスト，LLS（存続計画）

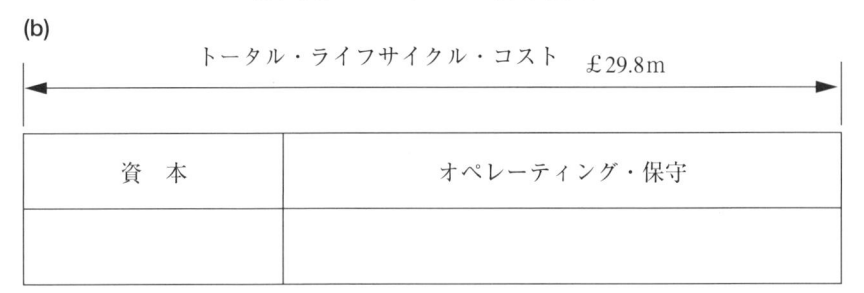

(b)

```
|←―――――― トータル・ライフサイクル・コスト  £29.8m ――――――→|
```

| 資　本 | オペレーティング・保守 |
|---|---|
| | |

現在価値コスト，PRS（15年間）

の年間コストの半分になる。

c　保全コスト

　改築プラントへの保全支出は，平均して年間固定資本の4％になる。

d　サービス運用コスト

　年間，10％のサービス・コストの削減が改築プラントからもたらされる。

e　インフレーションが調整され，キャッシュ・フローが現在価値に割引かれる。

　トータル・ライフサイクル・コストは，29,800,000ポンドと計算されている。

　2つの戦略を比較すると，もしもプラント構築後の15年後にプラントを改築していたならば，ライフサイクル・コスト基準に基づき，約30年間プラントを操業し続ける戦略よりも300万ポンドのキャッシュフローが改善され

る結果になっている。

## 4 資本性資産マネジメントのライフサイクル・コスティング[11)]

最近では，固定資産のデザイン，調達，利用，メンテナンスの協働的マネジメント概念である資本性資産マネジメントが研究されている。この概念は，メンテナンス・マネジメントへのライフサイクル・アプローチであり，装置ライフサイクルのトータル・メンテナンス・コスト最適化の考えに基礎を置いている。

保全コストと非利用コストの両者を考慮し，コストの現在価値ライフサイクル分析に基礎を置き，プラントの購入とか取り替えの意思決定をすることが重要であると主張される。図表７－７がトータル・ライフサイクル・コストを示している。

固定資産のデザイン，調達，利用，保全の協働的マネジメントである資本

図表7―7　ライフサイクル・コストのプロフィル

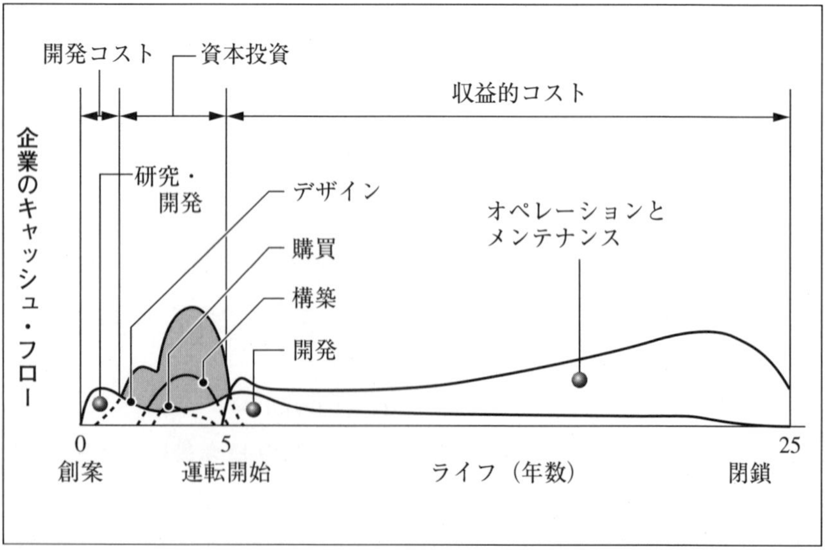

第7章　イギリス・ライフサイクル・コスティングの展開　169

性資産マネジメントは，保全マネジメントへのライフサイクル・アプローチであり，装置ライフサイクルのトータル保全コストの最適化を目的とする考えに基礎を置いている。図表7－8がその枠組みを示している。

**図表7－8　資本性資産マネジメントコントロールシステム**

[図表：資本性資産マネジメントコントロールシステムのフロー図。上級マネジメントから資本性資産マネジメント委員会へ繋がり、デザインエンジニアと保全エンジニアに分岐する。作業段階、デザインと保全の交錯面、保全段階の3つの段階で構成されている。]

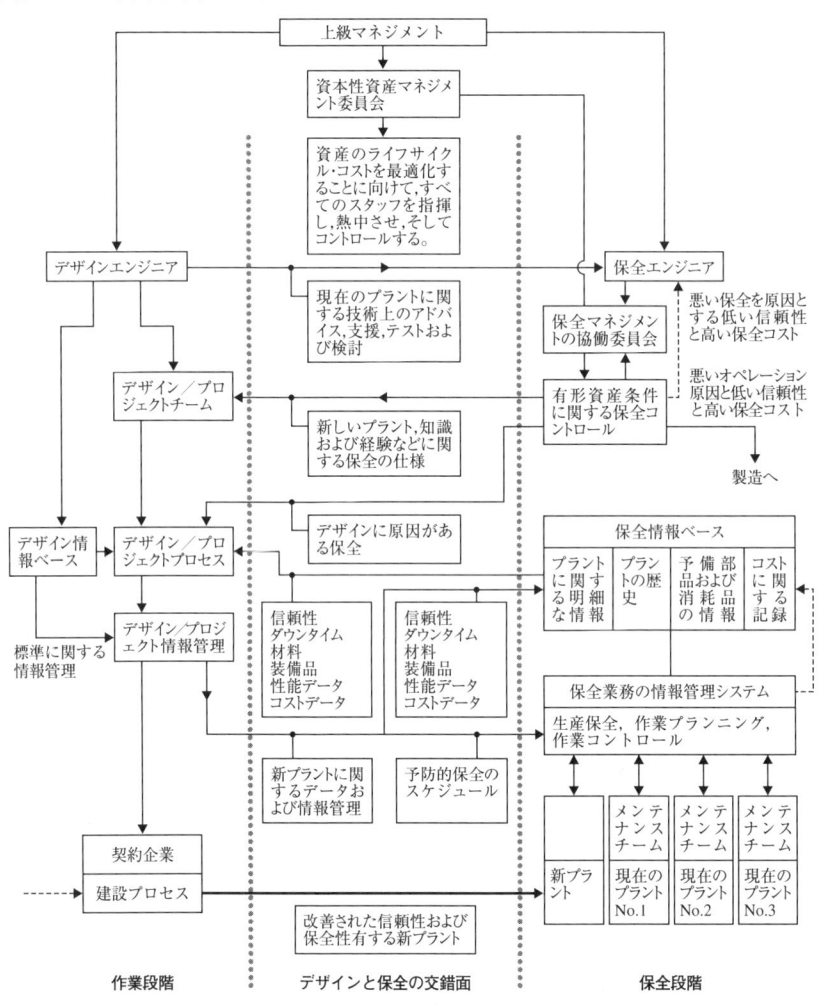

## 第2節　有形資産のライフサイクル・コスティング [12]

　ライフサイクル・コスティングは有形資産への投資とマネジメントに役立つ点に特質があると主張する論文を素材として，イギリスにおいてアメリカ・ライフサイクル・コスティングがどのように理解され，有形資産マネジメントへの応用がどのように試みられるのかを考察する。

### 1　ライフサイクル・コスティングの内容

　テロテクノロジーは有形資産マネジメントへの全耐用期間（whole-life）アプローチの産業技術であり，「経済的ライフサイクル・コストを追求して有形資産に応用されるマネジメント，エンジニアリング，財務および他の活動の結合である」と定義される。

　日本で総合設備工学と理解されるテロテクノロジーは，経済的耐用期間を通じて有形資産を所有する総コストを考慮するライフサイクル・コスティングと結合することによって，産業に意思決定および利益改善システムをもたらすものである。有形資産マネジメントへのテロテクノロジーおよびライフサイクル・コスティングの応用は，ライフサイクル・マネジメントのための統合化されたシステムと考えられ，このシステムの目的は，利益性と産業効率性を強化する手段として，経済的ライフサイクル・コストを追求することにある。

　そしてライフサイクル・コストは有形資産を取得し，使用し，管理し，そして廃棄に関連するコストを含んでいる。それは耐久性有形資産の取得，使用，保全，取替によって生じるサポートコスト，訓練コスト，運用コストだけでなく，実行可能性研究，調査，設計，開発，製造，保全，取替および廃

棄などのコストを含んでいる。そしてライフサイクル・コスト分析の手続きは，以下のようである。

①対象とするコスト要素を定義する

　原価計算の形態別分類は分析に不十分なので，たとえば，図表7－9のミサイル・システムのチェックリストは，特定の軍事プロジェクトに適用可能であり，キャッシュ・フローが考慮される。

図表7－9　代表的なミサイル・システム・コスト要素リスト

ミサイル・システムB
10年間のシステム・コスト（単位は100万ドル）

| | | 航空隊の数 | | |
|---|---|---|---|---|
| | 見積の基礎 | 5 | 10 | 15 |
| 研究・開発コスト | | | | |
| 　推進力 | | | | |
| 　制御 | | | | |
| 　その他のコスト総額 | | | | |
| 　　研究開発コスト | | 3.0 | 3.0 | 3.0 |
| 投資コスト | | | | |
| 　フライアウェイ－ミサイル | | | | |
| 　特別の | | | | |
| 　サイトの活動 | | | | |
| 　特殊な設備など | | | | |
| 　最初の予備部品支援 | | | | |
| 　修正 | | | | |
| 　航空機の調達 | | | | |
| 　軍事施設の構築 | | | | |
| 　その他の調達物 | | | | |
| 　　投資コスト総額 | | 5.0 | 9.0 | 13.0 |
| オペレーティング・コスト | | | | |
| 　兵たん保全－ミサイル | | | | |
| 　取替部品－ミサイル | | | | |
| 　民間人給料 | | | | |
| 　飛行士給料 | | | | |
| 　他の調達コスト | | | | |
| 　飛行機調達－取替部品 | | | | |
| 　　オペレーティング・コスト－1年間 | | 0.2 | 0.4 | 0.6 |
| 　　オペレーティング・コスト－10年間 | | 2.0 | 4.0 | 6.0 |
| 　　10年間のシステム・コスト総額 | | 10.0 | 16.0 | 22.0 |

②使用するコスト構造を定義する。

　トレード・オフ研究のためにコスト構造の正確な定義が必要である。正確な定義により，システムの寿命における各段階間でのトレード・オフの実行が可能になる。たとえば，図表7－10の示す研究・開発コスト，投資コスト，運用・支援コストという3部構造が提唱される。

図表7－10　ライフサイクル・コスト構造

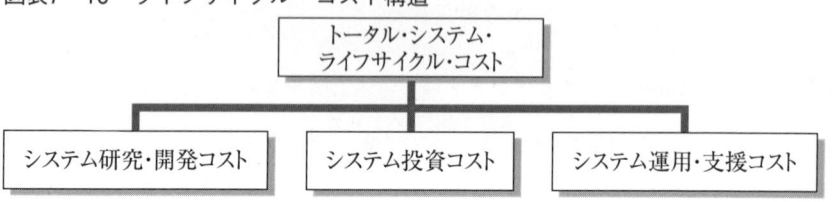

```
              トータル・システム・
              ライフサイクル・コスト
        ┌──────────┼──────────┐
  システム研究・開発コスト  システム投資コスト  システム運用・支援コスト
```

③コスト見積り関係を確立する

　コスト見積り関係は，統計学の相関分析，一次回帰分析，加重回帰分析プログラム，多重回帰分析などを使って行われる。

　物理的量を見積るために用いられる手法とコストへの影響を見積るために用いられる手法などがある。

　たとえば，見積り関係を異なる視点で説明すると，次のようになる。
会計関係：すべての集計要素の合計値が適切に確認されるように，コスト構造の比較的低いレベルの要素を説明する。たとえば，研究・開発コスト Crd は，次式のように示される。

$$Crd = (Es + Ea + Er + Em + Ed + Et)$$

$Es$ ＝エンジニアリング，仕様決定のコスト

$Ea$ ＝エンジニアリング，管理のコスト

$Er$ ＝エンジニアリング，信頼性のコスト

$Em$ ＝エンジニアリング，保全性のコスト

$Ed$ ＝エンジニアリング，設計のコスト

$Et$ ＝エンジニアリング，テストのコスト

パラメトリック関係：コスト要素と物理的性能，システム環境そして歴史的行動などとの関係を説明するのがパラメトリック関係である。たとえば，次のように表現される。

> $G$ の据え付け労務コスト $= A.B.(SHP)^C$
> $A = $ コスト要素/人時間あたり
> $B, C = $ 歴史的データ，回帰係数（調整ずみの）
> $SHP = $ 設計生産能力，工場分類 $G$

④ライフサイクル・コスト公式化の方法を確立する

この段階では，研究中のシステムのライフサイクル・コストの評価方法を確立する。

たとえば，図表7－11に示すマトリックス方法がある。

マトリックスは，あらゆるコスト変数が考慮されることを確実にするためのチェックリストであり，総システムにおける異なるレベルでライフサイクル・コストを見積るのに使用される。そしてライフサイクル・コスト分析のプロセスは，図表7－12のようにまとめられる。

これはライフサイクル・コスティングの一般的な方法で，周期的であり，相互作用的であり，歴史的情報のデータバンクの確立に基づいている。このデータベースから必要なコスト見積り関係を得ることができ，それをライフサイクル・コストの予測に応用できる。トレード・オフは，資産のライフサイクル・コストを最小にする方針を推し進める手段として経営方針の間で実行される。フィードバック・ループは，現行の運用経験を，コスト見積り関係，意思決定ルール，経営方針などを最新のものにするために文書に記録し，取り出し，そして利用するために，重要である。そしてライフサイクル・コスティングは，テロテクノロジーと共に，製造業，非製造業にとって意思決定および利益改善システムをもたらすことができる。ライフサイクル・コスティングは有形資産の投資およびマネジメントにおいて重要である。

図表7−11　システム・コスト・マトリックス・モデル

| 段階 | 物理的機能 | コスト関数 | | | |
|---|---|---|---|---|---|
| | モジュール | 装備 | 保全 | 管理 | 総額 |
| 研究・開発費 | ＃1モジュール<br>・<br>・<br>・<br>m | | | | Σ<br>・<br>・<br>・<br>Σ |
| | 研究・開発費総額 | Σ | Σ | Σ | ΣΣ＝R |
| 投資コスト | ＃1モジュール<br>・<br>・<br>・<br>m | | | | Σ<br>・<br>・<br>・<br>Σ |
| | 投資コスト総額 | Σ | Σ | Σ | ΣΣ＝I |
| 年間オペレーション・コスト | ＃1モジュール<br>・<br>・<br>・<br>m | | | | Σ<br>・<br>・<br>・<br>Σ |
| | オペレーション・コスト総額 | Σ | Σ | Σ | ΣΣ |
| オペレーション・コスト | n年間のオペレーション・コスト総額 | NΣ | nΣ | nΣ | nΣΣ＝O |
| 研究・開発費と投資コスト | 研究・開発費と投資コスト総額 | | | | R＋I |
| 総計 | システム・コスト総額 | | | | R＋I＋O |

図表7-12　ライフサイクル・コスト分析のプロセス

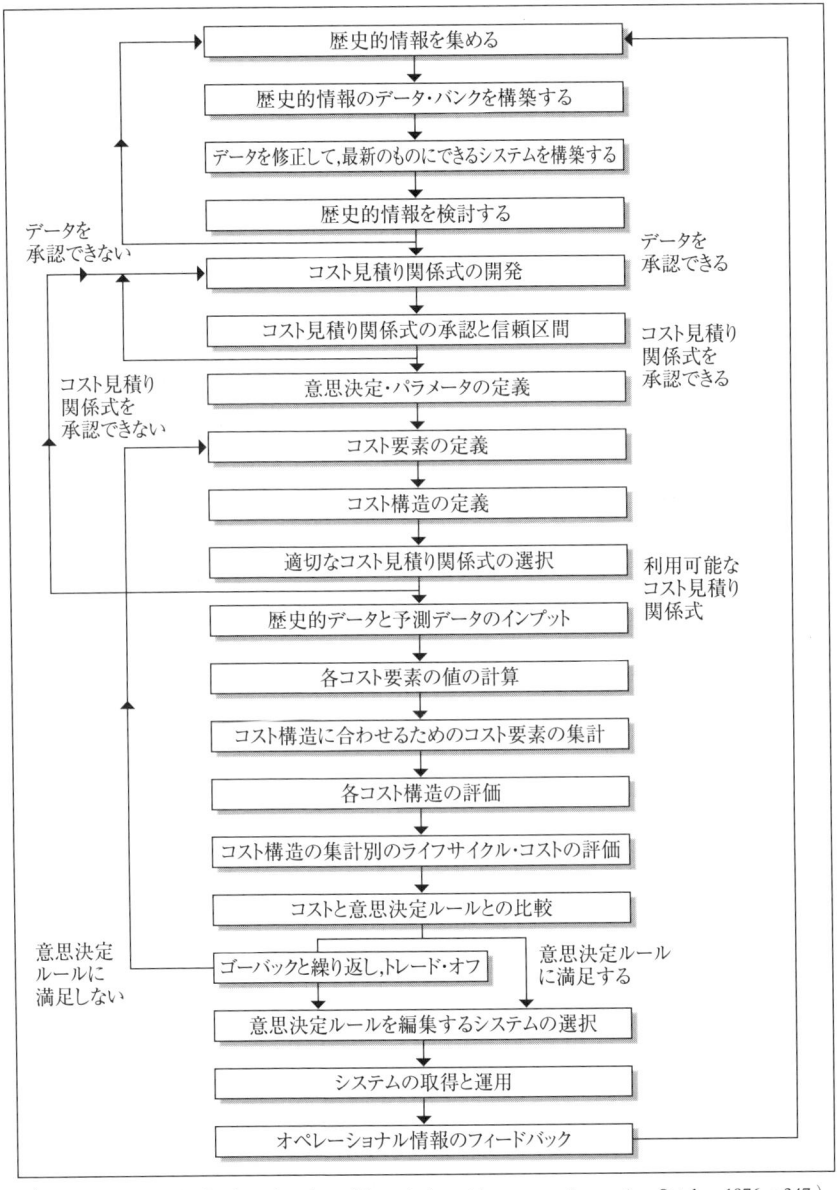

```
                    ┌─→ 歴史的情報を集める ←─┐
                    │         ↓              │
                    │ 歴史的情報のデータ・バンクを構築する │
                    │         ↓              │
                    │ データを修正して,最新のものにできるシステムを構築する │
                    │         ↓              │
                    │   歴史的情報を検討する   │
  データを            │         ↓         データを
  承認できない         │  コスト見積り関係式の開発  承認できる
                    │         ↓              │
                    │ コスト見積り関係式の承認と信頼区間 │
                    │         ↓         コスト見積り
                    │   意思決定・パラメータの定義  関係式を
  コスト見積り          │         ↓         承認できる
  関係式を            │    コスト要素の定義    │
  承認できない         │         ↓              │
                    │    コスト構造の定義    │
                    │         ↓              │
                    │ 適切なコスト見積り関係式の選択 利用可能な
                    │         ↓         コスト見積り
                    │ 歴史的データと予測データのインプット 関係式
                    │         ↓              │
                    │   各コスト要素の値の計算  │
                    │         ↓              │
                    │ コスト構造に合わせるためのコスト要素の集計 │
                    │         ↓              │
                    │    各コスト構造の評価   │
                    │         ↓              │
                    │ コスト構造の集計別のライフサイクル・コストの評価 │
                    │         ↓              │
                    │  コストと意思決定ルールとの比較 │
  意思決定            │         ↓         意思決定ルール
  ルールに            │ ゴーバックと繰り返し,トレード・オフ に満足する
  満足しない          │         ↓              │
                    │ 意思決定ルールを編集するシステムの選択 │
                    │         ↓              │
                    │   システムの取得と運用  │
                    │         ↓              │
                    └── オペレーショナル情報のフィードバック ──┘
```

(Harvey, G, Life-Cycle Costing : A review of the technique, *Management Accounting*, October, 1976, p.347.)

## ② 有形資産取得のライフサイクル・コスティング [13]

　テロテクノロジーは資産マネジメントにおいて資産の仕様，デザイン，据え付け，運用，保全，廃棄などの有形資産ライフにおける多様なポイントでの意思決定においてコストを考慮する機会を与え，経済的コストの解決を追究する。組織に対する最小のトータル・コストによる有形資産の最善の利用の保証を追究する「心のあり方がテロテクノロジーである」とも考えられている。ライフサイクル・コストの概念は，資産マネジメントにとって基本的なものであり，ライフサイクル・コスティングは，資本性資産利用の最適価値を追究するので，中期プランニングと長期プランニングにおける構成要素である。

　ここでは，ライフサイクル・コスティングの意義，利用とプロセス，資産マネジメント，有形資産所有コストの体系などの検討を通して，有形資産マネジメントのライフサイクル側面を強調し，コスト間のトレード・オフの価値を認識し，資本性資産取得のための意思決定方法としてのライフサイクル・コスティングを考察する。

①ライフサイクル・コスティングの意義

　ライフサイクル・コスティング（LCC）は，資本性資産からの最適価値を確保する目的のために，現在日価値におけるすべての未来原価および便益の表示を含むものであり，代替的計画資本支出の比較と評価に利用される予測方法である。

　LCCは，有形資産の最初の仕様から最終的な処分までの全体ライフにおける有形資産コストへ注意を向け，資産所有コストを最適化する手段であり，このアプローチは資産のライフスパンのすべてのステージにおけるコストの意味を認識し，未来の意思決定と有形資産所有コストを反映する。LCCは会計専門家だけの技法ではなく，エンジニアリング，会計学，統計学などの技

法を集合し，資産所有の間に発生するすべての支出と収益を識別する思想である。有形資産ライフの間に発生するコスト（キャッシュ・フロー）は，現在日価値によって表現され，マネジャーは選択案を定量化し，最適な資産コンフィギュレーションを選択する。

　LCC は，資産ライフ段階におけるコスト要素間のトレード・オフをマネジャーが考察するのを可能にする。たとえば，未来の保全コストの引き下げを確保するために設備の最初のコストを増加し，最適解決案を選択する。トレード・オフのこの側面は，ライフサイクル・コスト概念にとって基本的なものである。ライフサイクル・コスティングは，資本投資評価において利用される技法であるコスト便益分析，キャッシュ・フローの準備，割り引き，感度分析，確率論などを含んでいる。ライフサイクル・コスティングは，理路整然とした方法で，マネジャーが資産ライフ中の資産マネジメントのコストを考察して，資産の価値が最適化されるのを可能にする技法を集合することである。

②ライフサイクル・コスティングのプロセス

　ライフサイクル・コスティングの基本的な目的は有形資産を取得し，利用するためのライフサイクル・コストを最適化することにあり，その遂行プロセスは以下のようである。

　最初，資産のニーズを確立するために，一定期間中の企業環境および目的を検討し，選択案のライフサイクル・コストを準備する。

　次に，以下の点を考慮して，ニーズに対応する最小コストの有形資産を選択する。

a　有形資産要件とコスト・レベルを予測する。
b　代替的資産選択案のライフサイクル・コストを定量化する。
c　最善の選択案を決定する。

　最善の案が決定されると，次の目標は，予測ライフサイクル・コストに対する実際コストのモニタリングへと移行する。プランニングおよびモニタリ

ングのこの継続的な自己動機づけシステムは，ライフサイクル・コスティングの本質的な特質であると考えられている。図表7 - 13 は，資産のライフサイクル・マネジメントにおけるプランニング・モニタリングのこの側面を示している。

図表7-13　ライフサイクル・コスティングシステム（コストの相互関係）

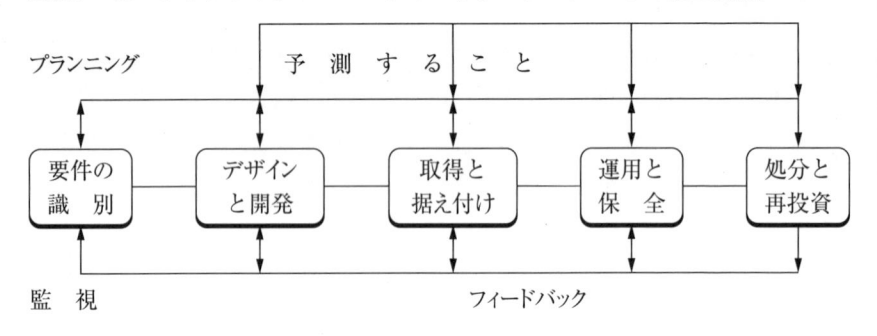

```
プランニング    ┌─予 測 す る こ と─┐
           ↕   ↕      ↕      ↕      ↕
        ┌────┐ ┌────┐ ┌────┐ ┌────┐ ┌────┐
        │要件の│ │デザイン│ │取得と│ │運用と│ │処分と│
        │識 別│ │と開発 │ │据え付け│ │保 全│ │再投資│
        └────┘ └────┘ └────┘ └────┘ └────┘
           ↕   ↕      ↕      ↕      ↕
        監 視            フィードバック
```

③ライフサイクル・コスティングの方法

　ライフサイクル・コスティングは，以下のプロセスを通じて遂行される。

1) ライフサイクル・コスティングの開始は，資産マネジメントの目的を評価し，それを組織の全体目標に関連づけ，マネジメントによる資産選択および利用における代替案の評価規準を指定する。規準は，エンジニアリング，人事，財務上の考慮を含むものであり，評価プロセスのためのパラメーターを形成する。

2) 以下の点を考慮し，資産仕様の概要を示すプロジェクトを準備する。

　a　製品の需要量
　b　利用可能な財務資金および財務コスト
　c　利用可能な労働力，その技術およびコスト
　d　技術の制約
　e　プラントあるいは設備の立地場所
　f　社会的およびエコロジー上の諸要因

3）選択案を考える

利用する設備の購買とデザインについて選択案を考える。

4）評価

選択案の原価計算は，支出および収益に関するキャッシュ・フロー計画を準備することによって遂行される。キャッシュ・フロー報告書は，有形資産のライフスパン中に分析される支出および収益のタイミングを示す。選択案のコスト・パターンと収益パターンを比較するためには，共通形式によってそれらを表現する必要がある。ライフサイクル・コスティングにおいて利用される共通形式は，お金の時間価値に基礎をおく現在日価値である。たとえば，図表7－14は，現在日価値計算を含むキャッシュ・フロー計算を示している。

図表7-14　10年ライフを持つ仮定の資産のための割引かれたキャッシュフロー計算の例

| 年の初め | 資産の購入／配置 | 操業費 | 収入 | 年間コスト | 割引率(13%) | 正味原価 |
|---|---|---|---|---|---|---|
| | £ | £ | £ | £ | £ | £ |
| 1 | 100,000 | − | − | 100,000 | 1.0000 | 100,000 |
| 2 | − | 5,000 | −10,000 | −5,000 | 0.8850 | −4,400 |
| 3 | − | 5,000 | −15,000 | −10,000 | 0.7831 | −7,800 |
| 4 | − | 5,000 | −15,000 | −10,000 | 0.6931 | −6,900 |
| 5 | − | 7,000 | −20,000 | −13,000 | 0.6133 | −8,000 |
| 6 | − | 7,000 | −20,000 | −13,000 | 0.5428 | −7,100 |
| 7 | − | 7,000 | −25,000 | −18,000 | 0.4803 | −8,600 |
| 8 | − | 10,000 | −25,000 | −15,000 | 0.4251 | −6,400 |
| 9 | − | 10,000 | −30,000 | −20,000 | 0.3762 | −7,500 |
| 10 | − | 12,000 | −20,000 | −8,000 | 0.3329 | −2,700 |
| 11 | −10,000 | 7,000 | −10,000 | −13,000 | 0.2946 | −3,800 |
| 合　計 | 90,000 | 75,000 | −190,000 | −25,000 | − | 36,800 |

5) 評価の結果

すでに設定されているパラメーターと首尾一貫する最小のライフサイクル・コストを提示する選択案が評価される。この評価に続く選択案の採用は，財務上の決定だけではなく，以下に示す多様な観点からの比較が行われ，トレード・オフも行われる。

a 最初のコストを含む財務上の検討
b 保全性，性能などを含むエンジニアリング上の検討
c 最終需要と製造能力などを含むマーケティング上の検討

6) モニタリングとフィードバック

有形資産取得の意思決定後にその運用が開始され，実際コスト・データが収集され，フィードバックされる。有形資産を運用するための実際コストおよび経験は，評価に反映されているコストの仮定と比較され，予測との差異が分析され，必要ならば，計画目標が修正される。このプロセスから資産マネジメントについての情報を集めることが可能になる。情報はライフサイクル・コスティングチームにフィードバックされる。

資産ライフサイクル・コストのモニタリングは，有形資産利益率を最適化するのを可能にし，資産所有コストを最適化するためにも重要である。

### 例示 【建物のライフサイクル・コスト比較】

エネルギー・コストの急激なエスカレーションのため，建築技術を検討する研究グループを1974年に設立した。教育施設が資本プログラムの大きな部分を占めているので，学校がライフサイクル・コスティング理論を実践するために選択された。エネルギー・コスト節減のための学校建築の計算例が図表7-15に示されている。ライフサイクル・コスティングを適用してデザインした建物と伝統的な建物との比較が示されている。現在価値の計算は，2.5%の割引率を用いて行われている。

図表7-15　建物のコスト比較

| | LCCデザインの建物 | 伝統的な建物 |
|---|---|---|
| | £000 | £000（単位は千ポンド） |
| 資本的コスト | | |
| 　デザイン・仕様コスト | 41 | 36 |
| 　構築コスト（据え付けコストを含む） | 277 | 246 |
| | 318 | 282 |
| 60年間のランニング・コスト | | |
| 　オペレーティング・コスト | | |
| 　　労務コスト | 246 | 307 |
| 　　エネルギー・コスト | 87 | 120 |
| 　　材料コスト | 13 | 15 |
| | 346 | 442 |
| 　メンテナンス・コスト | | |
| 　　労務コスト | 172 | 198 |
| 　　材料コスト | 73 | 84 |
| | 245 | 282 |
| トータル・ランニング・コスト | 591 | 724 |
| 廃棄コスト | 15 | 15 |
| トータル・コスト | 924 | 1,021 |
| 割引現在価値 | 626 | 658 |

注　割引現在価値の計算には2.5％の割引率が適用されている。

## 3　イギリス・ライフサイクル・コスティングの発展 (14)

　70年代から80年代にかけてのライフサイクル・コスティング観を取り上げる。

　ライフサイクル・コスティングは，プラントの製造コストおよび運用コストの引き下げを目的として始まり，そのモデルは，特定目的の必要性を満たすために創造され，イギリス産業に最初に導入されたのはテロテクノロジー

を通してである。

①ライフサイクル・コスティングの意義と目的

　ライフサイクルは，所有コストを含む資産コストが評価される期間であり，開発（概念）段階，デザインと取得（資本投資）段階，生産（運用と保全）段階に区分される。ライフサイクル・コストは資産の耐用年数にわたる最適コストを達成するためのプランニングに関連する。すなわち，ライフサイクル・コストは有形資産の取得，利用，処分に関するコストを含み，さらに，実行可能性研究コスト，研究コスト，生産コスト，取り替えコスト，処分コスト，有形資産の取得，利用，保全，取り替えなどによって発生する支援コスト，訓練コスト，運用コストなどを含んでいる。

②ライフサイクル・コスティングの長所と短所

　ライフサイクル・コスティング（LCC）の長所として以下の点が指摘される。
　a　LCCは行われる意思決定全体の関わり合いを表現する。
　b　初期段階でのLCCの適用は，デザイン考慮が生産ライフ要件への効果を表現する。
　c　LCCの定量化は契約保証として利用することができる。
　d　LCCの適用は，より良いプランニングおよび賢明な意思決定を考慮する包括的な検討を要求する。
　e　LCCの実践は，より密接な統合を促進し，コミュニケーションを改善する。

　次に，ライフサイクル・コスティングの産業への適用の主要な短所は，次のようである。
　a　将来の潜在的なコスト要素のすべてを予想することの困難性。
　b　ライフサイクルの長さは，現在とは遠い時に発生するコスト要素の正確性についての疑いを起こさせる。

c　割引率，耐用年数の長さ，技術の開始などの重要な諸要因は，不確実性を表している。
　d　産業活動には多様性があるので，LCCの手続きは，各状況について個別に最も有利にデザインされる傾向になる。

③ライフサイクル・コスティングの基礎をなす諸概念
　ライフサイクル・コスティングを実践するためには，その基礎をなす諸概念の理解が必要である。ライフサイクルの切り方においても，たとえば，開発段階をさらに次のように考えることが有用である。
　機能的分析の段階：運用パラメーター，設備選択ないしは保全政策間のトレード・オフを処理する。
　システム開発の段階：異なる技術のデザインあるいは実践の間の選択をする。
　経済性評価の段階：新資産のシステム全体あるいは製品間の選択を考察する。
　以下において，諸概念のいくつかを説明する。
1）ライフサイクル・コスト・モデル
　イギリスとアメリカの文献によれば，過去10年間に提示されたモデルは，次のように分類できる。
　　概念的モデル：広い仮定に基づくこのモデルは，早い段階での全体システムの関わり合いについての理解を助ける。
　　分析的モデル：このモデルは，ライフサイクルにわたるコスト構成要素を記述するために使用されるコスト関係の集合から成り立っている。
　　経済的モデル：LCC分析の基本的な機能を遂行するこのモデルは，投資の時間価値を考慮に入れる。
　　発見型モデル：コンピュータ・シミュレーションを通して開発され，ある状況に対して特別の用途を持つモデルである。

トレード・オフモデル：ライフサイクル段階間の，あるいはライフサイクルの構成要素間の代替的選択の効果を考えるモデルである。

2) ライフサイクル・コストの構造

　歴史的データと単位あたりの価格が未来コストを予測するための基礎であり，他の技法もコスト見積りに利用される。コスト見積り関係によって表現されるコスト・ブレークダウン構造は，図表7－16に示されるように3つのレベルで構築される。

図表7－16　コスト・ブレークダウン構造

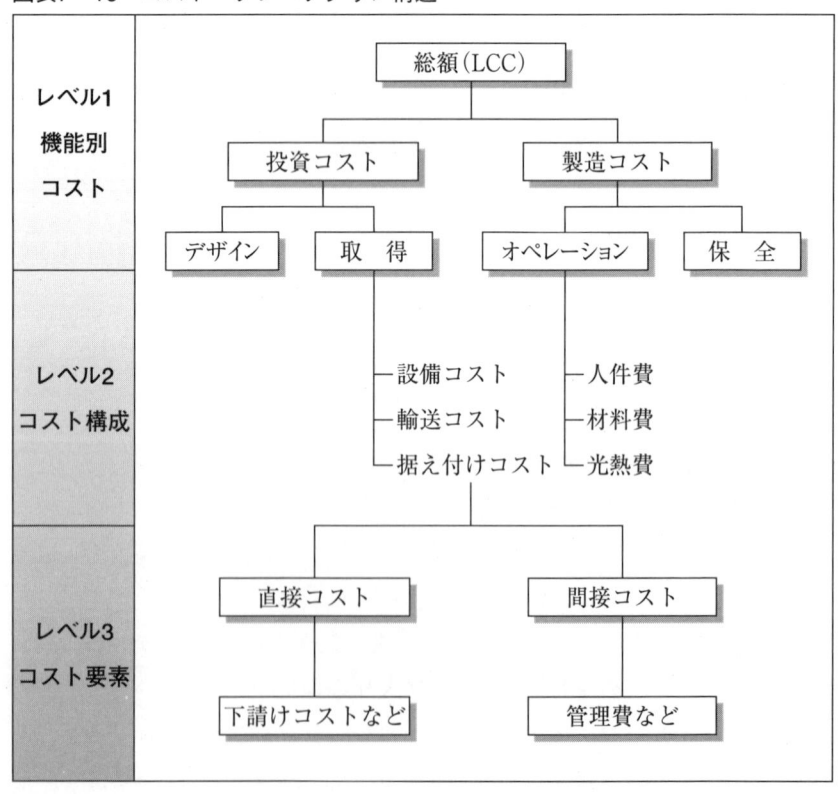

| レベル1 機能別コスト | 総額（LCC） |
| --- | --- |
| | 投資コスト／製造コスト |
| | デザイン　取得　オペレーション　保全 |
| レベル2 コスト構成 | ─設備コスト　─人件費<br>─輸送コスト　─材料費<br>─据え付けコスト　─光熱費 |
| レベル3 コスト要素 | 直接コスト　間接コスト<br>下請けコストなど　管理費など |

3) 経済性の評価

　プロジェクトの経済性分析を行う際には，全体的なライフサイクル・システム・アプローチが適用され，代替案の経済的意味が評価される。プロジェクト評価方法には回収期間法，年間利益率法，内部利益率法，正味現在価値法などがあり，正味現在価値法が経済性の評価にとって標準的なものである。

4) リスクと不確実性

　将来の見積りは信頼できるデータに基づいているけれども，不確実性に満ちている。LCC の結果に影響を及ぼすパラメーターとして以下のものがある。
　a　ライフスパン：資産の耐用年数を見積る場合にどんな考察が必要か。
　b　経済的諸要因：未来キャッシュ・フローの割引率の選択は，基本的な利子率に加えて，インフレーションとリスクに依存する。

　　インフレーション：現在価値に変換する場合に未来のキャッシュ・フローの増加に影響を及ぼす。割引率は基礎的インフレーションから形成される。

　　リスク：リスクを含む方法は，キャッシュ・フローではなく，割引率の調整に基づいている。
　c　物理的諸要因：このコストの測定は，オペレーション，利用可能性，信頼性，保全性などの諸特徴に基づいている。

5) ライフサイクル・コスティングの報告書は以下の点を含んでいる。
　・導入部と目的の説明
　・諸仮定とデータの源泉
　・方法についての簡単な概要
　・結果と勧告
　・リスクと不確実性の影響

6) ライフサイクル・コスティングの特徴

　LCC は，エンジニアリングおよびエンジニアリング・システムの経済性に注意を向けるものであり，その特徴として以下の点を指摘できる。

a　資産が必要とされるかどうかについての意思決定を含まない。

b　ライフサイクル全体を考慮しない他の方法の限界をカバーするために創造されたのがライフサイクル・コスティングである。

c　LCC 適用のためのデータ準備が必要である。

d　その分析は，システムの変更ないしは設備の再デザインによって，資本ないしは全体の関わり合いにおける「節約額」が達成できる状況を示すことができる。

e　最初の諸仮定および意思決定の妥当性を評価するための継続的なモニタリングを考慮に入れている。

f　未来コストおよび現実のライフスパンを予測する際の信頼性をさらに改善しなければならない。

g　普遍的に妥当する LCC モデルは存在しないけれども，「必要性から創造される基準線（ベースライン）モデル」，「ニーズに対する単純かつ特殊なモデル」などが適切な出発点を示す。明確な方法論と健全なデータ・ベースが，実際の LCC 分析がスタートする前に必要とされる。

## 4　建設業のライフサイクル・コスティング [15]

　80 年代には，建設業においてライフサイクル・コスティングが実践され，図表 7 - 17 に示す枠組みが，ライフサイクル・コスティングの特質を提示している。

図表7-17 ライフサイクル・コスティングの構成要素

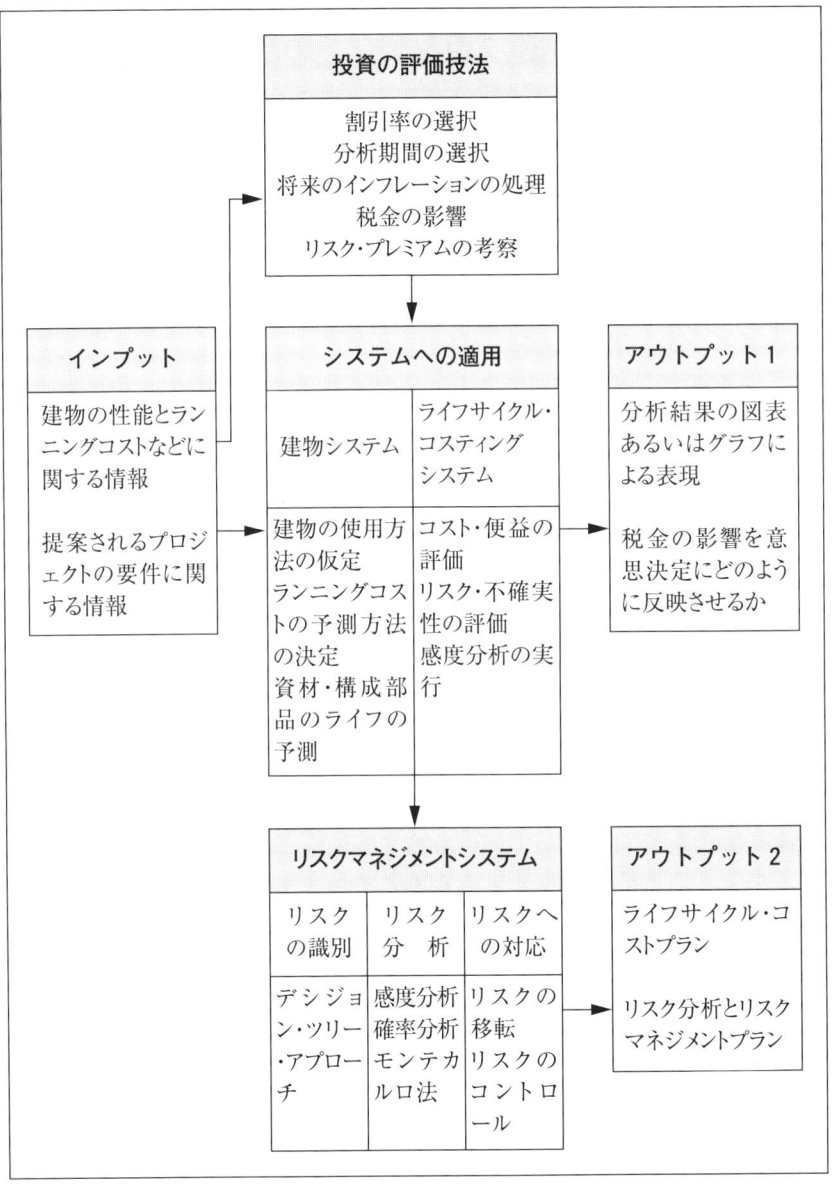

**投資の評価技法**
- 割引率の選択
- 分析期間の選択
- 将来のインフレーションの処理
- 税金の影響
- リスク・プレミアムの考察

**インプット**
- 建物の性能とランニングコストなどに関する情報
- 提案されるプロジェクトの要件に関する情報

**システムへの適用**

| 建物システム | ライフサイクル・コスティングシステム |
|---|---|
| 建物の使用方法の仮定 / ランニングコストの予測方法の決定 / 資材・構成部品のライフの予測 | コスト・便益の評価 / リスク・不確実性の評価 / 感度分析の実行 |

**アウトプット1**
- 分析結果の図表あるいはグラフによる表現
- 税金の影響を意思決定にどのように反映させるか

**リスクマネジメントシステム**

| リスクの識別 | リスク分析 | リスクへの対応 |
|---|---|---|
| デシジョン・ツリー・アプローチ | 感度分析 / 確率分析 / モンテカルロ法 | リスクの移転 / リスクのコントロール |

**アウトプット2**
- ライフサイクル・コストプラン
- リスク分析とリスクマネジメントプラン

出所：Flanagan (1989), pp.2-5, pp.73-75.

## 第3節 国防省調達プロジェクトのライフサイクル・コスティング実践

国防省は，1988年にCALSに類似するプロジェクトCIRPLS（Computer Integration of Requirements, Provisioning, Logistics and Support）を開始した。CIRPLSの主要目的は予算と資源調達を国防省マネジメント・プランに組み込み，以下の下位目的を達成することにある。

① 生産性：能率を改善し，装備のライフサイクル・コスト，機能および支援などの特徴に関して，企業がデザイン特徴をトレード・オフできる能力を増進すること。
② 支援性：支援事項がコンセプト作りの段階以前から検討されること。
③ 調達可能性：調達プロセスを改善し，ビジネス取引のスピードの質を増進すること。
④ 会計責任：装備のアヴェイラビリティー，信頼性，保全性，機能，コストなどに関する会計責任を，ライフサイクル・コストを定義できる，把握できる，そして帰属させることのできる活動基準原価計算の枠組みによって改善すること。

CIRPLSの開発時に誕生したDEAMS（Defense Equipment Acquisition and Materiel Support）は，国防省におけるゆりかごから墓場までの装備マネジメントを対象とするものであり，年間およそ100億ポンドの予算と国防装備のライフサイクル・コストのマネジメントを特に強調し，財務マネジメントにおいてはライフサイクル・コスティングと会計責任が重要視される[16]。

### 1 ロールス・ロイス社のライフサイクル・コスティング実践 [17]

①ライフサイクル・コストとライフサイクルの段階

第7章　イギリス・ライフサイクル・コスティングの展開　189

　ロールス・ロイス社の軍用機エンジンの製造においてライフサイクル・コストは，システムの開始からその解消にいたる間に支出され，システムに直接的および間接的に帰属するすべてのお金の合計額であり，プログラムの取得，所有，処分の各段階のコストを含むものである。システムのライフサイクルは，次の段階に分解される。
・研究，開発，テスト，評価のデザイン・プロセス
・投資段階－デザインがひとたび決定された後の製造および顧客獲得の段階
・運用と支援の段階－有効経済的耐用期間とその支援の段階
・処分の段階－製品の役務提供からの退役の段階

a　研究・開発・テスト・評価の段階
　　図表7－18はエンジンの決定される支出と現実の支出をライフサイクルを通して比較している。

図表7-18　LCCへのデザインステージの影響

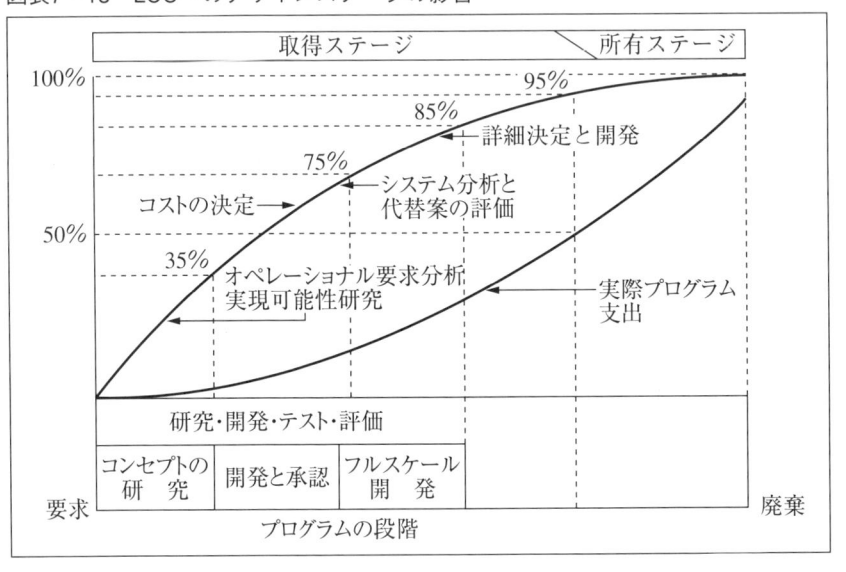

b 投資段階

この段階では、LCC分析者の焦点は外部的になり、顧客を分析する。エンジン調達を検討する企業経営者からの提案要求を受け取ることになる。

図表7－19に示されるLCC分析は、顧客が提供を受けるデータのタイプを表している。

図表7－19　典型的ハイレベル・サイクル・コストの要約

| LCC要約 | £M | % |
|---|---|---|
| R, D, T&E | | |
| 　コンセプト研究 | 5 | 1 |
| 　開発および有効性確認（承認） | 20 | 4 |
| 　フルスケール開発 | 150 | 30 |
| R, D, T&E　合計 | 175 | 35 |
| | | |
| 投資 | | |
| 　製造投資 | 25 | 5 |
| 　エンジン投資 | 100 | 20 |
| 　エンジン支援投資 | | |
| 　　－予備部品 | 20 | 4 |
| 　　－初期支援 | 5 | 1 |
| 投資　合計 | 150 | 30 |
| | | |
| 運用および支援 | | |
| 　燃料，潤滑油および注油 | 75 | 15 |
| 　保全労務 | 20 | 4 |
| 　保全材料 | 75 | 15 |
| 　持続されるエンジン支援 | 5 | 1 |
| 運用および支援　合計 | 175 | 35 |
| | | |
| トータル・ライフサイクル・コスト | 500 | 100 |

②シミュレーション・モデリング

ライフサイクル・コスト要素の相互作用は複雑なプロセスであり、ライフサイクルの段階に応じて絶え間ない移動を伴う。図表7－20は、ライフサイクル・コスト構造およびそのシミュレーション・モデリングに必要な変数のフローを示すものである。

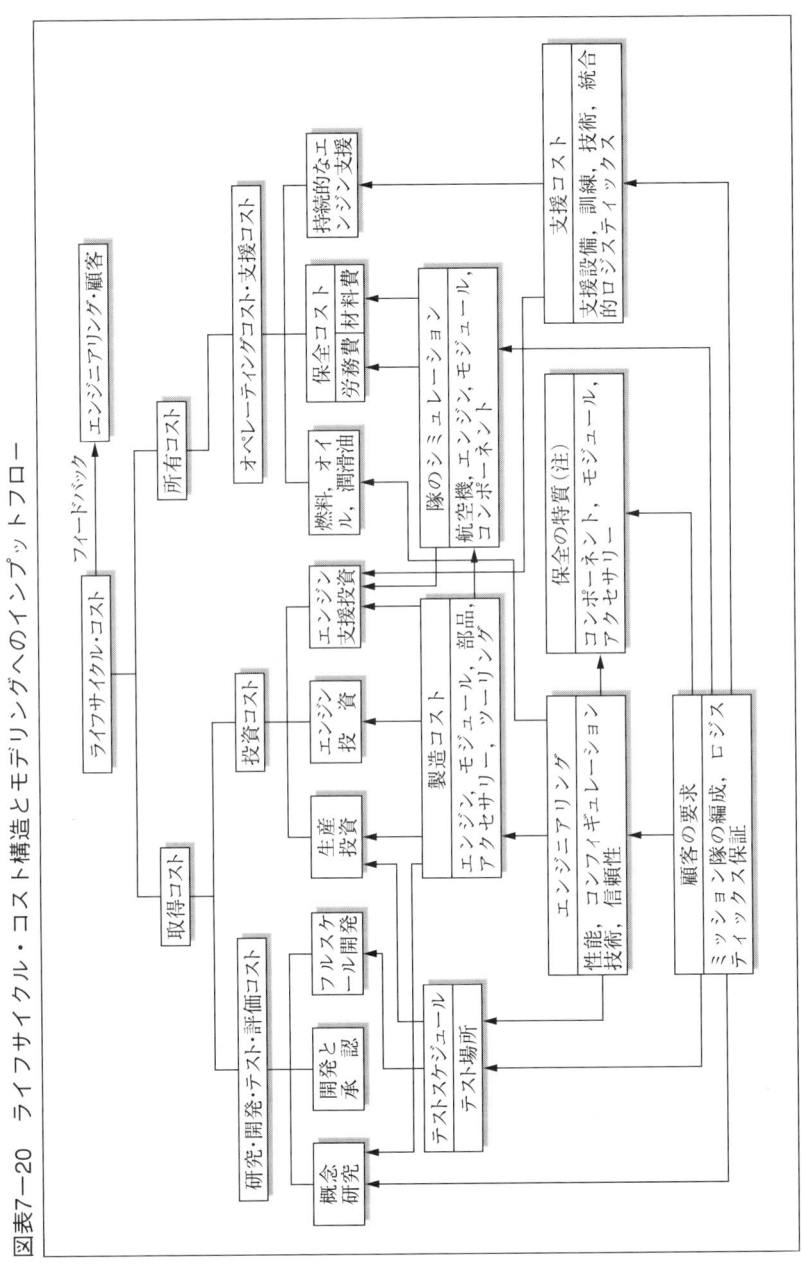

第7章　イギリス・ライフサイクル・コスティングの展開　191

図表7−20　ライフサイクル・コスト構造とモデリングへのインプットフロー

(注) コンポーネントの耐用年数、支援性、信頼性、保全性、修理可能性、テスト可能性、耐用性、利用可能性

## 2 ブリティッシュ・エアロスペース社のライフサイクル・コスティング実践 [18]

　1995年，ブリティッシュ・エアロスペース社（BAe）は，空軍の補給海上巡視航空機（RMPA）入札案内を国防省から受け取り，1996年にこれを受注した。成功要因の一つは，入札にライフサイクル・コスティング（LCC）を適用したことにある。

　同社のライフサイクル・コスティングは，製品およびシステムの開始からサービス，さらに最終段階の回収あるいは処分にいたるまでの耐用期間を通じて，それらに関連するすべてのコストを予測し，識別することである。ライフサイクル・コストに含まれるコスト要素は，取得コスト，サービス・コストそして廃棄コストである。

　LCCの具体化は，システム設計段階に規定される。その概念は，図表7－21において確認できるように，コストの85％がシステム定義段階の終了ま

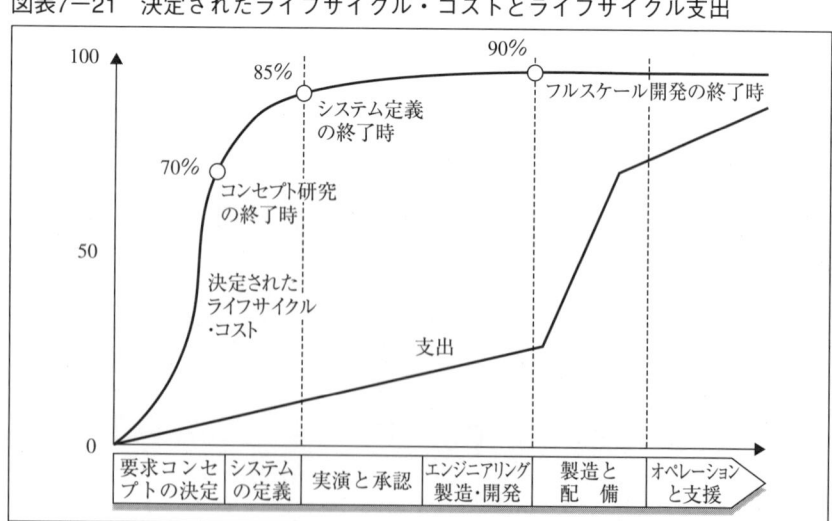

図表7－21　決定されたライフサイクル・コストとライフサイクル支出

第7章　イギリス・ライフサイクル・コスティングの展開　193

でに決定される。

　LCC構成のコスト・ブレークダウン構造の各要素について，毎年，比較するために原価計算をしなければならない。利用されるコスト・ブレークダウン構造（Cost Breakdown Structure：ＣＢＳ）は，図表7－22である。

図表7－22　コスト・ブレークダウン構造

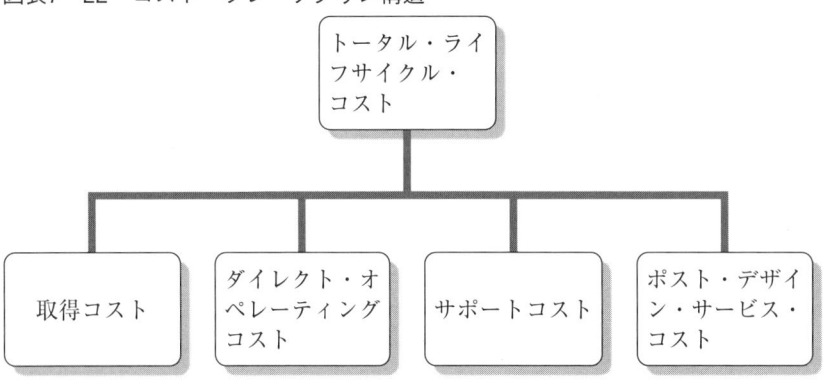

```
                  トータル・ライ
                  フサイクル・
                  コスト
         ┌───────┬──────┴──────┬────────┐
      取得コスト  ダイレクト・    サポートコスト  ポスト・デザイ
              オペレーティング              ン・サービス・
              コスト                        コスト
```

　同社によれば，入札要件ではコスト・ブレークダウン構造は詳述されていたが，これらの要素を評価すべきアルゴリズムが与えられていなかった。また，同社のLCCチームは，コスト・ブレークダウン構造の要件を満たし，入札要件をも満たすと考えられるアルゴリズム一式を生み出している。

注
1) 山本雄二，兼田禎宏共著『トライボロジー』理工学社，1998年，2～3頁。
　　また，トライボロジーについては，以下の文献を参照している。
　　是枝隆三郎「トライボロジー対策」『プラントエンジニア』1974年4月，73～78頁。
2) テロテクノロジーに関しては，以下の文献を参照。

日本プラントエンジニア協会LCC委員会編『ライフサイクル・コスティング－手法と実例－』日本プラントエンジニア協会，1981年。

中嶋清一著『改訂テロテクノロジー－設備の総合工学』日本プラントエンジニア協会，1981年。

日本プラントメンテナンス協会『製造プラントのメンテナンス技術－ライフサイクル・コストに関する調査研究報告書』日本プラントメンテナンス協会，1986年。

岡本　清「TPMの経済的効果測定方法に関する研究（その1）」『日本設備管理学会誌』Vol.3.No.2, 1991年，55～60頁。

岡本　清「TPMの経済的効果測定方法に関する研究（その2）」『日本設備管理学会誌』Vol.3.No.3, 1992年，55～60頁。

Iron and Steel Institute, *Terotechnology in iron-and steelworks*. 1972, London.

3) Department of Industry's Committee for Terotechnology, *Terotechnology Handbook*, Her Majesty's Stationary Office, 1978, p.8.

4) Committee for Terotechnology, *Life Cycle Costing in the Management of Physical Assets : A Practical Guide*, Her Majesty's Stationary Office, 1977, p.4.

5) *A Practical Guide*, op.cit., pp.10-11.

6) *A Practical Guide*, op.cit., p.16.

7) *A Practical Guide*, op.cit., pp.45-46.

8) Department of Industry's Committee for Terotechnology, *Terotechnology Handbook*, Her Majesty's Stationary Office, 1978, p.59.

9) *Terotechnology Handbook*, op.cit., p.18.

10) Riddell, H.S., Life-Cycle Costing in The Chemical Industry : Two Case Studies, *Terotechnica*, No.2, 1981, pp.9-21.

Riddell, H.S., The Implementation of Terotechnology in a Decentralised Chemical Processing Industry, *Terotechnica*, No.1, 1979, pp.89-103.

11) Kelly, Anthony, *Maintenance Strategy*, Butterworth Heinemann, 1997, p.9,13.

12) Harvey, G., Life-Cycle Costing : A Review of the Technique. *Management Account-*

第7章　イギリス・ライフサイクル・コスティングの展開　195

  *ing*, Octber, 1976. pp.343-347. 本節は，この論文の内容を引用する。
13) Taylor,W.B., The Use of Life Cycle Costing in Acquiring Physical Assets, *Long Range Planning*, Vol.14, No.6. December, 1981, pp.32-43. 本節は，この論文の内容を引用する。
14) Tnabit, S.S., Life Cycle Costings : decade of progress, *Chartered Mechanical Engineer (CME)*, May 1983, pp.46-49. 本節は，この論文の内容を引用する。
15) Flanagan, Roger, George Norman, Justin Meadows and Graham Robinson, *Life Cycle Costing Theory and Practice*, BSP Professional Books, 1989.
  Bull Jhon, W., *Life Cycle Costing for Construction*, Bleackie Academic & Professional, 1993.
  Surveyors Publications, *Life Cycle Costing for Construction*, 1983.
  Royal Institute of Chartered Surveyors, *A Guide to Life Cycle Costing for Construction*. Surveyors Publications 1986.
  Royal Institute of Chartered Surveyors, *Life Cycle Costing : a Worked Example*. Surveyors Pubilicaitons 1987.
16) Porter, Mike, Background and Detection of CALS In The UK. *CALS / Enterprise International Journal* / Summer, 1994, pp.66-67.
17) ここでは，以下の論文を要約して，紹介する。
  Gibbs, R.E., Life-cycle cost modelling of military aero-engines in Rolls-Royce. in ublished by Professional Engineering Publishing Limited for the Institution of Mechanical Engineers, Bury St Edmuds and London, UK., IMechE Seminar Publication : *Life Cycle Costs*, Professional Engineering Publishing Limited, 1998, pp.31-44.
18) ここでは，以下の論文を要約して，紹介する。
  Mitchell, J.R., The application of life-cycle costing techniques to the British Aerospace RMPA proposal. in Published by Professional Engineering Publishing Limited for the Institution of Mechanical Engineers, Bury St Edmuds and London, UK., IMechE Seminar Publication : *Life Cycle Costs*, Professional Engineering Publishing Limited,1998, pp.17-29.

# 第 8 章

# 日本における
ライフサイクル・
コスティングの展開

アメリカおよびイギリスのライフサイクル・コスティングは，わが国の実務家，特に，エンジニアと呼ばれる人たちに影響を及ぼしている。60年代以降の彼らの研究を整理する作業を通じて，この時代にライフサイクル・コスティングがどのように理解され，実務に活用されたのかを解明することができる。この点は，本書では，残された課題としているので，今後，文献研究だけでなく，実証研究を通して解明されなければならない課題である。ライフサイクル・コスティングが新しいコスト・マネジメント思考として再認識され，議論されるのは90年代なので，ここでは，比較的最近の会計専門家の見解を紹介する[1]。

## 第1節　ライフサイクル・コスティングの意義

まず，日本のTPMはテロテクノロジーからその理念を継承しており，ここを起点とするライフサイクル・コスティングは，以下のように理解されている。

「製造企業としても，自己の製品やシステムの研究・開発段階で，そのライフサイクル・コストを予測し，ユーザーの負担するコストを経済的にするために，その製品やシステムの効果性（機能，信頼性，保全性，安全性，製作性，補給支援などのパラメーターによって評価する）を一方で考慮しながら，他方でライフサイクル・コストをも製品やシステム評価のパラメーターに加え，各種の代替案のなかから最前の案を選択するという，いわばライフサイクル・コストを作り込むライフサイクル・コスティング（Life cycle costing；LCC）を実施するようになってきた。次に日本プラントメンテナンス協会のLCC委員会による，ライフサイクル・コスティングの定義を示しておこう。

ライフサイクル・コスティングとは，ユーザーの使用するシステム（設計）のライフサイクル・コストを経済的にするために，システムの開発段階でライフサイクル・コストを設計パラメーターとし，各種のトレードオフを徹底的に行うところのシステマティックな意思決定法である。」[2]

イギリスの資産，特に建物を対象とするライフサイクル・コスティングの思想は，「ライフサイクル・コスティング（Life-cycle costing）とは，研究開発から処分にいたるまで，資産のライフサイクル全体で発生するコストを測定し，伝達するための計算ツールである。」[3] という定義に反映されている。

アメリカ型の製品ライフサイクル・コスティングの系譜に属する「ライフサイクル・コスティングは，文字どおり，製品のライフサイクル全般にわたって発生するコストを集計・分析して，その結果を経営管理者に報告する計算システムである。」[4] という理解を導出している。

そしてライフサイクル・コスティング体系を，次のように主張する論者もいる。「ライフサイクル・コスティング（life-cycle costing）には，2つのタイプがある。1つは，製品ないしサービスの提供者側からみたライフサイクル・コスティングであり，1つは，製品ないしサービスの需要者側からみたライフサイクル・コスティングである。後者の意味でのライフサイクル・コストは，顧客ライフサイクル・コスト（customer life-cycle costs）と呼ばれる。」[5]

次に，日本のライフサイクル・コスティングの特質は，TPMのライフサイクル・コスティングと，他方では，日本的管理会計と主張される原価企画のライフサイクル・コスティングを認識することによって明らかになる。原価企画とライフサイクル・コストの関係について，バリュー・エンジニアリングおよび原価企画研究者の見解は，以下のようである。

「目標原価（target cost）は製品のライフサイクル・コスト（life cycle cost, LCC）に対して許容された原価枠であると考えることができる。ライフサイ

クル・コストであるから製品の開発設計原価，製造原価，販管費等メーカーの原価の他にユーザーの使用上の原価（開発設計段階で予定した耐用数期間にわたる）や廃却費まで含めたものでなければならない。

　目標原価は管理上の必要性からメーカーサイドの目標原価のみならずユーザーサイドの目標原価も設定される。

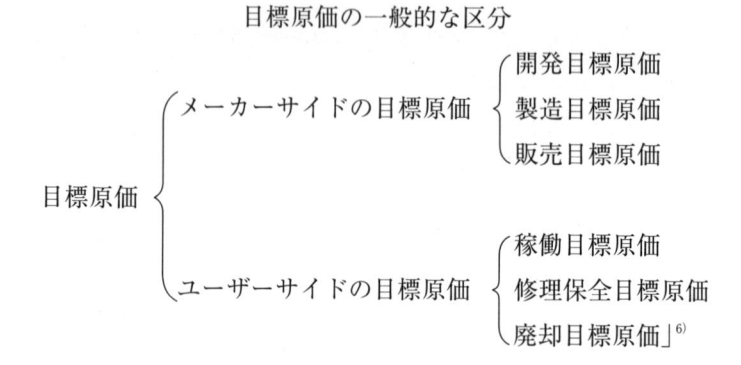

目標原価の一般的な区分

目標原価
- メーカーサイドの目標原価
  - 開発目標原価
  - 製造目標原価
  - 販売目標原価
- ユーザーサイドの目標原価
  - 稼働目標原価
  - 修理保全目標原価
  - 廃却目標原価」[6]

　次に，原価企画とライフサイクル・コスティングの現代的意義は，「メーカーは，一般市場に対してもライフサイクル全体にわたって高いコスト・パフォーマンスを示す製品を提供しなければ競争に勝てない状況が生まれている。また，環境保護や資源のリサイクル化のためにも全ライフサクル・コストを把握する社会的意義が高まっている」[7]と理解されなければならない。そして「原価企画は，理想的，理論的には，ライフサイクル・コストのすべてを対象として展開されるべきである。企画段階では，上述のように，基本的理念としては，全ライフサイクル・コストという概念が適用されるべきである。もちろん，現実には，ライフサイクル・コストのすべてが検討されているということではない。」[8]

## 第2節　実態調査

ライフサイクル・コスティングに関するわが国の実態調査を紹介する。

①日本プラントメンテナンス協会・ライフ・サイクル・コスト委員会「わが国初のLCCing実態調査まとまる」[9]

ライフサイクル・コスティングの導入と普及に貢献している日本プラントメンテナンス協会の調査の一部は、図表8－1に示されている。

②伊藤　弘「研究レポート　建築物のライフサイクル・コストに関する調査研究」[10]

発注者と設計者そして施設管理者向けにアンケート調査の発送数708，回答数291，回答率41.1%であった。アンケートの集計結果は次のようである。

Q　LCCについてどの程度知っているか

「かなり知っている」「よく知っている」の比率は設計者が高く全体の60%程度である。

Q　知っているなら，効果はどう考えるか

「かなり知っている」「よく知っている」という回答者にその効果を尋ねたところ，効果的であるという回答は全体で約65%で，施工者，設計者で高い。

Q　効果的でないなら，その理由

効果的でないという回答者にその理由を尋ねたところ，「手法が明確でない」とか「データが信用できない」という技術面の指摘が全体で50%程度あった。また「不確実な先のことを計算してもむだである」，「結果が経済の変化に影響される」，「将来の技術の変化に対応できない」という将来予測につ

図表8-1 ライフサイクル・コスティングの実施

| マーク | No. | 質問 | | 全事業所 171 (100%) | ユーザー 151 (88%) | メーカー 20 (12%) | LCCing実施事業所 | | |
|---|---|---|---|---|---|---|---|---|---|
| | | | | | | | 合計 40 | ユーザー 34 | メーカー 6 |
| 共 | 3-1 | LCCingの利用 | | (%) | (%) | (%) | (%) | (%) | (%) |
| | | イ | 利用している | 40(23) | 34(23) | 6(30) | 40(100) | 34(100) | 6(100) |
| | | ロ | 利用していない | 131(77) | 117(77) | 14(70) | 0 | 0 | 0 |
| 共 | 3-2 | LCCing導入後の年数 | | 2～10年 | | | | | |
| 共 | 3-5 | LCC計算モデルシミュレーションモデル | | | | | | | |
| | | イ | もっている | 15( 9) | 13( 9) | 2(10) | 11(28) | 9(26) | 2(33) |
| | | ロ | もっていない | 151(88) | 133(88) | 18(90) | 29(72) | 25(74) | 4(67) |
| | | ハ | わからない | 5( 3) | 5( 3) | 0 | 0 | 0 | 0 |
| 共 | 3-6 | LCC計算プログラム（ソフト） | | | | | | | |
| | | イ | もっている | 7( 4) | 5( 3) | 2(10) | 6(15) | 4(12) | 2(33) |
| | | ロ | もっていない | 159(93) | 141(94) | 18(90) | 34(85) | 30(88) | 4(67) |
| | | ハ | わからない | 5( 3) | 5( 3) | 0 | 0 | 0 | 0 |
| 共 | 3-7 | CE＝SE/LCCの計算 | | | | | | | |
| | | イ | 行っている | 10( 6) | 9( 6) | 1( 5) | 6(15) | 6(18) | 0 |
| | | ロ | 行っていない | 152(89) | 133(88) | 19(95) | 33(83) | 27(79) | 6(100) |
| | | ハ | わからない | 9( 5) | 9( 6) | 0 | 1( 2) | 1( 3) | 0 |
| 共 | 3-8 | LCCingでの「トレードオフ」 | | | | | | | |
| | | イ | 行っている | 47(28) | 42(28) | 5(25) | 26(65) | 23(68) | 3(50) |
| | | ロ | 行っていない | 117(68) | 107(67) | 15(75) | 13(33) | 10(29) | 3(50) |
| | | ハ | わからない | 7( 4) | 7( 5) | 0 | 1( 2) | 1( 3) | 0 |

（注）マーク欄
　共はユーザー，メーカー共通の質問
　ユはユーザーのみへの質問
　メはメーカーのみへの質問
　マークの上に×印をつけたものは，満足度計算には使用しなかった質問を示している。
　質問欄の記号の意味
　ライフサイクル・コスティング上での判定のCE式
　（費用有効度＝システム有効度／ライフサイクル・コスト）
　　　　CE＝Cost Effectiveness
　　　　SE＝System Effectiveness
　　　　LCC＝Life Cycle Cost
　　　　DTC＝Design to Cost

いての疑問,すなわち LCC 分析結果の利用の仕方についての疑問が 40% 程度であった。その他の意見を集約すると,信頼できるデータが乏しく,特に材料等の耐用年数が不明確そして将来予測については難しい面があるので,簡略化した LCC が欲しいなどである。

③西澤　脩「主要企業における管理会計の実態調査結果」[11]
　原価管理の新方式としての活動基準原価計算（ABC），ライフサイクル・コスティング，原価企画，品質原価計算，ゼロベース予算（ZBB），標準原価計算などの実施を質問している。回答総数 126 社のうち，ライフサイクル・コスティングを実施しているのは 8 社，6.3％である。

④日本大学商学部会計学研究所「原価計算実践の総合的データベース構築」[12]
　原価管理の方法としてのライフサイクル・コスティングの利用は，回答総数 833 社のうち，5 社，0.6％である。

⑤森　久「【資料】原価管理に関する実態調査の集計結果」[13]
　ダイヤモンド社編『会社職員録（全上場会社版）1997 年版』が利用され，653 社が調査対象企業として抽出され，回収総数は 171 社でありその回収率は 26.2％である。
質問 40. 貴社はライフサイクル・コスティングにどのように取り組まれていますか
a　すでに広範に実施している　……………………………4 社（2.3％）
b　部分的に実施している　…………………………………9 社（5.3％）
c　実験的に実施している　…………………………………2 社（1.2％）
d　実施はしていないが，検討はしている　………………12 社（7.0％）
e　検討するまで至っていない　……………………………88 社（51.5％）
f　社内ではライフサイクル・コスティングそのものが
　　ほとんど知られていない　………………………………49 社（28.7％）

g　無回答 ………………………………………………………7社（4.1%）

⑥山田裕昭，福田康明「設備保全活動の実態分析」[14]
　1部・2部上場の製造業400事業所に対して，設備保全の方式，保全のねらいと問題点，保全活動への取り組み方，生産管理水準等の調査項目からなる調査票を郵送にて配布ならびに回収し，有効回答のあった事業所数は，全体で72事業所（回収率18.0%）であった。
　保全活動に重要と思われる活動としてライフサイクル・コスティングがあげられている。ライフサイクル・コスティングは，現在およそ2%の企業が重要と考えているが，将来，ライフサイクル・コスティングが保全活動に重要になると答えているのは，およそ13%の企業である。

## 第3節　単行本によるライフサイクル・コスティングの研究

　わが国へのライフサイクル・コスティングの導入は，アメリカとイギリスの文献を通じて行われた側面を認識できる。ここでは，単行本を提示するに留めておきたい。

●アメリカ関連の文献として以下をあげることができる。
中神芳夫翻訳・監修『VE資料 30LCC Work Book 米国連邦政府調達庁（GSA）編』日本VE協会，1977年。
B. S. ブランチャード著　石川島播磨重工業株式会社訳『ロジスティクス－ライフサイクル・コストの経済性追求－』ロジスティクス学会日本支部，1979年。
B. S. ブランチャード著　宮内一郎訳『ライフサイクル・コスト計算の実際』ロジスティクス学会日本支部，1979年。

A.J. デリソッラ，S.J. キルク共著　千住鎮雄訳『建物のライフサイクル・コスト分析』鹿島出版会，1987 年。

江崎通彦『デザイン・ツー・コストの新しい考え方とその手順』産能大学出版部，1990 年。

●イギリス関連の文献としては，以下がある。

ロジャー・フラナガン／ジョージ・ノーマン著　建築・設備維持保全推進協議会訳『建物のライフサイクル計画』技術書院，1988 年。

中嶋清一『改訂テロテクノロジー－設備の総合工学』日本プラントエンジニア協会，1981 年。

●わが国のプラントのライフサイクル・コスティング関連文献としては，以下がある。

日本プラントエンジニア協会 LCC 委員会編『ライフサイクル・コスティング－手法と実例－』日本プラントエンジニア協会，1981 年。

日本プラントメンテナンス協会『製造プラントのメンテナンス技術－ライフサイクル・コストに関する調査研究報告書』日本プラントメンテナンス協会，1986 年。

電気学会プラントライフサイクル・コスト最適化技術調査専門委員会『プラントライフサイクル・コストの最適化』電気学会，1991 年。

この文献においては，以下の点が記述されている。

　システム最初の時期から，構想，定義，取得，運用の 4 段階に分けて，システム全体の有効性を逐次再評価しながら，実用化の段階を経て廃棄に至るまでのライフサイクルにわたって開発取得費および運用維持費の総合計を最小にするライフサイクル・コスティングを行うとともに，開発期間の短縮を計ったものであった。最近では，ライフサイクルは，①構想，②定義，③開発，④生産，⑤運用，⑥廃棄の 6 段階に分けて検討される。

　この報告書では，ライフサイクル・コスティングの定義をつぎのように

まとめている。すなわち，ライフサイクル・コスティングは，製品の取得に関する意思決定に LCC，あるいはその一部を使用することである。

わが国では，建築関係のライフサイクル・コスティング研究が行われており，建築物関連文献として以下がある。

建築・設備維持保全推進協会編『ビルディング LC ビジネス百科』オーム社，1992 年。

建設省土木研究所『ダム用ゲート開閉装置（油圧式）設計要領（案）』1992 年。

建設大臣官房官庁営繕部監修『建築物のライフサイクルコスト』経済調査会，1993 年。

　　この本のライフサイクル・コスト（LCC）は，企画設計費，建設費，運用管理費および廃棄物処分費にわたる建築物の生涯に必要なすべてのコストを指す。ライフサイクル・コストを計算するシステムとして LCC 概算システム，LCC 略算システム，LCC 精算システムが示されている。建築物のライフサイクル・コスト項目は，①企画設計コスト　②建築コスト　③運用管理コスト　④廃棄処分コストなどである。

建築・設備維持保全推進協会『LC（ライフサイクル）設計の考え方』建築・設備維持保全推進協会発行，1995 年。

石塚義高『建築のライフサイクルマネジメント』井上書院，1996 年。

　　ライフサイクル・コストについては，図表 8 − 2 の体系が示されている[15]。

　　ただし，ライフサイクル・コスティングは日本で効果的に利用されているとは言い難い，これは次の事実に起因しているという実務家の見解もある[16]。

(1) 計算公式（方法）それ自身を理解するのが困難であること。

(2) 計算に使われるデータが不完全であること。

(3) 近い未来において，何が発生する（起こる）かを，われわれは正確に語ることはできない。計画は，環境の変化に従って修正されなければなら

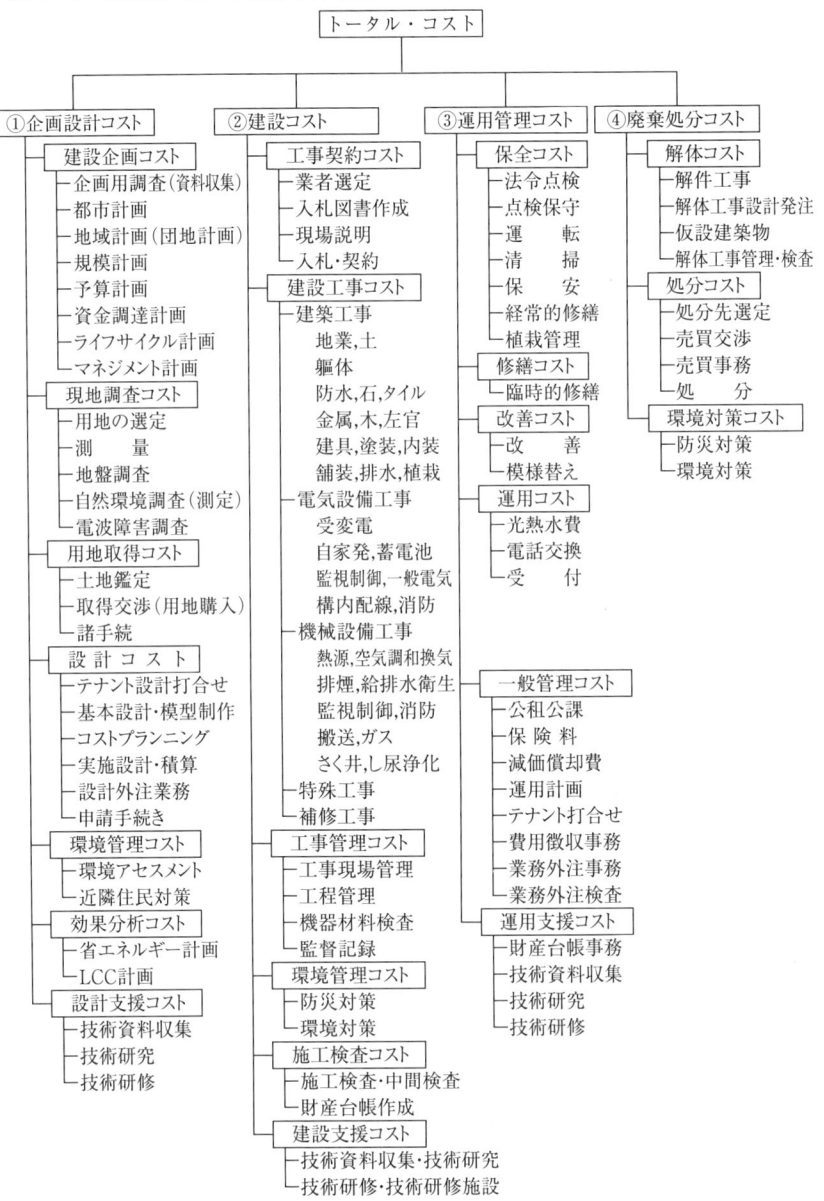

第8章　日本におけるライフサイクル・コスティングの展開　207

図表8－2　建築物のLCC項目の体系化

トータル・コスト
- ①企画設計コスト
- ②建設コスト
- ③運用管理コスト
- ④廃棄処分コスト

**①企画設計コスト**
- 建設企画コスト
  - 企画用調査（資料収集）
  - 都市計画
  - 地域計画（団地計画）
  - 規模計画
  - 予算計画
  - 資金調達計画
  - ライフサイクル計画
  - マネジメント計画
- 現地調査コスト
  - 用地の選定
  - 測量
  - 地盤調査
  - 自然環境調査（測定）
  - 電波障害調査
- 用地取得コスト
  - 土地鑑定
  - 取得交渉（用地購入）
  - 諸手続
- 設計コスト
  - テナント設計打合せ
  - 基本設計・模型制作
  - コストプランニング
  - 実施設計・積算
  - 設計外注業務
  - 申請手続き
- 環境管理コスト
  - 環境アセスメント
  - 近隣住民対策
- 効果分析コスト
  - 省エネルギー計画
  - LCC計画
- 設計支援コスト
  - 技術資料収集
  - 技術研究
  - 技術研修

**②建設コスト**
- 工事契約コスト
  - 業者選定
  - 入札図書作成
  - 現場説明
  - 入札・契約
- 建設工事コスト
  - 建築工事
    - 地業、土
    - 軀体
    - 防水、石、タイル
    - 金属、木、左官
    - 建具、塗装、内装
    - 舗装、排水、植栽
  - 電気設備工事
    - 受変電
    - 自家発、蓄電池
    - 監視制御、一般電気
    - 構内配線、消防
  - 機械設備工事
    - 熱源、空気調和換気
    - 排煙、給排水衛生
    - 監視制御、消防
    - 搬送、ガス
    - さく井、し尿浄化
  - 特殊工事
  - 補修工事
- 工事管理コスト
  - 工事現場管理
  - 工程管理
  - 機器材料検査
  - 監督記録
- 環境管理コスト
  - 防災対策
  - 環境対策
- 施工検査コスト
  - 施工検査・中間検査
  - 財産台帳作成
- 建設支援コスト
  - 技術資料収集・技術研究
  - 技術研修・技術研修施設

**③運用管理コスト**
- 保全コスト
  - 法令点検
  - 点検保守
  - 運転
  - 清掃
  - 保安
  - 経常的修繕
  - 植栽管理
- 修繕コスト
  - 臨時的修繕
- 改善コスト
  - 改善
  - 模様替え
- 運用コスト
  - 光熱水費
  - 電話交換
  - 受付
- 一般管理コスト
  - 公租公課
  - 保険料
  - 減価償却費
  - 運用計画
  - テナント打合せ
  - 費用徴収事務
  - 業務外注事務
  - 業務外注検査
- 運用支援コスト
  - 財産台帳事務
  - 技術資料収集
  - 技術研究
  - 技術研修

**④廃棄処分コスト**
- 解体コスト
  - 解件工事
  - 解体工事設計発注
  - 仮設建築物
  - 解体工事管理・検査
- 処分コスト
  - 処分先選定
  - 売買交渉
  - 売買事務
  - 処分
- 環境対策コスト
  - 防災対策
  - 環境対策

ない。

注

1) 日本のライフサイクル・コスティングに関する実務家および研究者の見解は，以下の文献を参照。

岡野憲治『ライフサイクル・コスティング研究序説－実践的展開を中心として』松山大学総合研究所，1997年。

小林哲夫「ライフサイクル・コストと原価企画」『国民経済雑誌』第173巻第3号，1996年3月，1～13頁。

Michiharu Sakurai, *Integarated Cost Management*, Productivity Press, 1996.

伊藤嘉博「製品開発とライフサイクル・コスティング」（田中隆雄・小林啓孝 編『原価企画戦略』中央経済社，1995年に所収）。

1994年度原価企画特別委員会報告草案『原価企画研究の課題』1994年。

竹森一正「LCCMにおける研究開発費の費用便益分析」『経営情報学部論集』，1994年3月。

小林哲夫『現代原価計算論－戦略的コスト・マネジメントへのアプローチ－』中央経済社，1993年。

日本会計研究学会 特別委員会報告『新しい企業環境下における原価管理システムのあり方【平成4年度最終報告書】』1993年。

日本会計研究学会特別委員会中間報告『新しい企業環境における原価管理システムのあり方【平成4年度報告書】』1992年。

櫻井通晴『ＣＩＭ構築：企業環境の変化と管理会計』同文舘，1991年。

櫻井通晴「原価計算と原価管理ライフサイクル・コスティング－概念とその活用法－」『JICPAジャーナル』No.424，1990年12月。

牧戸孝郎「ライフ・サイクル・コスティング」（岡本　清・宮本匡章・櫻井通晴編著『ハイテク会計』同友館，1988年に所収）。

日本会計研究学会特別委員会『現代原価計算の課題』1986年。

ENGINEERS編集部「ライフ・サイクル・コスティング」『ENGINEERS』1967年4月，27〜30頁。

2) 岡本　清『原価計算　六訂版』国元書房，2000年，831〜832頁。

3) 櫻井通晴『管理会計　第二版』同文舘，2000年，228〜229頁。

　櫻井通晴『企業環境の変化と管理会計』同文舘，1991年，152〜153頁。

4) 伊藤嘉博『品質コストマネジメント－品質管理と原価管理の融合－』中央経済社，1999年，168頁。

5) 廣本敏郎『原価計算』中央経済社，1997年，398〜405頁。

6) 田中雅康「原価管理の展開－技術与件決定プロセスにおける原価管理－」『原価計算，日本原価計算研究学会特別号第12冊』，1981年12月，3〜32頁。

7) 小林哲夫『現代原価計算論』中央経済社，1993年，158〜170頁。

8) 日本会計研究学会特別委員会『原価企画研究の課題』森山書店，1996年，55頁。

9) 日本プラントメンテナンス協会・ライフ・サイクル・コスト委員会「わが国初のLCCing実態調査まとまる」『プラントエンジニア』1983年11月，39〜42頁。

10) 伊藤　弘「研究レポート建築物のライフサイクル・コストに関する調査研究」『BELCA』1994年11月，16〜21頁。

11) 西澤　脩「主要企業における管理会計の実態調査結果」『早稲田商学』1995年3月，28頁。

　西澤　脩『日本企業の管理会計－主要229社の実態分析－』中央経済社，1995年。

12)「特集・原価計算実践の総合的データベース構築」『会計学研究第9号』日本大学商学部会計学研究所，1996年，158頁。

13) 森　久「【資料】原価管理に関する実態調査の集計結果」『経理知識（明治大学経理研究所）』第77号，1998年9月，143-159頁。

14) 山田裕昭，福田康明「設備保全活動の実態分析」『日本設備管理学会誌』

2000年1月, 11〜18頁.

15) 建設大臣官房官庁営繕部監修『改訂　建築物のライフサイクルコスト』経済調査会, 2000年, 53頁.

16) Katuyoshi Minemasa『DEMAND FOR A NEW LIFE CYCLE PHILOSOPHY-IN PLACE OF THE CONCEPT OF LIFE CYCLE COST WHICH IS NOT TAKEN ADVANTAGE OF-』IN『STRATEGIES & TECHNOLOGIES for MAINTENANCE & MODERNISATION of BUILDING CIB W70 TOKYO SYMPOSIUM VOLUME ONE.

*Proceedings of the International Symposium on Management,*

*Maintenance and Modernisation of Building Facilities 26-28 October 1994, Tokyo,Japan. Organised by CIB INTERNATIONAL COUNCIL FOR BUILDENG RESEARCH STUDIES AND DOCUMENTATION*』CIB WORKING COMISSION 70.CIB W70 TOKYO SYMPOSIUM ORGANIZING COMMITTEE,1994. この論文を参照.

# 第 9 章

ドイツ・ライフサイクル・
コスティングの展開

70年代の西ドイツには独自のテロテクノロジー的理念がすでに存在し，80年代にアメリカのライフサイクル・コスティングとイギリスのテロテクノロジーの研究を通して，ライフサイクル原価がシステム・ライフサイクルにおいて発生する総原価を意味し，この総原価を把握し，説明し，予測することがライフサイクル・コスティングであると理解された。

　ライフサイクル・コスティングをドイツの伝統的な原価計算理論と統合する研究から製品ライフサイクル計算（Produktlebenszyklusrechnung）が展開されている。これに含まれる代表的な理論を2節で検討する。ライフサイクル・コスティングと原価企画を統合する研究からは製品ライフサイクル原価計算（Product Life Cycle Costing）とライフサイクル目標原価計算（Life Cycle Target Costing）が創造された。これは3節で検討される。これらの理論は，市場原理が働く場における企業と製品を対象とし，製品のライフサイクルに依拠する原価計算であるという意味において，生産者あるいは供給者のライフサイクル・コスティングである。この理論は，アメリカ・イギリスの代表的な顧客のライフサイクル・コスティングとは異なるものである。また，ドイツでは，ライフサイクル・コスティングの限界がコスト面のみに集中している点とライフサイクルの区分のあいまいな点にあるとして，収益をモデルに含み，ライフサイクルの区分を精密に分析する傾向にある[1]。

## 第1節　ライフサイクル・コストの意義

　ライフサイクル・コスティングの基本的な事実は，システムのトータル・コストの主要部分がライフサイクルの初期段階において決定され，その目的は，システムのトータル・コストを引き下げることにあると主張する1970年代のアメリカ・イギリス文献を通じて，ドイツへライフサイクル・コスティング（Life Cycle Costing）は伝播された。ドイツ的なライフサイクル・コス

ティングの特質とその方法をどのように考え出そうとしているかについて，当初の考えをわれわれに伝えるのは，1980年代の文献である。この時期には，ライフサイクル・コスト概念（Lebenszykluskosten）の研究が行われ，この概念を図表9－1のように理解しようとする姿勢が，一つの特質として指摘できる[2]。原価有利な製品あるいはシステムを獲得するために，最初の原価と連続して発生する原価から構成される総原価を分析することがライフサイクル・コスティングであり，その中心は，原価，給付，時間などを総合的に考察するシステム思考にあると理解されている。

図表9－1　ドイツ・ライフサイクル・コスト概念（Lebenszykluskosten）

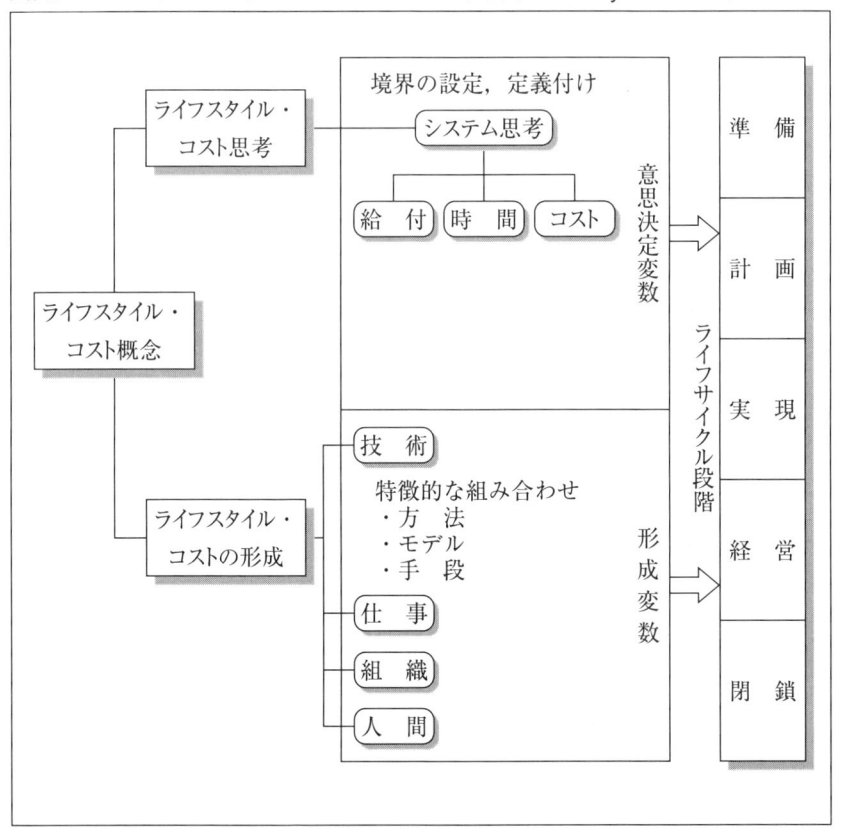

## 第2節　製品ライフサイクル計算

### 1　ライフサイクル製品管理

　図表9－2が示す製品の生成（企画／開発）サイクル，市場サイクル，保証・サービス給付によるアフターケア義務サイクルまでの統合的製品ライフサイクルに含まれる原価・収益の計画と管理を支援することがライフサイクル製品管理である。コンピュータを活用して管理する方法は，原価・収益などのデータバンクおよび方法バンクによって実現可能であると主張される。この図表に示されている統合的製品ライフサイクルと諸概念は，以後の研究の基礎となっている[3]。

### 2　製品ライフサイクル・コスト・マネジメント

　製品を計画と管理の単位とし，市場向け製品生産の意思決定に関連するすべての原価への影響に関する対策を含むものが製品ライフサイクル・コスト・マネジメントである。これは，製品製造をするか否かの決定に関連する原価に影響を及ぼす活動であり，製品の開発から廃棄までの全期間の原価が対象とされる。この概念には原価だけでなく価格政策を通じての売上マネジメントも含まれ，製品の総原価はどのように形成すれば最適になるのかを問う概念であり，製品戦略に関する計画段階において，リスク・不確実性をシナリオ法を活用して処理し，成果最適化を目的とする。この概念は，原価企画に類似するものであるとも述べられている。図表9－3が示すように，期間中の製品成果については，時間価値を基礎とする製品計算と補償貢献額計算が行われ，計算上の利子率を含む割引計算が行われる。これは自動車企業

第9章　ドイツ・ライフサイクル・コスティングの展開　215

図表9-2　統合的製品ライフサイクル

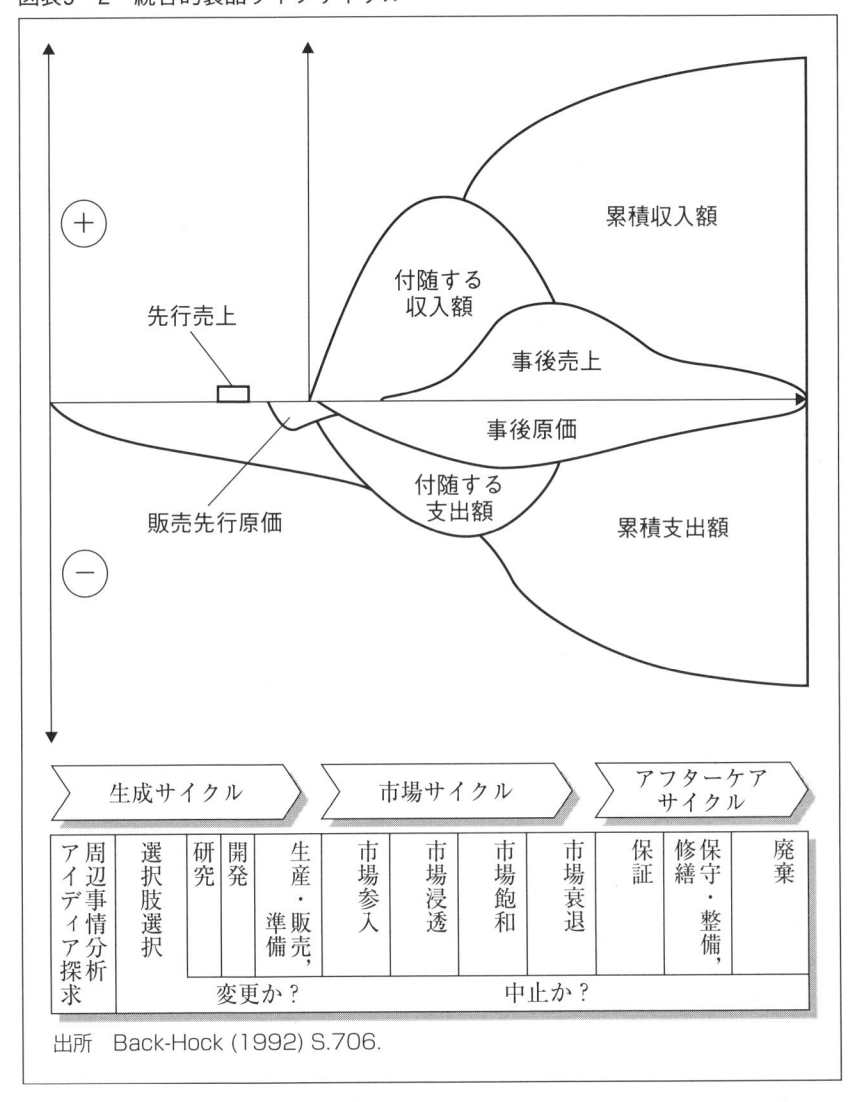

（図：統合的製品ライフサイクルの図解。縦軸は＋と－、横軸は時間。曲線は累積収入額、付随する収入額、事後売上、事後原価、付随する支出額、累積支出額を示す。先行売上、販売先行原価も表示。）

| 生成サイクル | | | | | 市場サイクル | | | | アフターケアサイクル | | |
|---|---|---|---|---|---|---|---|---|---|---|---|
| 周辺事情分析アイディア探求 | 選択肢選択 | 研究 | 開発 | 生産・販売,準備 | 市場参入 | 市場浸透 | 市場飽和 | 市場衰退 | 保証 | 保守・整備,修繕 | 廃棄 |
| | 変更か？ | | | | | 中止か？ | | | | | |

出所　Back-Hock (1992) S.706.

の例であり，種類1, 2, 3は，各車種を意味し，各車種の成果貢献額は，6年間のライフサイクルで計算され，各年の製品特定的支出と複数年に渡る開発コストなどを控除後に製品の成果が算出されている[4]。

図表9-3 製品の計算

| | 時間価値による製品計算 | 次元 | 1994 | 1995 | 1996 | 1997 | 1998 | 1999 | 総計額 |
|---|---|---|---|---|---|---|---|---|---|
| 1 | 成果貢献額-種類1 | TDM | -7.550 | -24.000 | 7.550 | 15.250 | 33.500 | 19.680 | 44.430 |
| 2 | 成果貢献額-種類2 | TDM | … | … | … | … | … | … | … |
| 3 | 成果貢献額-種類3 | TDM | … | … | … | … | … | … | … |
| 4 | 合計額-各種類の成果貢献額の合計- | TDM | -28.000 | -70.000 | 25.760 | 47.350 | 95.800 | 60.500 | 131.410 |
| 5 | 製品特定的支出(期間内の以下のコスト) | TDM | 250 | 2.500 | 3.500 | 2.500 | 2.200 | 2.200 | 13.150 |
| 6 | 製造における | TDM | … | … | … | … | … | … | … |
| 7 | 管理における | TDM | … | … | … | … | … | … | … |
| 8 | 販売における | TDM | … | … | … | … | … | … | … |
| 9 | | TDM | … | … | … | … | … | … | … |
| 10 | 製品の補償貢献額1 | TDM | -28.250 | -72.500 | 22.260 | 44.850 | 93.600 | 58.300 | 118.260 |
| 11 | 製品特定的支出 | TDM | 8.200 | 25.00 | | 250 | | 80 | 33.530 |
| 12 | (複数期間の以下のコスト) | | | | | | | | |
| 13 | 製品特定的開発コスト | TDM | … | … | … | … | … | … | … |
| 14 | 製品特定的管理コスト | TDM | … | … | … | … | … | … | … |
| 15 | | TDM | … | … | … | … | … | … | … |
| 16 | 製品の成果 | TDM | -36.450 | -97.500 | 22.260 | 44.600 | 93.600 | 58.220 | 84.730 |

資本価値  TDM  24.454
(支出追加額、購買時期1994年初め、計算上の利子率;0.1)

出所 Rückle/Klein (1994), S.359.

## 3 製品ライフサイクルに依拠する計画計算と管理計算

ライヒマン／フレーリンクは，自動車企業における先行原価としての部品開発のための研究・開発費の製品への配分，キルガー／プラウトの限界計画原価計算・補償貢献額計算に依拠する製品ライフサイクル計画，後給付原価の算定，ライフサイクル報告書などを検討した。そして彼らは，動態的原価および収益管理の基礎となる製品ライフサイクルに依拠する計画原価計算と管理原価計算を開発した。重要なのは，管理サイクルにおいて作成される図表9－4の報告書で

図表9－4　ライフサイクル報告書

| 製品番号<br>製品記号<br>由来<br>プロジェクト番号<br>プロジェクト記号<br>報告期間<br>報告年月日 | | | |
|---|---|---|---|
| 指標 | 予測 | 計画 | 実際 |
| 投資指標<br>資本価値（DM　千単位）<br>年賦（DM　千単位）<br>内部利率（％表示）<br>ペイオフ期間／損益分岐時間（月単位） | －<br>－<br>－<br>－ | －<br>－<br>－<br>－ | －<br>－<br>－<br>－ |
| 原価および成果指標<br>ライフサイクル売上高（DM　千単位）<br>ライフサイクル原価（DM　千単位）<br>当該先行原価（DM　千単位）<br>当該給付プロセス原価（DM　千単位）<br>当該追加原価（DM　千単位）<br>ライフサイクル補償貢献利益（DM　千単位）<br>残余減価償却費（DM　千単位）<br>ライフサイクルの長さ（月単位）<br>ライフサイクル実際販売量（個数単位）<br>損益分岐点（単位数量） | －<br>－<br>－<br>－<br>－<br>－<br>－<br>－<br>－<br>－ | －<br>－<br>－<br>－<br>－<br>－<br>－<br>－<br>－<br>－ | －<br>－<br>－<br>－<br>－<br>－<br>－<br>－<br>－<br>－ |

出所　Reichmann/Fröhling（1994）s.330.

ある。製品の経済的優位性を評価するために，この報告書に記載される評価指標である投資指標と原価・成果指標の最後に実現した数値が，予測値，計画値，実際値などを比較するという方法を用いて総合的に分析される。このモデルにも，時間価値を考慮する資本価値が含まれる点に注目すべきである[5]。

## 4 製品ライフサイクル・マネジメント

製品ライフサイクルに依拠する製品計画成果計算を基礎とする製品ライフサイクル・マネジメントの目的は，広い視点から，製品の原価，収益および成果に影響を及ぼす製品開発からアフターケア・プロセスまでの製品ライフサイクルを考察することによって，製品の財務経済上の成果目標を達成することにある。製品ライフサイクルに沿う製品計画には，品質，時間，原価，売上などの諸要因の最適化が含まれる。これらの戦略的成功要因を組み合わせることによって，製品市場での成功が確かなものになると主張される。このモデルは，原価計算上のモデルとして展開されており，投資計算上の問題は取り上げられていない。実務のためには，収益・原価・補償貢献利益間の関連を把握することが重要であると主張され，製品投資の有利性の判断規準には，資本価値法などが利用される[6]。

## 5 ライフサイクル計算

この理論は，投資理論的方法，計算方法，個別原価・貢献利益計算などから構成され，収入・支出に基づく投資理論の原則を基礎とする計算が行われる。ライフサイクル・コスティングは計算方法に含められ，支払い指向的に考察され，投資計算に近い形で強調され，ライフサイクルに依拠するプロジェクト管理にとって中心的な意味を持つものであると主張される。図表9-5が諸概念の関連性を示している。

このライフサイクル計算は，高度に自動化された大量生産型企業における

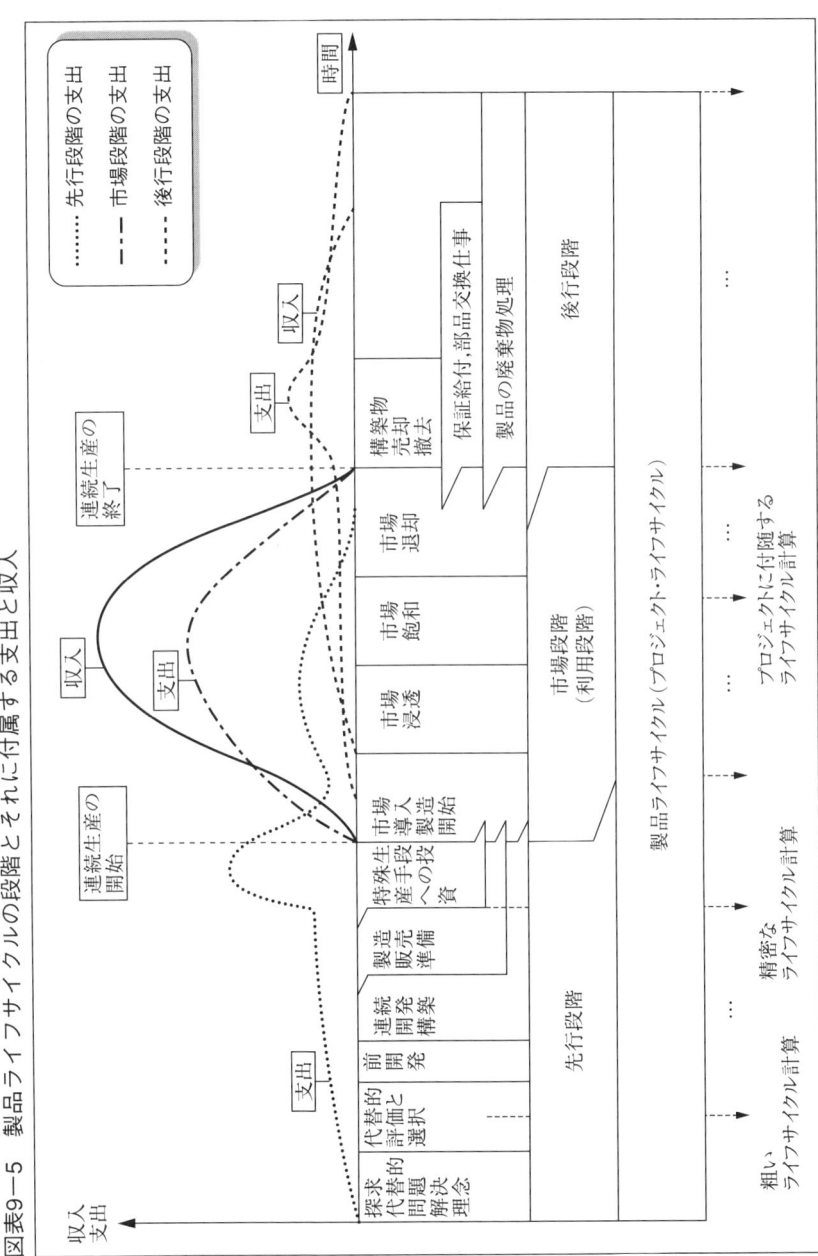

第9章 ドイツ・ライフサイクル・コスティングの展開 219

図表9-5 製品ライフサイクルの段階とそれに付属する支出と収入

戦略的製品プロジェクトに関する経済的作用を計算し，経済性を判定し，経済性を監視し，計画策定の前提を継続的に管理することによって，製品の多期間に渡る計画・管理手段とするものである。動的投資計算方法の適用がその核心を形成するこのライフサイクル計算は，戦略的プロジェクトとしての製品プロジェクトを管理する手段として構想されるものであると主張されている[7]。

## 6 ライフサイクル原価計算

　この理論は，全体として原価有利なシステムを達成するために，最初の原価と連続する原価（Folgekosten）から構成される総原価を分析し，期間補償貢献利益計算をライフサイクル関連補償貢献利益計算に変換することを試みている。広義のライフサイクル原価計算の下では，決算期間指向的および短期的な計算という伝統的な方法とは異なり，対象指向的，非周期的，比較的長期的に方向づけられる原価，収益，利益（成果）概念が理解され，対象物全体の原価，収益性などが算出される。

　この理論は，短期の意思決定に役立つ情報を提供する限界計画原価計算・補償貢献額計算，キルガーの動的限界計画原価計算，動態化計算の特徴を経営管理上役立つ将来指向性にあるとするリーベルの相対的個別原価計算・補償貢献額計算，将来向けの意思決定指向的原価計算を動態的原価計算とするザイヒトの段階的限界計画原価計算などに基礎を置くので，原価計算の動態化という文脈においても必要であると主張される。

　製品ライフサイクル・モデルの開発，製品ライフサイクル指向の補償貢献利益計算，収益に関する考察，製品ライフサイクル関連補償貢献利益などの内容の基礎をなすのは，前給付サイクル，製造・市場サイクル，後給付サイクルから構成される製品ライフサイクル・モデルである[8]。この理論に属する製品ライフサイクル原価計算（Produktlebenszykluskostenrechnung）は，製品ライフサイクル中に発生する製品原価の最適化を目指し，戦略的製品原価のマネジメントの基礎計算，たとえば，製品ライフサイクル価格下限値の計算

などを担当する。そしてこの原価計算には，限界計画原価計算・補償貢献額計算を基礎とする形態，割引後の収入と支出を基礎とする形態，相対的個別原価・補償貢献額計算を基礎とする形態などがあると分類されている[9]。

## 7 ライフサイクル利益管理

　ライフサイクルに依拠する原価および収益のマネジメントを意味するライフサイクル利益管理は，製品のライフサイクル全体に関連する概念である。その目的は，製品に関連して存在するすべての作用を弾力的に，できるだけ早い時点で，できるだけ完全に，物理的に，時間的に，金額的に秩序づけて見積り，計画し，把握し，管理することによって，製造企業の製品マネジメントを適切な情報によって積極的に支援し，製品ライフサイクルを通して原価および収益の形成を可能にすることにある。生産者あるいは供給者指向の製品ライフサイクル計算（Produktlebenszyklusrechnung）は，ライフサイクル利益管理として展開されるべきであると主張される。

　この理論は，製品の開発・設計から廃棄に至る製品の利益管理をモジュール的に説明し，それらモジュール間のトレード・オフを考えて全体の問題点を示す点と，リュッケの定理を用いて，期間的・全体的にライフサイクル・マネジメントに関わる成果計算の方法を具体的に示して，原価計算と投資計算の統合を提案する点に特質が認められる。この理論によれば，ライフサイクル利益管理は，①ライフサイクル利益管理についての概念的な拡張と手段的拡張，②投資計算と原価計算との統合，③モデル理論の基礎としてのライフサイクル・モデルの選択，④原価および収益概念の設定，⑤関連対象である製品の概念規定，⑥結合作用の考慮，⑦原価および収益の考慮，⑧計算変数の計画および管理の考慮，⑨計画の設定と計画の調整に関する方法の弾力性などの9つの規準をすべて備えていなければならないと主張される。図表9－6が，各モデルとこれら諸規準の関係を示している[10]。

図表9-6　ドイツ・供給者指向ライフサイクル原価計算理論の比較

| 規準＼モデル | Produktlebenszyklusrechnung | | | | | | | |
|---|---|---|---|---|---|---|---|---|
| | CAM-I 1988 | Back-Hock 1988 | Shields Young 1991 | Rückle Klein 1994 | Reichmann Frohling 1994 | Siegwart Senti 1995 | Zehbold 1996 | Riezler 1996 |
| 1 構築：<br>　概念<br>　手段 | ○<br>× | ×<br>○ | ○<br>× | ×<br>○ | ×<br>○ | ×<br>○ | ×<br>○ | ○<br>○ |
| 2 統合：<br>　投資計算<br>　原価計算 | ×<br>× | ×<br>○ | ×<br>× | △<br>○ | ○<br>○ | △<br>○ | ×<br>○ | ○<br>△ |
| 3 ライフサイクル・モデルの選択 | × | ○ | × | × | × | ○ | ○ | ○ |
| 4 構築：<br>　原価概念<br>　収益概念 | × | ○ | × | × | ○ | ○ | ○ | △ |
| 5 Produktの定義 | × | × | × | ○ | △ | ○ | ○ | × |
| 6 結合関係の考察 | × | × | × | × | × | × | ○ | ○ |
| 7 考察：<br>　原価<br>　収益 | ○<br>× | ○<br>○ | ○<br>× | ○<br>△ | ○<br>× | ○<br>○ | ○<br>○ | ○<br>○ |
| 8 演算数：<br>　計画<br>　制御<br>　管理 | ×<br>×<br>× | ○<br>○<br>○ | ×<br>×<br>× | ○<br>△<br>○ | ○<br>○<br>○ | ○<br>○<br>○ | ○<br>△<br>○ | ○<br>○<br>○ |
| 9 モデルの弾力性 | × | × | × | × | × | × | × | × |
| モデルの特質 | 概念の定式化 | 情報問題としてのLebenszykluskostenrechnung | 企業の総合的管理 | 製品計算 | 研究開発費を中心とする原価計算 | 戦略的成果要因によるライフサイクル指向の製品成果 | 製品ライフサイクル関連補償貢献利益シェーマ | 製品プロジェクトの戦略的コントローリング |

記号の意味：○＝規準を満たしている　△＝規準を一部分満たしている
　　　　　　×＝規準を満たしていない

## 第3節 製品ライフサイクル原価計算

### 1 製品ライフサイクル原価計算

　この製品ライフサイクル原価計算では，原価企画によって目標原価が分析され，製品の目標原価は企画／開発／設計サイクルの時点で決定され，ライフサイクル・コスティングは，製品概念の拡張に利用される。そして製品ライフサイクル原価計算とは，製品の調達原価と事後原価をその利用期間において把握し，最小化することを試みることである。その長所は，製品ライフサイクル原価を分析し，全体を把握する見方にあり，さらに意思決定の相互依存性を明確化し，企画／開発／設計サイクルにおける意思決定のもつ意味を明らかにする点にある。図表9－7の計算例は，医療用診断機器の新製品を3年間で開発し，500台を7年間で販売する計画を示すものである。収入額と支出額によって計算されるこのモデルにも割引計算が含まれている。細かな計算は記述されないが，報告書の単位は，百万独マルクである[11]。

### 2 ライフサイクル目標原価計算

　ライフサイクル・コスティングと原価企画を統合する考えは，先行段階の計画と管理が，後段階の原価に影響を及ぼすという命題に基礎を置いている。たとえば，先行段階の製品関連意思決定が，長期的な結果に対して影響を及ぼすことになる。このライフサイクル目標原価計算は，ライフサイクル・コスティングの全体的なライフサイクル関連的視点を原価企画の静態的時間関連的視点・市場指向性と一体化させ，多期間に渡る動態的時間関連的視点へ

図表9－7　生産者の視点の製品ライフサイクル・コスティングの計算例

| 計算上の利子率＝12% | 1988 | 1989 | 1990 | 1991 | 1992 | 1993 | 1994 | 1995 | 1996 | 1997 | 合計 |
|---|---|---|---|---|---|---|---|---|---|---|---|
| 収入 (Et) | | | | | | | | | | | |
| 設備売却 | | | | 94,00 | 99,00 | 87,00 | 77,00 | 89,00 | | | 446,00 |
| 保守 | | | | 54,00 | 45,00 | 67,00 | 87,00 | 74,00 | 86,00 | 92,00 | 505,00 |
| 支出 (At) | | | | | | | | | | | |
| 投資 | | 12,00 | 18,00 | 45,00 | 22,00 | | | | | | 97,00 |
| 製造 | | | | 12,00 | 40,00 | 35,00 | 33,00 | 31,00 | | | 151,00 |
| 開発 | 11,00 | 14,00 | 18,00 | 14,00 | 27,00 | 21,00 | 16,00 | 12,00 | | | 133,00 |
| 管理 | 15,00 | 15,00 | 15,00 | 23,00 | 23,00 | 23,00 | 23,00 | 23,00 | 18,00 | 18,00 | 196,00 |
| マーケティングセールス | | | | 20,00 | 12,00 | 31,00 | 12,00 | 18,00 | | | 93,00 |
| 保守 | | | | 14,00 | 17,00 | 25,00 | 18,00 | 12,00 | 17,00 | 18,00 | 121,00 |
| 廃棄 | | | | | | | | | 12,00 | 12,00 | 24,00 |
| (Et－At) 名目 | －26,00 | －41,00 | －51,00 | 20,00 | 3,00 | 19,00 | 62,00 | 67,00 | 39,00 | 44,00 | 136,00 |
| 名目累計 | －26,00 | －67,00 | －118,00 | －98,00 | －95,00 | －76,00 | －14,00 | 53,00 | 92,00 | 136,00 | 136,00 |
| (Et－At) 割引後 | －26,00 | －36,61 | －40,66 | 14,24 | 1,91 | 10,78 | 31,41 | 30,31 | 15,75 | 15,87 | 17,00 |
| 割引後累計 | －26,00 | －62,61 | －103,27 | －89,03 | －87,12 | －76,34 | －44,93 | －14,62 | 1,13 | 17,00 | 17,00 |

出所：Coenenberg (1994) s.33.

の移行を目的としている。長期的に有効な意思決定はライフサイクルの先行段階に計画される価格・原価・成果情報などを基礎に行われるという命題に基づいて創造されるこの原価計算は，製品関連的原価を時間的に異なる統合化ライフサイクル上で考察することを可能にすると主張される。

両概念の相違点と相互補完性を示す図表9－8によれば，ライフサイクル・コスティングを意思決定に利用するためには，売上を原価計算に組み込まなければならない。原価企画の中心は，製品単位あたりの目標原価基準値である。そしてこの原価計算は，ライフサイクルの各局面における販売価格の変更，目標原価の変更などの意思決定に関連する情報を提供できるので，ライフサイクルにおける製品特定的情報だけでなく，意思決定関連情報も提供できる原価計算であると主張される[12]。

図表9－8　ライフサイクル・コスティングと原価企画

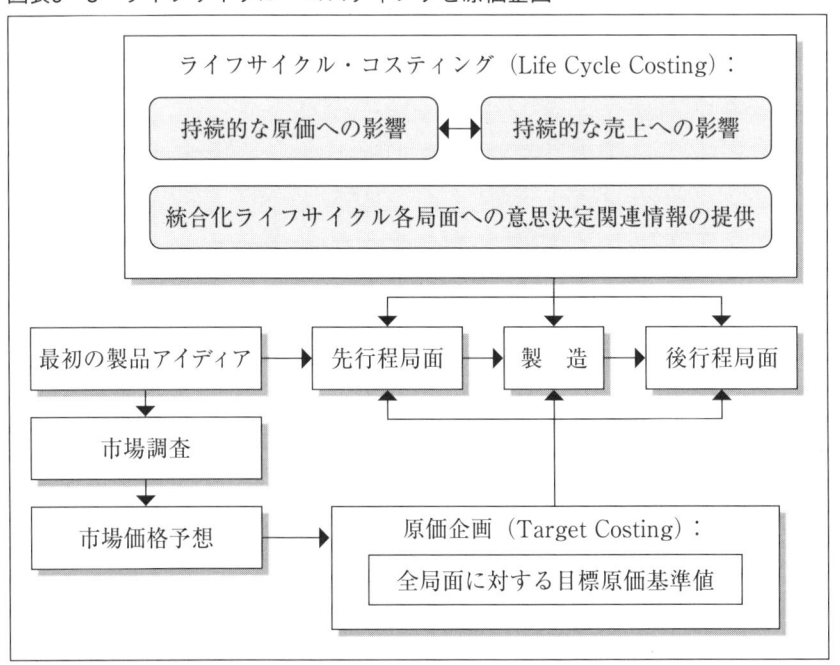

出所：Schmidt (2000) s.77.

## 第4節　実態調査

ライフサイクル・コスティングに関してドイツで行われた3種類の実態調査を紹介する。

### 1　西ドイツ建設業のライフサイクル・コスティング

1982年の西ドイツにおいて，ライフサイクル・コスティングがどのように実践されているかについての実態調査がある。調査の目的は，西ドイツ建設業者がどの程度ライフサイクル・コスティングの要素を使用しているかを研究することにある。アンケートは，53社の製造者に対して郵送され，33社から回答があり，そのうち有効回答は17社であった。

質問内容によっては，複数回答も認められているようである。

質問1：ライフサイクル・コスティング（LCC）に関する知識

　ライフサイクル・コスティングについての知識源についての質問では，2社はユーザーからの問い合わせ，9社が文献。

質問2：契約戦略

　評価の重要な要素をコスト，性能，時間と考え，ユーザーはどの程度まで性能を最大化したいと考えるか（戦略A），システムのコストを最小化したいと考えるか（戦略B），コスト上限（最大許容コスト）と性能下限（最小許容性能）の枠内でのトレード・オフを認めるか（戦略C）を調べている。戦略A：2社，戦略B：15社，戦略C：3社。

質問3：ライフサイクル各段階別のコスト比率

　初期コストに対する下流コストの大きさを知るための調査である。プランニングコスト対使用コスト対廃棄コスト間の比率は，4.4：35.5：1.4と

第9章　ドイツ・ライフサイクル・コスティングの展開　227

いう関係を示した。

質問4：初期コストと下流コスト間のトレード・オフ

　　初期コストと下流コスト間のトレード・オフを推進するのはユーザーか製造者かを調べている。ユーザーは可能なトレード・オフについて製造者に通知したかどうか，トレード・オフを用いるよう製造者に希望したかどうか，製造者自らがトレード・オフについてユーザーに通知したかどうか，ライフサイクル・コスト低減のためにトレード・オフをしたかどうかを尋ねている。トレード・オフについて製造者がユーザーに通知するが15社，ユーザー自身が通知するが4社。

質問5：コスト超過の理由

　　製造者がコスト超過の理由について，最も重要な要因に1を，次に重要な要因に2をつけるという方法で各要因に重要性の順序づけをする。コスト超過の形式的要因と実質的要因があり，形式的要因に関しては，ユーザーによって引き起こされるコスト超過の原因を意味する外部要因（平均値1.9）とコスト超過の発生する兆候がないことを意味する予見不可能な要因（2.0）が重要であった。

　　実質的要因については，構造の事後変更（平均値1.9），新奇性（2.6），スケジュールの遅延（3.0），複雑性（3.25），予測不足（4.1）と環境の変更（4.6）から成っている。

質問6：コスト予測方法の適用

　　コスト予測について，開始，構想，デザイン，建設，製造と据え付け，検査と導入というライフサイクル段階ごとに異なる手法を適用するのかを調べている。11社は異なる手法を適用しており，6社は異なる手法を適用していない。

質問7：マーケティング・ツールとしてのLCCの意義

　　今後10年間においてLCCの概念がマーケティング・ツールとして重要性を獲得するかどうかを探っている。将来の重要性を支持する7社の理由は，LCCは常に重要である，資源の不足，初期コストの小さいシステムが

最小のライフサイクル・コストをもつことはまれ，銀行がトータル・コストの予測を要求，ユーザーの関心などである。将来の重要性に懐疑的な10社の理由は，貧弱なデータバンク，必要な情報収集の高い費用，ユーザーは初期コストのみを見ている，イノベーションがない，ユーザーが性能基準を決めている，システム引渡し後は製造者との付き合いがないなどである[13]。

## 2　ドイツにおけるライフサイクル・コスティングの普及状況

90年代のライフサイクル・コスティングの普及は，図表9－9によって知ることができる[14]。

図表9－9　ドイツにおけるライフサイクル・コスティングの普及状況

| ライフサイクル・コスティング | n | 知名度 % | 採用率 % | 使用頻度 | 使用開始 | | 採用計画 % | いつから採用 | |
|---|---|---|---|---|---|---|---|---|---|
| | | | | | 最も早い | 最も遅い | | 最も早い | 最も遅い |
| 化学・薬品 | 12 | 92 | 25 | 3.33 | 1984 | 1992 | 0 | － | － |
| 電子工業・電気工業 | 8 | 88 | 63 | 3.00 | 1978 | 1990 | 33 | 1997 | 1997 |
| 自動車 | 5 | 100 | 80 | 4.25 | 1975 | 1985 | 0 | － | － |
| 自動車部品 | 4 | 75 | 50 | 3.50 | 1995 | 1995 | 0 | － | － |
| 一般機械器具製造業 | 10 | 90 | 40 | 2.67 | 1987 | 1993 | 0 | － | － |
| 食料品 | 4 | 50 | 0 | － | － | － | 25 | 1996 | 1996 |
| その他の工業 | 4 | 75 | 25 | 3.00 | 1970 | 1970 | 0 | － | － |
| エネルギー供給 | 5 | 80 | 0 | － | － | － | 0 | － | － |
| 鉱業 | 3 | 100 | 33 | 1.00 | 1975 | 1975 | 0 | － | － |
| 商業 | 9 | 78 | 33 | 2.33 | 1991 | 1995 | 0 | － | － |
| 銀行 | 13 | 54 | 0 | － | － | － | 15 | 1998 | 1998 |
| 保険 | 5 | 80 | 0 | － | － | － | 0 | － | － |
| その他のサービス業 | 7 | 60 | 14 | 3.00 | K.A. | | 0 | － | － |
| 全体 | 89 | 76% | 27% | 3.09 | 1970 | 1995 | 6% | 1996 | 1998 |

## 3 内部計算制度としての製品ライフサイクル計算

内部計算制度としてどのような方法が組み込まれているかについての実態調査を紹介する[15]。

図表9－10　内部計算制度の方法

| | 総数<br>137社 | 経営規模 | | | 企業形態 | | | | |
|---|---|---|---|---|---|---|---|---|---|
| | | 小<br>41社 | 中<br>52社 | 大<br>39社 | G<br>24社 | GS<br>40社 | KS<br>37社 | E<br>27社 | その他<br>9社 |
| ベンチマーキング | 38.7% | 22.0% | 38.5% | 53.8% | 54.2% | 40.0% | 40.5% | 14.8% | 55.6% |
| 製品ライフサイクル計算 | 22.1 | 4.0 | 20.0 | 50.0 | 0.0 | 47.5 | 10.8 | 0.0 | 11.1 |
| 投資計算 | 78.8 | 59.5 | 84.6 | 89.7 | 83.3 | 89.7 | 84.2 | 59.3 | 55.6 |
| ・資本価値 | 29.9 | 12.1 | 32.7 | 43.5 | 37.5 | 35.9 | 26.3 | 22.2 | 20.0 |
| ・内部利率 | 45.3 | 19.5 | 48.1 | 66.6 | 45.9 | 61.5 | 42.1 | 33.3 | 20.0 |
| ・償却期間 | 60.6 | 41.5 | 69.3 | 67.2 | 62.5 | 71.8 | 60.5 | 44.4 | 50.0 |

(注)　1　表の中の数字の単位は，すべてパーセント
　　　2　小　売上高が　20〜499（単位はミリオンマルク）
　　　　　中　　　　　500〜999
　　　　　大　　　　　1,000以上
　　　3　G＝化学，鉄・製鋼
　　　　　GS＝自動車（下請けと電子機器を含む）
　　　　　KS＝機械製造と電気
　　　　　E＝建設・建築
　　　4　製品ライフサイクル計算（Produktlebenszyklusrechnung）
　　　　　Micheal Währisch, *Kostenrechnung spraxis in der deutschen Industrie, Eine empirische Studie*, 1998.

注

1) 廣本敏郎『原価計算論』中央経済社，1997年，398〜405頁。
　　特に Baden, Axel, *Strategische Kostenrechnung : Einsatzmoglichketen und Grenzen,*

Wiesbaden, Gabler, 1997.を参照。

Kremin-Buch, Beate, *Stragisches Kostenmanagement : Grundlagen und moderne Instrumente mit Fallstudien*, Wiesbaden, Gabler, 1998.

Kemminer, Jörg, *Lebenszyklusorientiertes Kosten-und Erlösmanagement*, Deutscher Universitäts Verlag, 1999.

本章は,岡野憲治「ライフサイクル・コスティングの体系に関する一考察-独の製品ライフサイクルに依拠する原価計算を視野に入れて-」『原価計算研究』Vol.27, No.1, 2003年3月, 94～105頁を多く引用している。また,次の文献も参照している。

崎　章浩「戦略的コスト・マネジメント-原価企画とプロセス原価計算,ライフサイクル・コスティングの結合」『経営論集(明治大学)』49巻　第3・4号。2002年3月, 49～66頁。

2) Pfohl, Hans-Christian, Wübbenhorst, Klaus, Lebenszykluskosten, *Journal für Betriebswirtschaft*, 1983,s.142-152.

Wübbenhorst, Klaus, *Konzept der Lebenszykluskosten. Grundlagen, Problemstellungen und technologische Zusammenhange*, Darmstadt, 1984, s.126.

Wübbenhorst, Klaus, Life Cycle Costing for Construction Projects, *Long Range Plannning*, No.4, 1986, pp.87-97.

Wübbenhorst, Klaus, Lebenszykluskosten, in : *Effektives Kostenmanagement Methoden und Implementierung*, Herausgebervon Christof Schulte, Stuttgart,1992, s.245-272.

岡野憲治「ライフサイクル・コスティング-その展開と特質の研究-」『原価計算研究』Vol.26, No.2, 2002年。1～17頁。特に9～10頁。

Kenji Okano, Life cycle costing - An approach to life cycle cost management : A consideration from historical development, *An International Journal Asia Pacific Management Review*, Vol.6 Number 3, 2001, pp.317-341.を参照。

Kemminer, Jörg, *Lebenszyklusorientiertes Kosten-und Erlösmanagement*, Deutscher Universitats Verlag. 1999,s.104-143.

3) Back-Hock, Andrea, *Lebenszyklusorientiertes Produktcontrolling Ansatze zur computergestutzten Realisierung mit einer Rechnungswesen-Daten- und Methodenbank*, Berlin unter anderem.1988.

Back-Hock, Andrea, Produktlebenszyklusorientierte Ergebnisrechnung, in: *Handbuch Kostenrechnung, Herausgeber*von Wolfgang Mannel, Wiesbaden 1992,s.703-714. これを参照.

Baden, Axel, *Strategische Kostenrechnung: Einsatzmoglichketen und Grenzen*, Wiesbaden, Gabler, 1997.

4) Rückle, Dieter/Klein,Andreas, Product-Life-Cycle-Cost Manamegement, in *Neuere Entwicklungen im Kostenmanagement*, Herausgeber von Klaus Dellmann und Klaus-Peter Franz, Bern,u. a.,1994, s.335-367.

5) Reichmann, Thomas/Fröhling, Oliver, Produktlebenzyklusorientierte Planungs-und Kontrollrechnungen als Bausteine eines dynamischen Kosten-und Enfolgscontrolling, in : *Neuere Entwicklungen im Kostenmanagement*, Herausgebervon Klaus Dellmann und Klaus-Peter Franz, Bern, u.a. 1994, s.281-333.

6) Siegwart, Hans and Senti, Richard, *Product Life Cycle Management Die Gestaltung eines integrierten Producktlbenszyklus-*, Schaffer-Preschel Verlag Stuttgart. 1995.

7) Riezler, Stephan, *Lebenszyklusrechnung-Instrument des Controlling strategischer Projekte-*,GABLER.1996.を参照。図表9-5 は s.9.

8) Zehbold,Cornelia, Fruhzeitige, Lebenszyklusbezogene Kostenbeeinflussung und Ergebnisrechnung, *Krp-Kostenrechnungspraxis*,40.Jg.,1996.s.46-51.

Zehbold,Cornelia, *Lebenszykluskostenrechnung*, KRP EDITION, GABLER, 1996.を参照.

9) Baden, Axel, *Strategische Kostenrechnung : Einsatzmoglichketen und Grenzen*, Wiesbaden, Gabler, 1997.s.80-118.

10) Kemminer,Jörg, *Lebenszyklusorientiertes Kosten-und Erlösmanagement*, Deutscher Universitäts Verlag.1999.

リュッケの定理は，最初，投資計算を支出と原価のどちらで行うべきかという問題を解くために考案された。原価計算に原価計算上の利子を含め，これが支出割引フローと原価割引フローの相違を解消する「調整弁」として機能すれば，支出の現在価値総額と原価の現在価値総額は同じ額になるので，支出による投資計算か，原価による投資計算かという問題は解決される。

以下の文献を参照。

Lücke, Wolfgang, Investitionsrechnungen auf der Grundlage von Ausgabe oder Kosten? *Zeitschrift für handelswissenschaftliche Forschung*, N.F., 7.1955.s.310-324.

原価計算と投資計算／収益計算の統合を指向するライフサイクル利益管理にリュッケの定理を応用し，資本価値を考慮する期間利益（成果）を算定するためには，(a) 収支差額と期間成果の総額が，製品のライフサイクル全体で一致する，(b) 期間利益の算定に当たり，拘束資本に対する計算利子を考慮する，という2つの条件を満たさなければならない。(Kemminer, Jörg：1999, s.242.を参照。)

11) Coenenberg, Adolf G./Fischer, Thomas/Schmitz, Jochen, Target Costing und Product Life Cycle Costing als Instrumente des Kostenmanagements, *Zeitschrft für Planung*, 5.Jg 1994,s.1-38.

12) Schmidt, Felix R., *Life Cycle Target Costing-Ein Konzept zur Integration der Lebenszyklusorientierung in das Target Costing*-SHAKER VERLAG. 2000. を参照。

ドイツ原価計算理論の研究については，以下の文献を参照。

尾畑　裕「ドイツにおけるプロセス原価計算の理論と実践」日本会計研究学会特別委員会『ABCとABMの理論および実践の研究－第2年度　最終報告』1999年，58～77頁。特に69頁。

尾畑　裕「ドイツにおけるプロセス原価計算の展開－アメリカの活動別原価計算の導入と限界計画原価計算派からの批判－」『一橋論叢』，第107巻第5号，1992年，101～120頁。

河野二男『直接原価計算論』九州大学出版会, 1988 年。

阪口　要『ドイツ原価計算システム』税務経理協会, 1999 年。

両頭正明『滋賀大学経済学部研究叢書第 6 号　現代西ドイツ直接原価計算論序説－相対的直接原価計算論を中心として－』滋賀大学経済学部, 1981 年。

13) Wübbenhorst, Klaus, Life Cycle Costing for Construction Projects, *Long Range Planning*, No.4, 1986, pp.87-97.

14) 尾畑　裕「ドイツにおける原価企画の受容と展開」『会計』第 157 巻第 3 号, 2000 年 3 月, 26 ～ 38 頁。

Franz,K-P.und Kajuter P., Kostmanagement in Deutschland-Ergebnisse einer emprischen Untersuchung in deutschen Grossunternehmen. in Franz,K-P.und Kajuter P.,(Hrsg.), *Kostenmanagement- Wettbewerbsvorteile durch systematische Kostesteuerung*, Stuttgart 1997.s.494.

15) Micheal Währisch, *Kostenrechnungspraxis in der deutschen Industrie, Eine empirische Studie*, Gabler,1998. S.230 ～ 241, S.290 を参照。

# 結章

## ライフサイクル・コスティングの特質と展開

本書の設定するライフサイクル・コスティング研究の課題は，その特質と展開さらに将来の展望についての検討を通じて解明される。

## 1　ライフサイクル・コスティングの特質

　ライフサイクル・コスティングの起源は，アメリカ連邦政府の調達紛争に関する会計検査院の判定にある。本書ではまだ議論していないが，初期のライフサイクル・コスティングの理論的基礎は，エンジニアリング・エコノミー理論，アメリカ機械および関連製品協会の考案した設備投資の経済性計算方法，割引キャッシュ・フロー法などで構成されている[1]。1950年代のライフサイクル・コスト概念は，兵器システム・コストとして，オペレーションズ・リサーチ研究にも導入されている[2]。これに続くロジスティクス・マネジメント協会報告書におけるライフサイクル・コスティングの特質をどのように理解するかは，ライフサイクル・コスティングに関する本質観によって異なるかもしれない。

　アメリカ国防総省の開発したライフサイクル・コスティングは，「アメリカの軍需産業を動かすエネルギーは，巨大な国防予算にある。軍需産業は，アメリカのすべての魅力を台なしにする。」[3]という批判を受けることにもなる。また，ライフサイクル・コスティングの長所が認められ，議会，国防総省，連邦政府調達庁などがその利用を支持し，多くの契約企業もこの分野の専門技術を開発したにもかかわらず，70年代には，以下の点を理由として，ライフサイクル・コスティングへの抵抗があった[4]。

①議会は調達資金と運用・保全資金の適切性の判断を別々にするので，これら資金の管理責任が分離されてしまった。
②運用と支援段階の経済性を達成するためとはいえ，研究・開発・製造段階への多額の初期投資への反対があった。

結章　ライフサイクル・コスティングの特質と展開　237

③ 60年代のマクナマラ国防長官（在任期間：1961 – 1968年）は，「一括調達方式（Total Package Procurement）」を開始した。この方式は開発サイクルの早い段階において開発と製造のトータル・コストの契約を結ぶが，後段階には明確な関心を示さないために原価を大幅に超過させた。一括調達方式とライフサイクル・コスティングは異なるが，この方式の失敗の重荷を背負ったライフサイクル・コスティングの採用は，ゆっくりとしたものになった。
④ 契約企業のデータを得ることが非常に困難なので，データの正確性と信頼性そしてライフサイクル・コスティング方法論についての疑念が存在した。
⑤ 契約企業は，見積りの保証を嫌がる傾向にあった。

　ライフサイクル・コスティングに関するこれらの批判と，環境会計あるいは環境管理会計による期待を統一的に説明する概念として，シビリアン・コントロールのための原価計算システムという概念を提示したい。これは，ライフサイクル・コスティングは，官僚であるシビリアン（文民行政官）の開発した原価計算システムであり，シビリアン・コントロールのための原価計算システムであるという解釈を基礎としている[5]。

　次に，顧客としての行政機関は，支出評価方法としてのライフサイクル・コスティングの特質を活用して，あるいは，政府にとってのトータル・コストが最小となる製品を調達することによって，その低減に成功した。汚染防止意思決定の問題に関する環境庁などによる研究は，これまで見逃されてきた潜在的コスト，企業外部コスト，社会的コストなどを分析に含めることによって，新たな展開を可能とし，そこから，フルコスト会計とトータル・コスト・アセスメントが現れた。カナダの行政機関は，フルコスト会計を意思決定プロセスに「倫理」を組み込む会計であると理解している。トータル・コスト・アセスメントは，プロジェクトの真の利益率を正確に見積る資本予算管理方法であり，汚染防止プロジェクトにおけるライフサイクル・コスト

および節約額に関する包括的な財務分析方法である。この方法は，投資額対節約額比率の概念を基礎にしているので，ライフサイクル・コスティングの思考を発展させた一形態であると理解される。

　以上の検討で明らかなように，合理的な調達方法および予算管理を追求する行政機関が，契約相手の企業をマネジメントする方法としてライフサイクル・コスティングを研究し，その基本形態は1970年代末において完成された[6]。このライフサイクル・コスティングは，原価計算システムとして構築され，政府の調達戦略を支援するコスト・マネジメント思考として展開し，その特質は，顧客である政府が，各時代において国家に要請される調達戦略に従って，「調達予算額（政府にとっての原価＝トータル原価＝ライフサイクル原価）」に基づいて，契約企業をマネジメントする点にある。このライフサイクル・コスティングは，政府の作成するガイドブックとマニュアルの実践から生成した政府と契約企業間ライフサイクル・コスティングであり，さらに，その特質として，以下の点を指摘することができる。

① 調達戦略目標を実現するライフサイクル・コスティング実践の「仕組み」の一環として，インセンティブズ・プログラムに沿った多様な概念と技法が開発された。ガイドブック，マニュアルなどもその「仕組み」として理解されなければならない。
② 計算例にも見られるように，政府にとってのトータル・コストであるライフサイクル・コストを低減するために，ライフサイクル・コストの内容とその計算式に戦略的内容が込められているという意味で，政府の戦略的コスト・マネジメント思想を表現している。
③ ライフサイクル・コストの特質は，未来原価と現在価値計算にあり，ライフサイクル・コストの見積り計算が，原価計算領域と密接な関係にある。ただし，このライフサイクル・コスティングの適用には，コスト見積りにおいて不確実性の要素が存在する。その計算システムとしての特質は，未

来原価としてのライフサイクル・コストを計算することにあり，その展開において計算対象とするコストの範囲を拡大している点は，生成当初の計算モデルから最近のモデルまでを対象とする研究によって認識できる。

④国防総省のライフサイクル・コスティング研究の特質は，ロジスティクス・コストの研究からデザイン・ツー・コストへ向けて研究が進められている点とライフサイクル・コスティング研究の最終目的がデザイン・ツー・ライフサイクル・コストの研究にあった点などである。

さらに，この時代のライフサイクル・コスティングの特質は，次のように解釈できる。

⑤ライフサイクル・コスティングと投資すべきか否かを決定するための資本投資評価方法との差異は，ライフサイクル・コスティングがニーズあるいは購買することを所与として，競合する支出を背景として考察されることにある。

⑥ライフサイクル・コスティングはVE（Value Engineering）とも異なる。ライフサイクル・コスティングの目的はコストを測定し，記述することにあり，それらを最小化することにあるのではない。しかしながら，コストを最小化するためには，ライフサイクル・コスティングが提供することのできるコストを知っておく必要がある。

⑦ライフサイクル・コスティングはいくつかの限界となる仮定を備えている。カギは，すべての潜在的なコストおよびそれらを金額表示するための能力である。省略されるコストは分析を歪曲する。ライフサイクル・コスティングは，基本的性能用件を満たす比較可能な品目間を区別するための方法であり，戦車対ヘリコプターなどの異なる目的を有するシステム間の選択をするには適切ではない[7]。

そして将来のコストを把握する原価計算システムとしてのライフサイクル・コスティングの現代的な意味は，次のように解釈できる。すなわち，国

家は，その時代に要請される国家目的達成のためには手段を顧みることはなく，企業もその目的である利益獲得のためには手段を顧みることがない。ライフサイクル・コスティングは，目的達成のための手段の選択において，一つの制約としてその機能を果たし，さらに，予算管理における原価計算システムとして，また長期的な経済性評価方法として機能している。これらの機能は，今後も重要な機能として継続すると考えられるのである。

## 2　ライフサイクル・コスティングの展開

　特殊領域から生成したアメリカ・ライフサイクル・コスティングの展開は，ライフサイクル思想と国際性の視点から，イギリス，日本，ドイツのライフサイクル・コスティング研究との比較を通じて考察される。

　組織のマネジメントへライフサイクル思想をどのように適用できるのかを試みる多様なモデルが展開されている。国防総省は，ライフサイクル・コスト・マネジメントにおいて体系的に利用され，契約に必要とされる技法とマネジメント概念を開発した。サスマン・モデルは，製品ライフサイクルを収益の創造とコストの低減という2つの視点と統合する。シールズ＝ヤング・モデルは，ライフサイクル・コスティング概念を拡張し，製品ライフサイクル・コストが発生し，マネジメントされる，より広い組織関係を考察の対象とする。

　CAM-Iのライフサイクル・マネジメントにおいてライフサイクル・コスティングは，長期的な製品収益性のより良い姿を提示するために，ライフサイクル・プランニングの効果性を示すために，エンジニアリング・デザイン段階における代替案選択へのコスト影響を定量化するために，技術を利用する製品に技術コストを割り当てるなどのために必要とされる。そして製品の総合的信頼性国際標準のライフサイクル・コスティングは，製品ライフサイクルにおけるライフサイクル・コストを評価する経済性分析のプロセスである。

結章　ライフサイクル・コスティングの特質と展開　241

　イギリスのテロテクノロジーは，経済的ライフサイクル・コストの追求を組織の目標として設定し，この目標を達成するのに必要とされる組織行動を規定する。テロテクノロジーは「企業活動」を対象とするのに対し，ライフサイクル・コスティングは「モノ」を対象とする点に基本的な相違がある。日本において展開されている「TPM（Total Productive Maintenance：全員参加の生産保全）」の原型であるテロテクノロジーを起点としてライフサイクル・コスティング研究が開始された点に，アメリカの研究とは異なる特質が認められる。イギリス・ライフサイクル・コスティングの基礎学科目としてエンジニアリング（工学）だけでなく，会計学が強調される点も，一つの特質である。

　日本へアメリカとイギリスからライフサイクル・コスティングが導入されたのは60年代である。日本版テロテクノロジーの実践であるTPMは，ユーザーの設備の一生涯を対象とする総合工学であり，具体的な実践方法である。アメリカからは，デザイン・ツー・コストなどが航空機産業へ導入されている。

　ドイツの伝統的原価計算理論とライフサイクル・コスティングを一体化させて創造される製品ライフサイクルに依拠する原価計算は，限界計画原価計算・補償貢献額計算あるいは相対的個別原価・補償貢献額計算の理論に計算上の利子率を含め，その動態化を指向する。そしてこの分野の研究に見られる諸概念を整理し，拡張するライフサイクル利益管理は，製品ライフサイクルに依拠するコストおよびレベニュー・マネジメントを指向する。ここに，ドイツ・ライフサイクル・コスティングの特質とその展開を認めることができる。
　ライフサイクル・コスティングと原価企画を統合する製品ライフサイクル原価計算とライフサイクル目標原価計算の研究は，製品開発を含む製品ライフサイクル上の製品関連の戦略的意思決定を支援する理論の創造を指向する。

これは，英米の理論と日本の理論を一体化させ，新たな理論展開を試みる研究であり，ここには，ドイツにおける理論的研究方法の特質が認められる。

そしてライフサイクル思想および国際的な展開としての「ライフサイクル・コスティングとは，プログラム，プロジェクト，有形資産，製品などのライフサイクルに依拠するコスト，レベニュー，利益（成果）などのアカウンタビリティ（Accountability）に関する定量的分析および定性的分析の基礎となる原価計算理論である」というわれわれの解釈を提示するのが，国際比較を示す図表結-1である。

図表結-1　ライフサイクル・コスティングの体系：国際比較

| | アメリカ | イギリス | ドイツ |
|---|---|---|---|
| 伝統的学問 | エンジニアリングエコノミー | トライボロジー（摩擦学） | 伝統的原価計算論補償貢献論 |
| 新しい考え | 調達方法の改革 | テロテクノロジー | 英米のLife Cycle Costing |
| 研究者 | 行政機関 | 行政機関と委員会 | 大学の研究者 |
| Life Cycle Costingの特質とその対象 | プログラムのLife Cycle Costing<br><br>国防軍需品に代表される公共財<br><br>市場原理が機能しない物品 | 有形資産のLife Cycle Costing<br><br>学校建物・道路などの社会資本財とプラントなどの生産財<br><br>市場原理が機能しにくい物品 | プロダクトのLebenszykluskostenrechnung<br>Produktlebenszyklusrechnung<br><br>市場の不特定多数の顧客を対象とする見込み生産<br><br>市場原理が機能する物品 |
| 起点となった原価概念 | ロジスティクスコスト | メンテナンスコスト | プロダクトコスト |
| アカウンタビリティ | 政策責任予算管理 | 行政責任予算管理 | ライフサイクル原価・収益ライフサイクル利益責任 |

## 3 将来の展望

　ライフサイクル・コスティングは，図表結-2に示すように，他の研究分

図表結-2　ライフサイクル・コスティングの関連分野

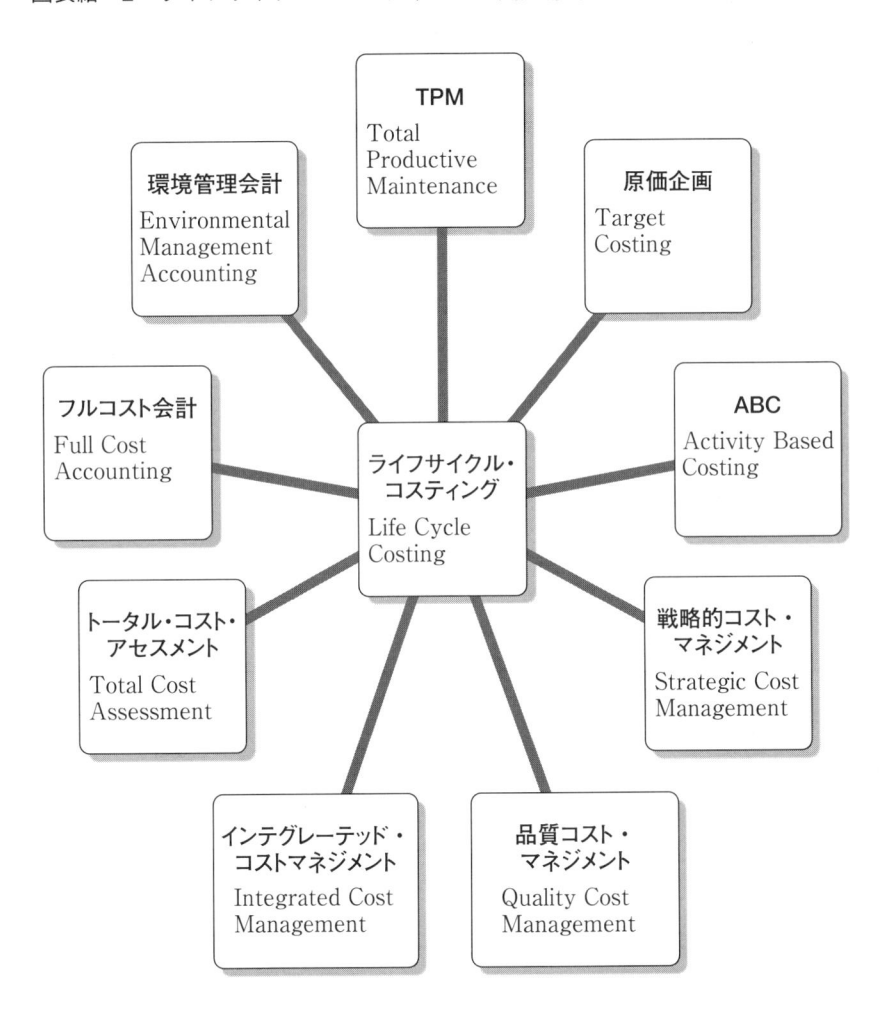

```
                    TPM
                    Total Productive Maintenance

    環境管理会計                        原価企画
    Environmental                      Target
    Management                         Costing
    Accounting

    フルコスト会計                      ABC
    Full Cost           ライフサイクル・  Activity Based
    Accounting          コスティング      Costing
                        Life Cycle
                        Costing

    トータル・コスト・                  戦略的コスト・
    アセスメント                        マネジメント
    Total Cost                         Strategic Cost
    Assessment                         Management

         インテグレーテッド・      品質コスト・
         コストマネジメント        マネジメント
         Integrated Cost          Quality Cost
         Management               Management
```

野との関連において展開されている。これらの分野の研究は、製品やシステムのもつライフサイクル原価を、企業外部の消費者・環境などとの関係において分析し、低減するためにライフサイクル・コスティングが貢献できるという視点を理論に組み込み、マネジメントへの適用を模索し、ライフサイクル思想の統合を目指している。しかし考察の対象がライフサイクル・コスティングとの接点に限られ、ライフサイクル・コスティングの方法と体系を、理論にどのように組み込むのかに関する完成度の高い研究は、まだ展開されていない。この点は、ライフサイクル・コスティングの計算方法の合理性と体系を問う本質論の研究とともに、今後の課題として残されている。

　次に、ライフサイクル・コスティングを導入する企業が組織変革を成し遂げることが可能となり、企業行動そのものをも変革していくプロセスが分析の対象にされるならば、ライフサイクル・コスティングの有する思想がより明確になる。この点を解明することができるならば、ライフサイクル・コスティングの理念型を基礎として、企業行動を指導する理論を構築できる。この点は、ライフサイクル・コスティングに関する手法などについての詳細な研究を必要とするので、別の課題として展開されなければならない。また、ライフサイクル・コスティングの特質を、企業と消費者の関係における製品やシステムのもつライフサイクル原価を低減するために活用することが重要である。実践的に活用するために、さらに研究されなければならない課題は、以下の点である。

① 　ライフサイクル原価の中で、ユーザー側で発生する最重要原価を戦略原価として決定し、次に、それを計算できる原価計算システムを構築し、製品特性との関係でそれを低減できる可能性を検討すること。本書で示されている計算構造が参考になる。

② 　市場における製品やシステムに対する顧客ニーズとともに、ユーザー原価情報を収集するシステム、たとえば、それらをフィードバックのプロセ

結章 ライフサイクル・コスティングの特質と展開 245

図表結-3 プロダクト・コスト概念の異なる意味づけと価値連鎖との関係

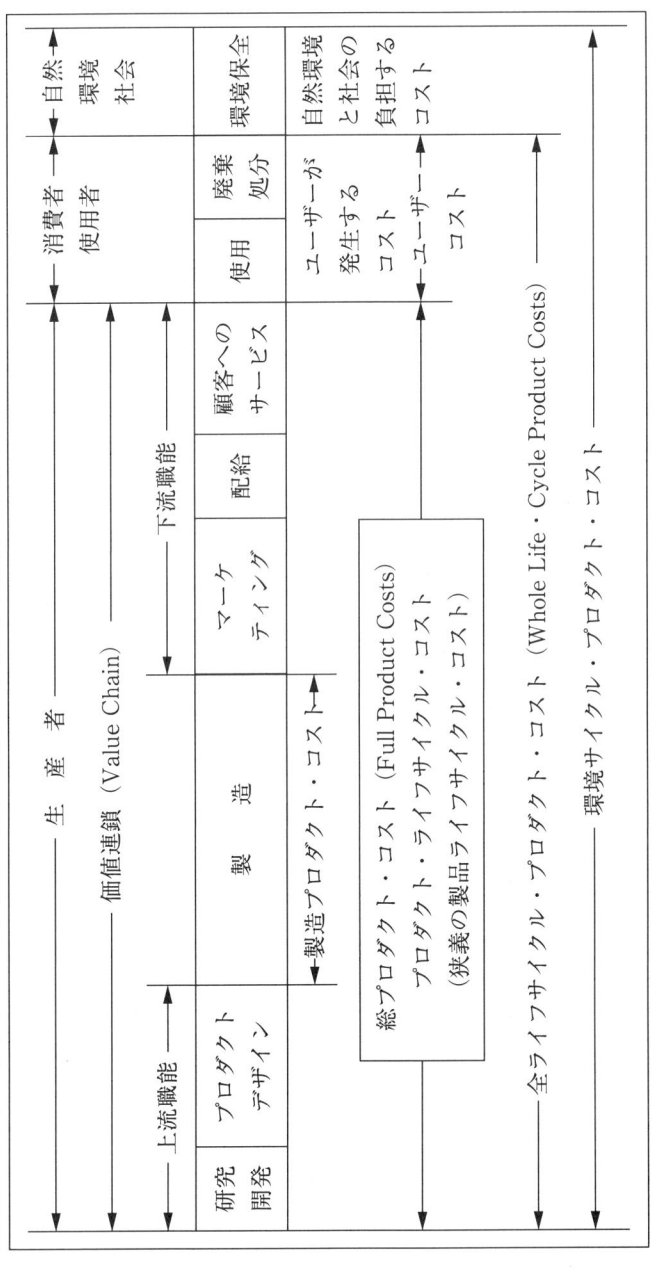

| | 生　産　者 | | | | | 消費者 使用者 | | 自然環境 社会 |
|---|---|---|---|---|---|---|---|---|
| | 価値連鎖 (Value Chain) | | | | | | | |
| 上流職能 | | | 下流職能 | | | | | |
| 研究 開発 | プロダクト デザイン | 製　造 | マーケ ティング | 配給 | 顧客への サービス | 使用 | 廃棄 処分 | 環境保全 |
| | | | | | | ユーザーが 発生する コスト | | 自然環境 と社会の 負担する コスト |
| | | | | | | ユーザー コスト | | |

製造プロダクト・コスト

総プロダクト・コスト (Full Product Costs)
プロダクト・ライフサイクル・コスト
(狭義の製品ライフサイクル・コスト)

全ライフサイクル・プロダクト・コスト (Whole Life・Cycle Product Costs)

環境サイクル・プロダクト・コスト

(注)・製造プロダクト・コストは貸借対照表と損益計算書のために使用される。これは棚卸資産原価である。
・総プロダクト・コスト (Full Product Costs) は販売価格の決定とかプロダクト・ミックスの決定などに利用されている。

Horngren, C.T. and W.T.Harrison, Jr., *Accounting, Second Edition*, Prentice-Hall, p.1007を参照。

スの中から企業内に取り入れることができるようなモニター制度を構築し，そこから得られるユーザー原価情報を製品開発あるいは生産計画に織り込むことを可能にする原価情報システムを構築すること。

③　すでに指摘したように，実務を指導できる理念型としてのライフサイクル・コスティング理論の研究が求められる。この場合には，図表結－3に示されるように，プロダクト・コスト（製品原価）概念の整理が必要になる。ドイツ理論のより詳細な研究を通じて，その手掛りが得られると考えられる。

④　ライフサイクル・コスティング実践にとって最大の障害は，短期的かつ部分的な思考である。企業にとって最適なことが社会全体にとって必ずしも最適とはならない現在では，企業における製品デザイン，調達，製造，マーケティングなどに関する意思決定において，生産者の視点，消費者の視点そして社会的な視点あるいは環境の視点などが長期的かつ総合的に考慮されなければならない。ライフサイクル・コスティングだけでなく，ライフサイクル思想の研究も今後の課題となる。

⑤　環境管理会計の分野において「ライフサイクル・コスティング（Life-Cycle-Costing：LCC）に関するこれまでの議論は，とかくイメージだけが先行してきた感が否めない。事実，ライフサイクル・コストの集計やその分析に関する具体的な方法論は，現在でもほとんど提示されてはいないのである。」[8]という批判がある。また，ライフサイクル・コスティングの重要な基礎概念である現在価値の計算方法についての指摘によれば，「将来キャッシュフローを資本コストによって現在価値に割引く計算方法は，経済学ばかりでなく管理会計・原価計算でも，投資の経済性計算の重要ツールとして大いに研究された。したがって，この方法が制度化された退職給付会計などで採択されるのであれば，単なる計算式としてではなく，少なく

## 結章 ライフサイクル・コスティングの特質と展開　247

とも将来キャッシュフローの予測方法と資本コストの算定方法について，管理会計分野でもっと議論を煮詰める必要があったように思えるのである。」[9]

　これらの点を考慮するならば，ライフサイクル・コスティングの基礎諸概念と計算方法を明示し，意思決定へのライフサイクル・コスト情報の利用方法を体系的に研究する課題が残されている。これは，ライフサイクル・コスティングの実証研究を可能にする一般的な理論モデルを確立するためにも必要とされる課題である。

そして時代および国家を超えるライフサイクル・コスティングの持つ普遍性と，現代社会における存在意義などに関する研究を深めることによってライフサイクル・コスティングは，さらに充実したものとなり，社会への貢献度を増すことになる。この点を確信し，今後の研究を約束して，本書を結ぶことにしたい。

注————————

1) ライフサイクル・コスティングの基礎諸概念と計算方法の源流の一端は，グラントの『エンジニアリング・エコノミー』とそれに続くターボーの『MAPI法』そして『DCF法』であると考えられるかもしれない。エンジニアリング・エコノミーは，オペレーション・コストの見積り計算を担当する学問として考える。エンジニアリングのカリキュラムは『経済学』と『会計学』を含んでいる。経済性とは，損失ないしは浪費のないマネジメントのことを意味し，コストに対する効用（utility）の最も高い可能な割合を得ることである。

　ターボーなどのMAPI法は，オペレーション・コストに基礎を置く設備取り替え方法である。アメリカ機械および関連製品協会の設備投資の経済性計算の方法として知られているMAPI法は，(1) G.Terborgh, *Dynamic Equipment Policy*, 1949, (2) MAPI, *MAPI Replacement Manual*, 1950, (3)

G.Terborgh, *Business Investment Policy*, 1958, の 3 冊の書物にまとめられている。前 2 冊で示された方法は旧 MAPI 法, (3)は新 MAPI 法といわれている。当初は，第 2 次世界大戦中十分行われなかった設備の取替をどうしたらもっとも合理的に行えるか，それを決定することを狙いとしたが，後にさらに種々の批判を受け入れて拡充され，設備投資全般やリース問題にも応用できるよう工夫された。(4) G.Terborgh, *Business Investment Management - a MAPI study manual*, 1967. にはそれが示されている。

(この点は，次の文献を参照している。染谷恭次郎「ライフサイクル・コスティングの再認識」『早稲田商学』第 260 号, 1976 年 11 月, 1～18 頁。また，エンジニアリング・エコノミー理論のグラントとターボーとの関係などは，以下の文献が参考になる。これは，Eugene L. Grant, *Principles of Engineering Economy, Third Edition*, 1950. The Ronald Press. の訳である。

　ユーヂエン・L・グラント著　藻利　重隆訳『設備投資の経済計算　上巻』一橋書房, 1955 年。

　ユーヂエン・L・グラント著　藻利　重隆訳『設備投資の経済計算　下巻』一橋書房, 1957 年。)

　DCF 法については，オペレーション・コストの最大の特質は現金支出原価 (Out-of-Pocket Cost) にあり，この原価は割引原価として DCF 法によって取り替え意思決定問題に導入されていると理解される。

　キャプラン『レレバンス・ロスト』は次のように指摘している。

「2 人の著者が初期の書物でこの発展の基礎確立に貢献した。ユージィーン・グラント (Eugene Grant) の 1938 年の著書である『工学経済の理論』は，新規投資プロジェクトを評価するための貨幣の時間価値概念の定義と例を提供した。その後，ジョージ・ターボルク (George Terborgh) がグラントの仕事の跡を継いだ。ターボルクは，1949 年の著書『動的設備政策』において，経営者がより経常的かつ科学的基準で設備を取り替えることができる公式を明らかにした。ターボルクは，現在価値概念を利用して分析をした一方で，設備取替問題の枠組みを混乱させた。

新規の投資提案を評価するために将来のキャッシュ・フローを割引く考え方は，1950年代までなかった。経営管理者が近代的資本予算を導入したのには，ジョエル・ディーン（Joel Dean）の貢献が大きい。ディーンは，DCFアプローチの価値を認識して，幅広く参照される1954年の『ハーヴァード・ビジネス・レヴュー』の論説で，キャッシュ・フローの割引を主唱している。」

（鳥居宏史訳　H.T.ジョンソン　R.S.キャプラン『レレバンス・ロスト－管理会計の盛衰－』白桃書房，1992年，150～151頁を参照。）

2) Klick, Arnold, Whither Life-Cycle Cost, *Economic Analysis and Military Source Allocation*, edited by T. Arthur Smith, Department of Army, Comptroller of the Army, Washington, D.C. 1968, pp.79-99.

3) 広瀬　隆『アメリカの巨大軍需産業』集英社，2001年，22，286頁。

4) Seldon, Robert N., *Life Cycle Costing : A Better Method of Government Procurement*, Westview Press, 1979.

5) この概念は，アカウンタビリティの概念にも関連するので，今後の研究課題である。以下の文献を参照。

防衛法学会編『新訂　世界の国防制度』第一法規出版，1991年。

小針　司『文民統制の憲法学的研究』信山社，1990年。

廣瀬克哉『官僚と軍人－文民統制の限界－』岩波書店，1989年。

6) 以下の文献を参照。

Blanchard, Benjamin S., *Logistics Engineering and Management*, Prentice-Hall, 1974.
　（B. S. ブランチャード著　石川島播磨重工業株式会社訳『ロジスティクス－ライフサイクル・コストの経済性追求－』ロジスティクス学会日本支部，1979年。）

Blanchard, Benjamin S., *Logistics Engineering and Management, Fifth Edition*, Prentice-Hall, 1998 .

General Services Administration, *Life Cycle Costing Workbook A Guide for the Implemtentati of Life Cycle Costing in the Federal Supply Service General*

*Serrvices Administration*, 1977.（中神芳夫翻訳・監修『VE 資料 30LCC Work Book 米国連邦政府調達庁（GSA）編』日本 VE 協会，1977 年。）

Committee for Terotechnology, *Life Cycle Costing in the Management of Physical Assets : A Practical Guide*, HMSO, 1977.

Blanchard, B. S., *Desing and Manage to Life Cycle Cost*, M/.A Press, Portland, Oregon, 1978.（B. S. ブランチャード著　宮内一郎訳『ライフサイクル・コスト計算の実際』ロジスティクス学会日本支部，1979 年。）

Seldon, Robert N., *Life Cycle Costing : A Better Method of Government Procurement*, Westview Press, 1979, pp.4-7.

Brown, R..J, and R..R.Yanuck, *Life Cycle Costing : A Practical Guide for Energy Managers*, The Fairmont Press, Inc., Atlanta, Georgia, 1980.

Brown, Robert J., and Rudolph R. Yanuck, *Introduction to Life Cycle Costing*, Prentice-Hall, 1985.

Earles, M. .E., *Factors, Formulas and Structures for Life Cycle Costing, Second Edition*, Eddins-Earles, Prinvately Published, Concord, Massachusetts, 1981.

Dell'isola, A .J., and S..J..Kirk, *Life Cycle Costing for Design Professionals*, McGraw-Hill Book Company, New York, 1981.（A. J. デリソッラ，S. J. キルク共著　千住鎮雄訳『建物のライフサイクル・コスト分析』鹿島出版会，1987 年。）

Dell'isola, A .J., and S..J..Kirk, *Life Cycle Costing for Design Professionals, Second Edition*, McGraw-Hill Book Company, New York, 1995.

Flanagan, Roger and George Norman, *Life Cycle Costing for Construction*, Surveyors Holdings Ltd, 1983.（ロジャー・フラナガン／ジョージ・ノーマン著　建築・設備維持保全推進協議会訳『建物のライフサイクル計画』技術書院，1988 年。）

Wübbenhorst, Klaus, *Konzept der Lebenszykluskosten-Grundlagen, Problemstellungen und technologische Zusammenhange*-Darmstadt : Verlag für Fachliteratur, 1984.

Montag, Geraldine M., *Basics of Life Cycle Costing*, College of Engineering Iowa

State University, 1986.

Flanagan, Roger, George Norman, Justin Meadows and Graham Robinson, *Life Cycle Costing Theory and Practice*, BSP Professional Books, Oxford, 1989.

Dhillon, B.S. *LIfe Cycle Costing : Techniques, Models and Applications*, Gordon and Breach Science Publishers, 1989.

Michaels, Jack V. and William P.Wood, *Design to Cost*, A Wiley-Interscience Publication, John Wiley & Sons, New York, 1989.

Fabrycky, Wolter J. and Benjamin S.Blanchard, *Life Cycle Cost and Economic Analysis*, Prentice Hall, 1991.

Blanchard, B.S. and Wolter J.Fabrycky, *Systems Engineering and Analysis*, *Third Edition*, Prentice-Hall, Prentice Hall,1998.

Blanchard, B.S., *System Engineering and Management, Second Edition*, John Wiley & Sons. Inc., 1998.

Gupta Yash., and Wing Sing Chow, Twenty-Five Years of Life Cycle Costing-Theory and Applications : A Survey, *The International Journal of Quality and Reliability Management*, Vol.2, 1985, pp.51-76.

岡野憲治『ライフサイクル・コスティング研究序説-実践的展開を中心として-』松山大学総合研究所,1997年。

岡野憲治「ライフサイクル・コスティングの特質に関する一考察-調達戦略としてのライフサイクル・コスティングの展開を中心として-」『原価計算研究』Vol.21 No.1, 1997年1月, 38～51頁。

岡野憲治『ライフサイクル・コスティングの展開-理論的展開を中心として-』松山大学総合研究所,1998年。

岡野憲治『ライフサイクル・コスティング研究の基礎-歴史的展開過程の一断面を対象として-』松山大学総合研究所,2000年。

岡野憲治「ライフサイクル・コスティングの体系に関する一考察-独の製品ライフサイクルに依拠する原価計算を視野に入れて-」『原価計算研究』Vol.27 No.1, 2003年3月, 94～105頁。

7) Paul E. Bailey (ICF Incoporated), Life-Cycle Costing and Pollution Prevention, *Pollution Prevention Review*, Winter, 1990-91, pp.27-39.
8) 伊藤嘉博「わが国の環境管理会計の現状と課題」『税経通信』2001年12月, 36～37頁。

　國部克彦「環境調和型製品開発のためのマネジメント手法の統合－コスト情報と意思決定の関連性を求めて－」『原価計算研究』Vol.24, No.1, 2000年1月, 1～10頁。

　牧戸孝郎「環境会計の新たな展開に向けて」『企業会計』2003年1月, 5～11頁。
9) 宮本匡章「二つのオープン・プロブレム」『企業会計』2001年1月, 159頁。

# 索　引

〔ア〕

アカウンタビリティ ………………8,242
アカウンタビリティの視点 …………8
アメリカ環境保護庁 …………………96
アメリカ国防総省 ……………………236

意思決定…………75,106,109,145,
　146,247
意思決定関連情報 ……………………225
意思決定の連鎖 ………………………146
意思決定プロセス ……………………96
意思決定方法 ……………………99,113
意思決定方法としてのライフサイクル・
　コスティング ………………………6
意思決定マイルストーン ……………63
一度限り発生するコスト ……………34
一括調達方式 …………………………237
インセンティブズ・プログラム …238

売上マネジメント ……………………214
運用コスト …………11,27,39,40,48,91

エスカレーション ……………………180
エスカレーション率 …………30,89,122
エネルギー危機 ………………………74
エネルギー効率標準 …………………78
エネルギー省 ……………………75,78
エンジニア ……………………………198
エンジニアリング ………………158,247
エンジニアリング・エコノミー …247
エンジニアリング・エコノミー理論
　…………………………………………236

汚染コスト ……………………………109
汚染防止 ……………………………84,98
汚染防止意思決定 ……………………84
汚染防止コスト ………………………85
汚染防止プロジェクト ……………6,87
汚染防止法 ……………………………99
オペレーション・コスト …………247
オペレーティング・コスト ………159

〔カ〕

会計監査院 ………………………5,10
会計監査院の判定 ……………………236
会計責任 ……………………………54,188
会計専門家 ……………………………198
会計的投資利益率法 …………………99
回収期間法 ……………………………99
ガイドブック ……………………34,77
ガイドライン …………………………135
開発コスト …………………………40,46
外部コスト …………………………94,96
価格政策 ………………………………214
価格調整規程 …………………………39
隠れた規制コスト ……………………89
活動基準原価計算 ……6,101,188,203
下流コスト ……………………………91
環境管理会計 …………………………246
環境関連支出 …………………………104
環境保護 ………………………………200
環境保全プロジェクト ……………84,101
環境コスト…………………6,85,92,93,94,
　98,99,101,102,103,108,109
環境の視点 ……………………………246
感度分析 ………………………………22

関連原価 …………………76,124,135

CALS ……………………65,66,188
企業外部コスト ……………………84
企業のマネジメント ………………7
危険な廃棄物 ………………………99
キャッシュ・フロー ………171,177,179
給 付 ………………………………213
供給者指向ライフサイクル
　原価計算理論 …………………222
行政機関 …………………………6,96
行政機関プログラム ………………6
業績評価 …………………………136

COULD COST ……………………66
繰り返し発生するコスト …………14

計画値 ……………………………218
経済性の評価 ……………………185
経済性評価法 ……………………158
経済性評価方法 …………………240
経済性分析 ………………………148
経済性を評価する方法 …………76,77
経済的ライフサイクル・コスト ……156,170
契約企業 …………………53,65,237
契約技法 …………………………63,65
契約裁定 ……………………………5
契約の裁定 ……………………10,21
限界計画原価計算 ……………217,220
原価企画 …………………136,140,199,
　　　　　　200,203,212,223,225,241
原価計算 …………………………30
原価計算基準 ……………………56,63
原価計算基準審議会 ………………63
原価計算の動態化 ………………220
原価発生要因 ………………………4
原価見積関係 ………………………29

原価見積り関係式 …………………51
現在価値 ………………………23,75
現在価値計算 ……………………238
現在価値の計算 ………………39,180
現在価値法 …………………………99
建設業のライフサイクル・
　コスティング …………………186
建築関係のライフサイクル・
　コスティング …………………206

顧客としての行政機関 …………237
顧客としての政府 ………………53
顧客ライフサイクル・コスト ……199
国際基準 …………………………148
国際性の視点 …………………7,240
国際的な展開 ……………………242
国防省 ……………………………188
国防総省 ………………………23,63
国防総省調達テスト・プログラム …5
国防総省の原価計算システム ……5
国防総省の予算 …………………59
国防総省のライフサイクル・
　コスティング …………………6,34
国防総省予算 …………………56,23
国防品調達法 ……………………20
国防予算 …………………………236
固形廃棄物コスト ………………90
固形廃棄物マネジメント ………91
コスト ……………………………27
コスト・ドライバー ……………104
コスト・ブレークダウン構造 …184,193
コスト・マネジメント思考 ……198,238
コスト最小化目的 ………………27
コスト引き下げ方法 ……………134
コスト分析 ………………………90
コスト見積り関係 ………………172
コスト見積りプロセス …………27

コスト予測 …………………………227
コストを引き下げる活動 …………132
コンカレント・
　エンジニアリング…………65,66,70

〔サ〕

CIRPLS ………………………………188
最初の原価 ……………………16,220
最初のコスト …………………………14
最大限のコスト ………………………20
財務計算 …………………………87,90
財務分析 ………………………………98

支援コスト…………………26,40,48
時間価値を基礎とする製品計算 …214
資金供与優先権 ……………………76
仕組み ………………………………238
事後コスト ………………………92,93
資産マネジメント …………………176
支出額 ………………………………223
支出評価方法 …………………75,237
市場向け製品生産の意思決定 …214
システマティックな意思決定法 …199
システム ………………………………28
システム・コスト ……………………41
システム効果性 ………………………40
システム思考 ………………………213
システム調達 ……………………24,40
事前コスト ………………………92,93
実際コスト ……………………………91
実際値 ………………………………218
実証研究 ……………………………198
自動車企業 …………………214,217
シビリアン・コントロールのための
　原価計算システム ………………237
資本支出 ……………………………159

資本性資産マネジメント …………168
資本的コスト ………………………160
資本予算 ………………………………99
資本予算管理 ………………………113
資本予算編成 …………………………99
資本予算編成分析 ……………………98
資本利益率 …………………………158
社会コスト ………………………92,93
社会的コスト …………………84,108
社会的な視点 ………………………246
州政府 …………………………………78
収　益 …………………………124,212
収益的コスト ………………………160
収益を生み出す活動 ………………132
習熟曲線 ………………………………50
収入額 ………………………………223
取得価格 …………………………6,39
取得コスト ……………………40,107
生涯原価計算 …………………………5
使用コスト …………………………107
消費者の視点 ………………………246
正味現在価値 …………………85,90
正味現在価値法 ……………………100
正味節約額 ……………………………90
商務省 …………………………………74
上流コスト ……………………………91
所有原価 ………………………………6
事例集 …………………………………37
信頼性 …………………45,48,65,156
信頼性改善保証 ………………………65

衰　退 ………………………………130
スーパーファンド(Superfund)法 ……84

成果計算 ……………………………221
生産視点 ……………………………130
生産者の視点 ………………………246

| | |
|---|---|
| 成　熟 | 130 |
| 製造間接費 | 101,106 |
| 製造間接費配賦率 | 104 |
| 製造コスト | 47 |
| 成　長 | 130 |
| 性能データ | 29 |
| 性能特性 | 42,51 |
| 製品原価 | 106 |
| 製品原価計算 | 101 |
| 製品コスト | 128 |
| 製品収益性 | 240 |
| 製品総合信頼性 | 148 |
| 製品の収益性 | 142 |
| 製品の長期収益性分析 | 101 |
| 製品のライフサイクル | 96,212 |
| 製品のライフサイクル・コスト | 199 |
| 製品の利益管理 | 221 |
| 製品ライフサイクル | 4,127,130, 136,145,218,219 |
| ────・コスト | 66,133 |
| ────・コスト・マネジメント | 133,214 |
| ────・マネジメント | 130,133,218 |
| ────・モデル | 128 |
| ────価格下限値 | 220 |
| ────計算 | 212 |
| ────原価 | 140 |
| ────原価計算 | 212,220,223 |
| 政府と契約企業間ライフサイクル・コスティング | 238 |
| 政府と契約する企業 | 59 |
| 設計パラメーター | 199 |
| 節約額対投資額比率 | 98 |
| ゼネラル・モータース社 | 78 |
| 全員参加の生産保全 | 241 |
| 潜在的コスト | 84 |
| 選択意思決定問題 | 84 |
| 選択の意思決定 | 158 |
| 全ライフ・コスト | 133,135 |
| 全ライフサイクル・コスト | 200 |
| 戦略原価 | 244 |
| 戦略的成功要因 | 218 |
| 戦略的コスト・マネジメント | 238 |
| 総合工学 | 158 |
| 総合信頼性 | 150 |
| 総合設備工学 | 170 |
| 総合的信頼性管理 | 154 |
| 総合的製品ライフサイクル | 215 |
| 相対的個別原価計算 | 220 |
| 装備調達の方法 | 37 |
| 装備調達のライフサイクル・コスティング | 20 |
| 装備レベル | 24 |
| その他の要素 | 12 |

〔タ〕

| | |
|---|---|
| 大量生産型企業 | 218 |
| 建物のライフサイクル・コスト比較 | 180 |
| 単位あたりの製造コスト目標 | 42 |
| 段階的限界原価計算 | 220 |
| 調達の裁定 | 75 |
| 調達プロセス | 78 |
| 調達紛争の解決 | 10 |
| 調達方法 | 6,7,238 |
| 調達方法としてのライフサイクル・コスティング | 6 |
| TPM | 156,158,198,241 |
| DEAMS | 188 |

索　引　257

| | |
|---|---|
| 定期的に発生するコスト …………34 | トライボロジー ………………156 |
| 定性的評価 ………………………94 | トレード・オフ …………28,40,41,42, |
| テクノロジーのコスト …………128 | 　　65,161,172,173,176,180,199,221,226,227 |
| デザイン・ツー・コスト………41,63, | |
| 　　65,70,239,241 | 〔ナ〕 |
| デザイン・ツー・コスト概念 ……43 | 内部環境コスト …………………94 |
| デザイン・ツー・ライフサイクル・ | 内部計算制度 …………………229 |
| 　コスト ……………………43,239 | 内部コスト ………………94,96,109 |
| デザイン・ツー・ライフサイクル・ | 内部利益法 ………………………99 |
| 　コストの理論 …………………44 | 内部利益率 …………………85,89 |
| テスト・プログラム ………15,23 | 内部利益率法 …………………100 |
| テロテクノロジー …………7,156,158, | |
| 　　170,176,181,193,212,241 | 日本プラントメンテナンス協会 …198 |
| 伝統的なライフサイクル・ | 入　札 …………………………192 |
| 　コスティング …………………84 | 入札値 ……………………………10 |
| | 入札方法としてのライフサイクル・ |
| ドイツ・ライフサイクル・ | 　コスティング …………………5 |
| 　コスティング …………………8 | |
| ドイツ・ライフサイクル・ | 年間コスト節約額 ………………85 |
| 　コスト概念 …………………213 | 年度あたりの運用コスト …………42 |
| ドイツの伝統的原価計算理論 ……241 | |
| 統合的製品ライフサイクル ………215 | 〔ハ〕 |
| 投　資 …………………………135 | |
| 投資額対節約額比率 …………76,238 | ハイウェイの建設 ………………79 |
| 投資コスト ………………………30 | 廃棄意思決定 ……………………6 |
| 投資ライフサイクル ……………136 | 廃棄後コスト ……………6,106,108 |
| 動的限界計画原価計算 …………220 | 廃棄コスト ………6,40,106,108,109 |
| 導　入 …………………………130 | 廃棄物最小化 ……………………84 |
| トータル・クオリティ・マネジメント | 賠償コスト ………………87,89,99 |
| 　…………………………………66 | パラメトリック・コスティング ……29 |
| トータル・コスト …………5,10,27, | パラメトリック・コスト・モデル …51 |
| 　　96,97,113,156,212,237 | パラメトリック・コスト見積り ……51 |
| トータル・コスト・アセスメント | |
| 　……………………6,84,98,99,113,237 | 品質原価計算 …………………203 |
| トータル・コスト会計 …………98 | |
| トータル・ライフサイクル・コスト | 負債コスト ………………………94 |
| 　…………………………167,190 | |

不確かなコスト ……………………11
物理的データ ………………………29
物理的特性 …………………29,42,51
プラント ……………………………165
プラントのライフサイクル・
　コスティング ………………163,205
プランニング・プログラミング
　予算管理 …………………………53
フルコスト会計 ………………6,84,85,87,
　　　　　　　90,91,92,93,94,96,99,237
フルコスト会計情報 ………………95
プログラム …………………………76,78
プログラムのライフサイクル ………54
プロジェクト ………………………26,76
プロダクト・コスト（製品原価）概念
　……………………………………246
プロダクト・ライフサイクル ………66

兵器システム・コスト ……………4,236
兵器システム調達 …………………65
平均故障間隔 ………………………39,49
平均修理時間 ………………………39
平均保全間隔 ………………………21

補償貢献額計算 ……………214,217,220
保全活動 ……………………………204
保全原価 ……………………………7,156
保全コスト …………………………21,27,39
保全性 ………………………………65,156
保全費 ………………………………139
保全マネジメント …………………169

〔マ〕

MAPI法 ………………………………247
マーケティング視点 ………………130
マイルストーン ……………………63

マクナマラ国防長官 ………………237
マトリックス方法 …………………173
マニュアル …………………………85
マネジメント ………………41,63,90

見積りの保証 ………………………237
見積り方法 …………………………30
未来原価 ……………………………238
未来コスト …………………………28

無形コスト …………………………99
無形(の)便益 ………………………87,90
目標価格 ……………………………39
目標原価 ……………………………199
目標コスト …………………………128
モジュール …………………………221
モニター制度 ………………………246

〔ヤ〕

有形資産 ……………………………156
有形資産コスト要素 ………………160
有形資産取得のライフサイクル・
　コスティング ……………………176
有形資産マネジメント ……………158,170
ユーザー原価情報 …………………246

予算管理 ……………………………238
予算構造 ……………………………56
予算制約 ……………………………159,160
予測値 ………………………………218

〔ラ〕

ライフサイクル ……………4,51,96,146,
　　　　　　　　　　　　　182,242
ライフサイクル・アセスメント

　　　　………………………96,97
ライフサイクル・アプローチ ……168
ライフサイクル・コスティング ……4,
　5,15,23,30,40,54,74,75,77,106,128,133,145,
　　　　　　156,182,198,223
　──政策 ………………………6
　──の関連分野 ………………242
　──の限界 ………………84,212
　──の体系 ……………………242
　──の展開 ……………………240
　──の特質 ……………………236
　──の普及状況 ………………228
　──の報告書 …………………185
　──方法論 ……………………237
ライフサイクル・コスト ………4,11,14,
　21,34,39,48,50,63,66,91,106,107,108,148,
　　　　　158,165,168,200
　──・マネジメント …………63,64
　──・モデル…………50,183,191
　──構造 ………………………191
　──情報 ……………………6,110
　──情報の利用方法 …………247
　──の計算方法 ………………116
　──分析 ……………79,84,171,175
　──報告 ………………………127
　──見積り ……………………54
　──要素 ………………………190
ライフサイクル・マネジメント ………
　　　　　124,127,136,170,221
ライフサイクル・モデル …………7,136
ライフサイクル営業利益 …………142
ライフサイクル関連補償貢献利益計算
　　　　………………………………220
ライフサイクル計算 ………………218
ライフサイクル原価計算 …………220
ライフサイクル原価情報 …………109
ライフサイクル思考 ………………240

ライフサイクル思想 ……………7,40,
　242,244
ライフサイクル製品管理 …………214
ライフサイクル製品原価計算 ……142
ライフサイクル段階 ………………137
ライフサイクルの区分 ……………212
ライフサイクル分析 ………………98
ライフサイクル報告書 ……………217
ライフサイクル目標原価計算 …………
　　　　　　　　　212,223
ライフサイクル利益 ………………130
ライフサイクル利益管理 …………8,221

利益最大化目的 ……………………27
利子率 ………………………………214
リスク …………………………………30
リスクと不確実性 …………………185
リュッケの定理 ……………………221
理論モデル …………………………247
倫理 ……………………………96,237

レレバンス・ロスト ………………248
連続する原価 ………………………220

ロジスティクス ………………………4
ロジスティクス・コスト………5,20,239
ロジスティクス・システム …………27
ロジスティクス・マネジメント協会…15
ロジスティクス・マネジメント協会
　報告書 ………………………………4

〔ワ〕

割り引き ……………………………39
割引キャッシュ・フロー分析 ……113
割引キャッシュ・フロー法 ………236
割引計算…………………97,214,223

割引原価 ……………………123,162
割引原価総額 ……………………78
割引ライフサイクル・コスト ………24
割引率……………………89,122,163

### 著者略歴

**岡野　憲治**（おかの　けんじ）

1946 年　広島県因島市に生まれる
1971 年　広島商科大学（現広島修道大学）商学部卒業
1975 年　広島大学大学院経済学研究科修士課程修了（経済学修士）
1978 年　神戸大学大学院経営学研究科博士課程単位取得退学
1977 年　松山商科大学（現松山大学）経営学部助手
1978 年　松山商科大学経営学部講師
1980 年　松山商科大学経営学部助教授
1982 - 1983 年　カリフォルニア州立サクラメント大学留学
1987 年　松山商科大学経営学部教授
現　在　松山大学経営学部教授

---

（検印省略）

平成 15 年 8 月 15 日　初版発行　　　略称：ライフサイクル

## ライフサイクル・コスティング
―その特質と展開―

著　者　　岡　野　憲　治
発行者　　中　島　治　久

発行所　**同 文 舘 出 版 株 式 会 社**
東京都千代田区神田神保町 1-41　〒101-0051
営業（03）3294-1801　　編集（03）3294-1803
振替 00100-8-42935　　http://www.dobunkan.co.jp

Ⓒ K.OKANO　　　　　　　　製版　一企画
Printed in Japan 2003　　　　印刷・製本　KMS
ISBN4-495-18041-X